高职高专“十三五”规划教材·物流管理专业

物流信息管理

主　编　丁德波　戴德颐
副主编　范育金　祝井亮　潘　悦

南京大学出版社

图书在版编目(CIP)数据

物流信息管理 / 丁德波,戴德颐主编. — 南京 :
南京大学出版社, 2016.1(2019.1 重印)
ISBN 978-7-305-14448-6

Ⅰ. ①物… Ⅱ. ①丁… ②戴… Ⅲ. ①物流—
信息管理—高等职业教育—教材 Ⅳ. ①F253.9

中国版本图书馆 CIP 数据核字(2014)第 295664 号

出版发行 南京大学出版社
社　　址 南京市汉口路 22 号　　　邮　编 210093
出 版 人 金鑫荣

书　　名 物流信息管理
主　　编 丁德波　戴德颐
责任编辑 王抗战　陈　洪　　　编辑热线 025-83596997

照　　排 南京南琳图文制作有限公司
印　　刷 南京人民印刷厂有限责任公司
开　　本 787×1092 1/16　印张 17.25　字数 409 千
版　　次 2016 年 1 月第 1 版　2019 年 1 月第 2 次印刷
ISBN 978-7-305-14448-6
定　　价 42.00 元

网址: http://www.njupco.com
官方微博: http://weibo.com/njupco
官方微信号: njupress
销售咨询热线: (025) 83594756

前 言

物流要发展，人才培养是关键，而人才培养的一个重要方面就是为学生量身定做一套合适的教材，只有一流的教材才能造就一流的人才。本书是采取校企合作的方式，从高职高专的办学层次和培养目标出发，根据物流企业的用人需求和老师们的教学经验来组织编写。在体系的设置和内容的选取上，立足于基本知识和基本技能的教育，以任务为驱动，融工作过程于教学设计当中，着眼于物流信息管理工作的实际运用，全面系统地分析、介绍现代物流信息管理的理论、观点和方法，力求以新的视角来审视物流信息管理的内容和本质。

全书共分为五个项目，每个项目均是一个物流信息管理的专题内容，每个项目分为若干个学习任务，这些学习任务完全来源于企业实际的工作任务。在内容组织上，每个学习任务均按照任务目标—任务发布—知识准备—任务实施—任务拓展—任务评价来进行安排。本教材配有课程标准、题库、多媒体课件等教学资源，方便教师的使用。

本书由江苏经贸职业技术学院丁德波、戴德颐主编，祝井亮、潘悦担任副主编，并聘请了在物流企业工作了约 10 年的企业教师范育金担任副主编。本书编写的具体分工如下：丁德波编写项目一和项目二、祝井亮编写项目三、潘悦编写项目四、戴德颐编写项目五。主编丁德波负责全书的设计和最后统稿，戴德颐负责全书的编排和本书配套课件的制作，副主编范育金负责企业实际运作相关内容的指导。

本书编写过程中，我们参考了大量的文献资料，利用了不少相关的网络资源，引用了国内外众多学者的研究成果和一些公司的案例资料。我们在此一并表示崇高的敬意和诚挚的谢意。

物流业正处于发展中，物流相关理论和操作方法仍有待更新和完善，因此书中不当之处在所难免，恳请广大读者批评指正。

编者

2016 年 1 月

目　录

目 录

项目一　物流信息管理认知

任务一　物流企业信息化调研

☺ 任务目标

【知识目标】

1. 掌握物流企业信息化的概念；
2. 掌握物流企业信息管理的内容及方法；
3. 掌握物流企业信息处理的流程；
4. 掌握企业中信息及数据的流转过程。

【技能目标】

1. 能够完成物流企业调研工作及相关资料的收集、整理工作；
2. 能够完成物流企业信息化调研总结表的填写；
3. 能够简单地画出物流企业信息处理流程；
4. 能够简单说明物流企业中信息和数据的流转过程。

☺ 任务发布

在整个物流活动中，物流信息是一个不可或缺的重要元素，起着神经系统的管理作用。物流行业的发展壮大，迫切地需要利用信息技术来保障物流业务流程和物流管理的畅通、高效。要提高物流企业的工作效率和服务水平，必须提高物流信息管理的水平。

学生可4～5人为一组，开展物流企业信息化调研任务，通过物流企业调研及物流企业资料的查找和搜集，掌握如下内容：

(1) 什么是物流企业信息化；

(2) 物流企业信息管理的内容；

(3) 物流企业信息管理的方法；

(4) 企业中信息处理的业务流程；

(5) 企业中信息、数据的流转过程；

(6) 物流企业信息化管理的优势。

各小组通过企业的实地考察、调研，进行归纳、总结，并填写完成《物流企业信息化调研总结表》。

知识准备

一、物流信息的概念

1. 物流信息的定义

物流信息(Logistics Information)是指在物流活动各环节,如采购、运输、仓储、配送等过程中所产生或使用的各种信息,是反映物流活动内容的知识、资料、图像、数据、文件的总称(GB/T 18354—2006 第 2.23)。

物流信息是伴随着物流活动的发生而产生的,贯穿于物流活动的整个过程,对前后环节有影响,并通过其自身对整体物流活动进行有效的控制,因此物流信息常被称为现代物流的中枢神经,决定着整个物流活动的效益和效率。

2. 物流信息的分类

与信息一样,物流信息可以按不同类别进行分类。

(1) 按来源不同,可分为物流系统内部信息和外部信息

物流系统的内部信息是指产生于物流企业内部,伴随物流活动而发生的信息。

物流系统的外部信息是指来自于物流企业外部的信息,通常是与物流企业相关的、对物流活动有影响的信息。

(2) 按稳定性不同,可分为静态信息、动态信息和周期性信息

静态信息(或称固定信息)是指在物流活动中基本保持稳定不变的信息。

动态信息(或称流动信息)是指在物流活动进行中随时发生变化的信息。

(3) 按作用不同,可分为计划信息、控制及作业信息和统计信息

计划信息是指尚未实现、但已当作目标确认的一类信息。

控制及作业信息是在物流过程中发生的信息。这类信息带有很强的变化性、动态性,更新速度快,时效性很强。

统计信息是指物流活动结束后,对整个物流活动具有总结性、归纳性的信息。这类信息所反映的物流活动已经发生,不能改变了,因此是一种恒定不变的历史性信息,具有很强的资料性。

3. 物流信息的作用

物流活动和物流管理需要大量准确、即时信息的传递。任何信息的遗漏或失真都将直接影响前后物流活动和整个物流系统的效率和效益。因此,物流信息是物流活动的中枢神经,其传递的速度和准确度直接决定着企业的经济效益。

第一,物流信息是物流活动相互作用和联系的桥梁和纽带,如图 1-1-1 所示。

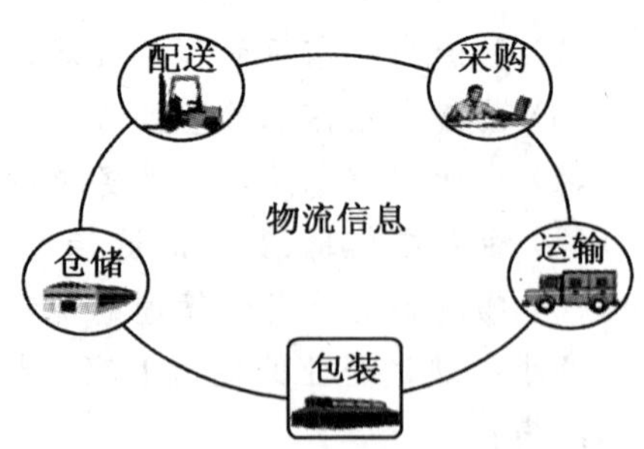

图 1-1-1 物流信息的作用(项链模型)

第二,有利于企业对物流活动各环节进行有效的计划、组织和控制。

第三，有利于提高企业管理和决策水平。

二、企业物流信息化的调研方法

1. 询问法

该法是以询问的方式了解情况、搜集资料，并将所要调查的问题以面谈、电话、书面等形式向被调查者提出询问，从而获得所需的各种情况和资料，具体包括以下五种：

◆ 面谈调查法；

◆ 街头拦截访问；

◆ 电话访问；

◆ 邮寄调查；

◆ 网上调查。

询问调研的优点：标准化；易于管理；可以揭示内在信息；适于列表与统计分析；敏锐反映各组之间的差异。

2. 观察法

这种方法就是调查人员通过观察被调查客户的情况，以及事件发生场所来收集所需要的资料。

观察法的特点如下：

(1) 观察法是一种自觉的、有目的的、有计划的认识活动，而不是盲目的简单反射式感觉。

(2) 观察法是在自然条件下进行的，观察对象处于自然状态下的客观现象。

(3) 观察法是研究者借助一定的观察对象对客观事物进行认识的一种科学研究活动。

(4) 观察法的运用是一个能力的反映过程。

(5) 观察法不需要像实验法那样，要求对各种变量加以严格控制，也不像实验法那样需要使用严密的测量工具，而只需制订较为完备的计划即可施行。

观察法的类型如下：

(1) 按对观察对象分析的全面性来分：一般观察、系统观察；

(2) 按对观察对象的直接程度来分：直接观察、间接观察；

(3) 按是否设置、控制观察情境来分：自然情境观察法、实验观察法；

(4) 按观察者是否直接参与观察对象的活动来分：参与观察法、非参与观察法；

(5) 按观察对象的数量或时间来分：抽样观察法、追踪观察法；

(6) 按观察活动的标准化程度来分：有结构观察法、无结构观察法。

3. 实验法

实验法是指从影响调查对象的若干个因素中选择一个或几个因素作为实验因素，在保证其他因素均不发生变化的条件下，观察实验因素的变化对调查对象(因变量)的影响程度，为企业的营销决策提供参考依据。实验的目的在于寻找变量之间的因果关系。

实验法的优点如下：

(1) 可以有控制地分析、观察某些需求信息之间是否存在着因果关系，以及相互影响的程度。

(2) 通过实验取得的数据比较客观,具有一定的可信度。

实验法的缺点:运用有一定的局限性并且费用较高。而且,采用这一方法必须讲究科学性,遵循客观规律:第一,寻找科学的实验场所;第二,实验中要正确控制无关因素的影响,减少干扰,使实验接近真实状态。

4. 问卷调查法

问卷调查法是指以向被调查者发放调查问卷来收集所需信息的方法。采用问卷调查法可以了解客户的认识、看法和喜好程度等,并可以分析处理这些数据,得出结论。

问卷调查的优点:第一,标准化程度高,包括调查工具的标准化、调查过程的标准化、调查结果的标准化;第二,匿名性强,易于收集到真实的信息;第三,效率高;第四,便于比较和定量分析。

问卷调查的局限性如下:

第一,问卷调查法的结果完全取决于被调查者的合作态度和实事求是的科学精神。

第二,由于局限于书面文字,问卷调查法对文盲和文化程度不高的对象难以进行调查。

第三,调查过程不深入,难以发挥调查者的主动性。

第四,回收率往往难以保证。

☺ 任务实施

步骤一:分组

进行企业调研之前,教师将学生随机地分成4～5个人一组,并选出一名组长,以小组的形式进行学习和调研。

步骤二:问题引入

教师向大家提出相关的问题,让学生带着问题进入物流企业调研和物流资源资料搜集学习的过程中来,具体问题如下:

(1) 什么是物流企业信息化;

(2) 物流信息管理的内容;

(3) 物流企业信息管理的方法;

(4) 物流企业信息管理系统的种类;

(5) 进行信息处理时使用的相关设备;

(6) 信息处理的业务流程;

(7) 物流企业信息化管理的优势。

要求同学们在自主学习和调研结束后,进行分组讨论、归纳、总结,完成《物流企业信息化调研总结表》。

步骤三:实施调研

(1) 组员任务分工。小组组长分配组员任务,包括网络上企业物流信息管理相关资讯的收集、企业实地调研过程中资料的收集、企业实地调研过程中企业工作人员访谈的问题准备。

(2) 明确企业类型及名称。组员任务分配完成后，小组成员需讨论确定此次调研的企业类型、企业名称及调研的方式和时间，做好调研计划，明确调研对象。

序号	企业名称	企业类型	调研方式及时间
1			
2			
3			

(3) 上网收集企业物流信息管理的相关资料。

(4) 企业实地考察。进行物流企业实地考察，收集相关企业图片及文字资料。掌握物流企业信息管理的内容和具体操作方法，掌握物流企业信息化管理的流程，体会信息管理在物流企业运作中的重要性。

(5) 企业管理人员访谈。针对物流企业中具有代表性的岗位工作人员，进行单独的访谈，以一问一答的形式进行调研，并做好记录。

(6) 整理资料完成调研。

步骤四：归纳总结

姓名		小组		学号	
物流企业信息化调研总结表					
1. 什么是物流企业信息化					
回答：					
2. 物流企业信息管理的内容					
回答：					
3. 物流企业信息管理的方法					
回答：					
4. 简易画出企业中信息处理的业务流程图					
回答：					

5. 说明企业中信息、数据的流转过程，并简易画出流转过程
回答：
6. 物流企业信息化管理的优势
回答：

任务拓展

学生以小组为单位，通过物流企业信息化调研过程的学习及相关资料的整理，每组根据《物流企业信息化调研总结表》的内容，编写一份企业调研总结报告，总结报告的内容包括小组所调研的物流企业信息管理的模式介绍、管理方式介绍、岗位人员安排，并提出相应的信息管理优化意见。

任务评价

考核项目	考核内容及要求	分值	学生自评（10%）	小组评分（20%）	教师评分（50%）	专家评价（20%）	实际得分
职业素养	具有团队合作精神	10					
	学习态度认真、尊重导师	10					
知识掌握情况	掌握物流企业信息化的概念	10					
	掌握物流企业信息管理的内容及方法	10					
	掌握物流企业信息处理的流程	10					
	掌握企业中信息及数据的流转过程	10					
技能掌握情况	能够完成物流企业调研工作及相关资料的收集、整理工作	10					
	能够完成物流企业信息化调研总结表的填写	10					
	能够简单地画出物流企业信息处理流程	10					
	能够简单说明物流企业中信息和数据的流转过程	10					
总分							

任务二　物流信息平台搭建

任务目标

【知识目标】

1. 掌握信息系统的功能；
2. 掌握物流信息系统的概念及分类；
3. 掌握物流信息平台的概念及区分；
4. 掌握物流信息平台的运营模式；
5. 掌握物流信息平台构建的基本思路和原则。

【技能目标】

1. 能够对物流信息平台的构建进行需求分析；
2. 能够设计物流信息平台子系统；
3. 能够对物流信息平台进行结构设计；
4. 能够分析构建物流信息平台的关键技术，并总结实施物流信息平台的措施。

任务发布

A 公司是一家科工贸一体化的中国大型医药企业集团，A 公司秉承“为人民服务”的核心理念，走出了一条独具特色的发展之路，企业综合经济实力快速提升。

健全的组织体系对实现物流管理的规范化和高效率具有决定性意义。物流中心是公司对企业物流负有责任和权力的组织机构，统一管理 A 公司集团的物流运作。A 公司物流中心下设计划、货运、仓储、装卸四个科，主要承担集团总部生产所需物料以及销售所需成品的收发、仓储、包装加工、生产运转和全国运输配送供应。A 公司物流管理组织结构图如图 1-2-1 所示。

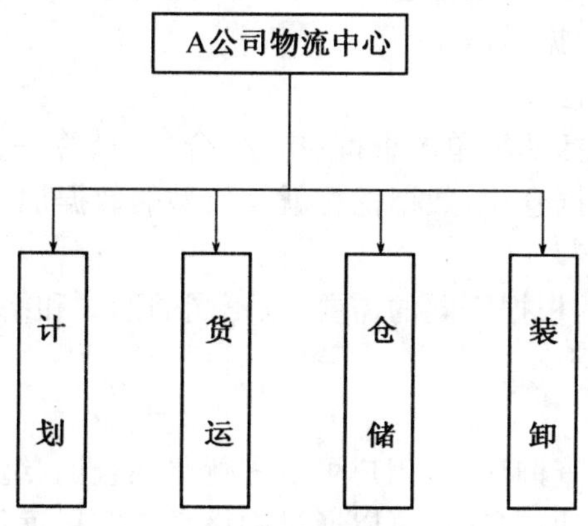

图 1-2-1　A 公司物流管理组织结构图

A公司物流运作存在的问题：原有仓库系统存在缺陷，无法有效支持物流运作。在物流技术支持方面，目前A公司虽然有订货仓库系统及外仓管理系统支持，但是这两个系统存在着缺陷，无法有效支持物流运作。下面对这些缺陷进行分析：

(1) 原有仓库系统无法进行物流过程控制；

(2) 原有仓库系统批次处理能力不足；

(3) 原有仓库系统操作麻烦。

以上这些问题都说明A公司目前所使用的订货仓库系统及外仓管理系统必须得到升级，物流信息平台是一个最好的选择。所以，A公司高层经过讨论分析，决定由信息部总监张斌带领，搭建一个适合公司业务的物流信息平台。

知识准备

一、信息系统和物流信息系统

1. 信息系统的概念及基本功能

信息系统是由计算机硬件、网络和通讯设备、计算机软件、信息资源、信息用户和规章制度组成的，以处理信息流为目的的人机一体化系统。信息系统是以加工处理信息为主的系统，它对信息进行采集、处理、贮存、管理、检索和传输，随时向有关人员提供有关的信息。

一个完整的信息系统通常具有以下基本功能：

(1) 数据收集和输入功能

信息系统的首要任务是把分散在企业内外各处的数据收集并记录下来，整理成信息系统要求的格式和形式。

(2) 数据存储功能

当企业的数据达到一定的数量后，实际上就形成了数据仓库。

(3) 数据传输功能

为了收集和使用信息，需要把信息从一个子系统传送到另一个子系统，或者从一个部门传送到另一个部门，即数据通信。

(4) 数据加工处理功能

数据加工处理功能包括从简单的查询、排序、合并、计算一直到复杂的经济模型的仿真、预测、优化计算等。数据仓库、数据挖掘就是典型的数据加工方法。

(5) 数据输出功能

对加工处理后的数据，根据不同的需要，以不同的形式和格式向不同的通信端口进行输出。

(6) 查询功能

信息系统应具有各种查询功能，用户可以进行单项查询、组合查询和模糊查询。查询功能应既可以实现查询本地信息，也可以通过网络系统实行远程信息查询。

(7) 统计分析功能

各信息系统一般都具有运用统计理论和概率理论对大量数据进行统计分析的功能。

(8) 预测决策功能

根据统计分析的结果和历史数据，应用数学模型对业务活动进行预测，建立决策支持系统(DSS)或智能决策支持系统(IDSS)，对某一问题提供一个或多个方案供使用者参考。

(9) 系统管理功能

系统管理功能主要包括系统维护和数据恢复备份功能。

2. 物流信息系统的概念及功能

物流信息系统是利用计算机硬件、软件、网络通信设备以及其他设备，进行物流信息的收集、传输、加工、储存、更新和维护，以支持物流管理人员和基层操作人员进行物流管理和运作的人机系统。

物流信息系统是物流系统的神经中枢，它作为整个物流系统的指挥和控制系统，可以分为多种子系统或者多种基本功能。通常，可以将其基本功能归纳为以下几个方面：

(1) 数据收集

物流数据的收集首先是将数据通过收集子系统从系统内部或者外部收集到预处理系统中，并整理成为系统要求的格式和形式，然后再通过输入子系统输入到物流信息系统中。这一过程是其他功能发挥作用的前提和基础，如果一开始收集和输入的信息不完全或不正确，在接下来的过程中得到的结果就可能与实际情况完全相左，这将会导致严重的后果。因此，在衡量一个信息系统性能时，应注意它收集数据的完善性、准确性，以及校验能力、预防能力和抵抗破坏能力等。

(2) 信息存储

物流数据经过收集和输入阶段后，在其得到处理之前，必须在系统中存储下来。即使在处理之后，若信息还有利用价值，也要将其保存下来，以供以后使用。物流信息系统的存储功能就是要保证已得到的物流信息不丢失、不走样、不外泄、整理得当、随时可用。无论哪一种物流信息系统，在涉及信息的存储问题时，都要考虑到存储量、信息格式、存储方式、使用方式、存储时间、安全保密等问题。如果这些问题没有得到妥善的解决，信息系统是不可能投入使用的。

(3) 信息传输

物流信息在物流系统中，一定要准确、及时地传输到各个职能环节，否则信息就会失去其使用价值。这就需要物流信息系统具有克服空间障碍的功能。物流信息系统在实际运行前，必须要充分考虑所要传递的信息种类、数量、频率、可靠性要求等因素。只有这些因素符合物流系统的实际需要时，物流信息系统才是有实际使用价值的。

(4) 信息处理

物流信息系统的最根本目的就是要将输入的数据加工处理成物流系统所需要的物流信息。数据和信息是有所不同的，数据是得到信息的基础，但数据往往不能直接利用，而信息是从数据加工得到，它可以直接利用。只有得到了具有实际使用价值的物流信息，物流信息系统的功能才算发挥。

(5) 信息输出

信息的输出是物流信息系统的最后一项功能，也只有在实现了这个功能后，物流信息系统的任务才算完成。信息的输出必须采用便于人或计算机理解的形式，在输出形式上力求易读易懂、直观醒目。

这五项功能是物流信息系统的基本功能，缺一不可。而且，只有五个过程都没有出错，最后得到的物流信息才具有实际使用价值，否则会造成严重的后果。

3. 物流信息系统的概念及分类

物流信息系统(Logistics Information System，LIS)是指通过物流信息的收集、加工、处理、储存和传递来达到对物流活动的有效控制和管理，并为企业提供信息分析和决策支持的人机系统。物流信息系统是整个物流系统的心脏，是现代物流企业的灵魂。图 1-2-2 为物流系统信息传递模型。

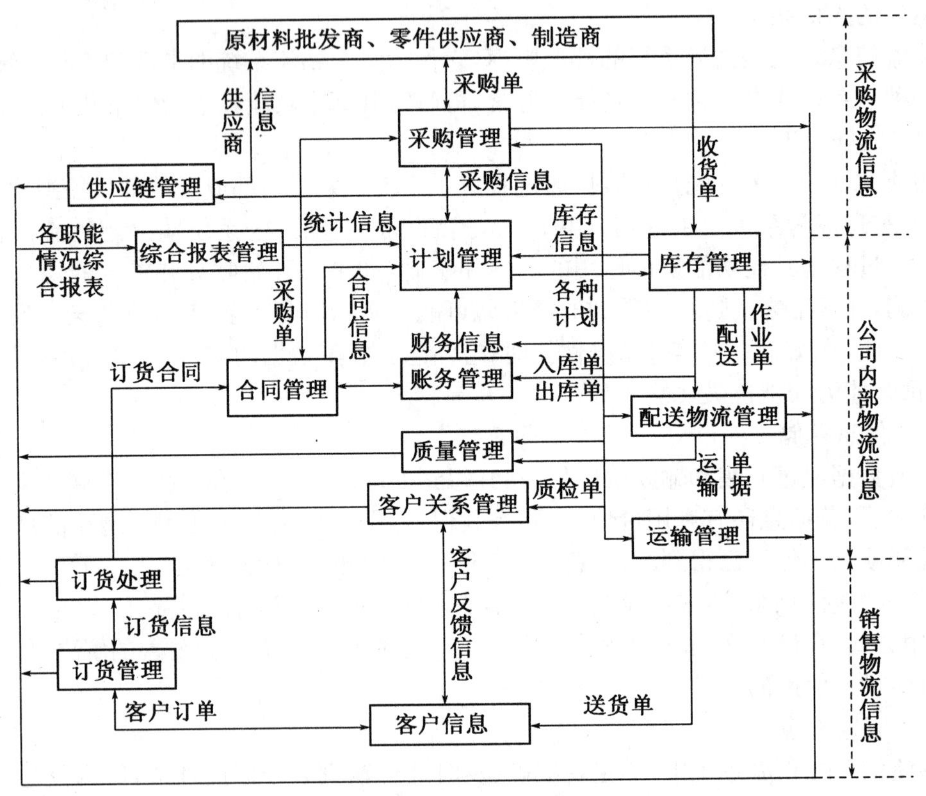

图 1-2-2　物流系统信息传递模型

物流信息系统的分类如下：

(1) 按物流环节分为运输管理信息系统、仓储管理信息系统、配送管理信息系统、采购管理信息系统。

(2) 按管理决策层次分为物流作业管理系统(包括订单处理、出入库管理、货物库存管理、货物运输管理、货物加工管理、车辆管理等)、物流协调控制系统(包括仓储调度、车辆调度、成本控制、线路选择、设备管理、资产管理等)和物流决策支持系统。

(3) 按系统应用对象分为面向制造企业的物流信息系统、面向零售商/中间商/供应商的物流信息系统和面向物流企业的物流信息系统。

二、物流信息平台

1. 物流信息平台的概念及区分

物流信息平台是指运用先进的信息技术、现代通讯技术所构建的具有虚拟开放性的物流网络平台。

(1) 物流信息平台的区别

不同物流信息平台间的区别首先在于,"公用"物流信息平台是使用者以公益权益的获得而无偿使用,是实现整体利益最大化;而"共用"物流信息平台是有偿使用,实现的是部分利益的最大化。此外,两者还存在以下区别:

① "公用"与"共用"物流信息平台的权属特征、服务范畴和对象不同。公用(for the public use)物流信息平台的本质是以获取物流业规模化、效率化为目的,以先进的信息技术为支撑,以信息共享为手段而建立的信息平台,是为整个国民经济和公民提供支持和服务;共用(share by selected and specific people)物流信息平台,仅对有共同利益的一些具体的或特殊的团体提供支持和服务,信息资源具有一定的保密性。

② "公用"与"共用"物流信息平台所达到的标准化程度不同。"公用"味着不同的地区、城市、国家基于大的、统一的信息平台,拥有广泛的标准化;而"共用"意味着不同的标准化体系的信息平台,存在于各个不同的利益群体中。

③ "公用"与"共用"物流信息平台所实现的资源整合程度不同。"公用"是信息平台资源整合的一种做法,其整合程度高,有效地防止了专业化造成的分割和浪费;"共用"资源整合程度低,是信息系统发展未达到广泛标准化时的一种必要的存在形式。

(2) 不同物流信息平台间的内在联系

"公用"与"共用"物流信息平台的众多不同之处,并不意味着它们之间是没有关系的。不同的物流信息平台之间有着必然的内在联系。

为了明确叙述"公用"与"共用"物流信息平台的内在关系,我们引入"专用"的概念。"公用"包含有通用的意思,与它相对应的是专用;"共用"同时包含有通用和专用二重意思,是小范围的通用和相对大的范围的专用;用 O、S、P 分别表示"专用"、"共用"、和"公用",则有:$O \leqslant S \leqslant P$。另外,它们之间也存在一定的相互转换关系,尤其是在不考虑所有权问题时,"共用"和"公用"的概念在一定程度上是近似的,此时可以考虑用"公共"来表示。

根据物流企业不同的内在特点,为自身所用而构建的信息系统,属于专用平台;部分企业为了实现相互之间的服务、需求信息在有效范围内共享而投资建设的信息平台,称之为共用信息平台;具有跨行业、跨地域、多学科交叉、技术密集、多方参与、系统扩展性强、开放性好等特点,实现全社会资源共享构建的平台是公用信息平台。随着信息化程度的进一步提高,物流企业可以依托公共物流信息平台,利用庞大的资料库以及开放功能,实现企业资源的最优化整合。

通过对"公用"和"公共"物流信息平台的讨论,以及结合物流业在我国目前的发展状况,不难发现,规划和投资区域性公用物流信息平台,如县市级、省级甚至全国级的物流公用信息平台,无疑是现阶段较为合适的、也是迫切的选择,它既可以实现信息资源的相对优化整合，也可以通过政府的宏观调控，使得制造、物流运输和商业企业以及交通、港口、海关、银行等各行各业不同的主体实现协同工作。

2. 物流信息平台的运营模式

公用物流信息平台的规划建设根据投资主体、运营机制和作业方式不同，可以分为三种模式：第一种是“政府模式”，即公共物流信息平台的规划、建设和运营维护都由国家直接负责；第二种是“企业模式”，即信息平台的投资建设及运营完全由企业自己负责；第三种是“协同模式”，即政府和企业共同出资的规划运营模式。“协同模式”集前两种模式的优势于一身，又避免了它们的不利之处，在实际规划建设中，又可分为“自上而下”和“自下而上”两种协同模式。

(1) “自上而下”的协同模式

由于区域性物流公用信息平台资金压力大，投资回收缓慢，因此，“自上而下”的协同模式，初期由政府以股份制的形式首先注入部分初始启动资金，牵头负责规划、协调，引导和吸引企业同样以股份制的形式注入资金，并行使宏观调控职能，负责指导公共物流信息平台共享信息服务价格的制定和市场引导政策的出台；后期，入股企业逐渐成为公共物流信息平台的运作主体，根据相关政策和行业协会制度，引入行业准入机制和会员制等管理运营方式。

(2) “自下而上”的协同模式

以企业为主导的“自下而上”的协同模式是先由市场自发形成，或企业主动发起并逐步整合各物流信息系统的资源，完成各系统之间的数据交换，再由政府引导和支持，承担信息系统中公用信息的中转功能，满足不同客户的信息需求，提高物流系统的效率，实现信息共享。“自下而上”的协同模式具有很强的市场操作特征，带有明显的赢利性质。这种运作模式符合我国目前的国情和物流行业的现状，可以根据资金状况分阶段逐步规划实施。

三、物流信息平台构建的基本思路和原则

1. 基本思路

开发和建设物流信息平台主要遵循以下几条思路：

(1) 充分利用货运信息资源，以货运站、运输交易市场、运输企业、货运配载服务企业、船公司承运单位、第三方物流企业及货主和相关的银行、保险等部门或单位为主要服务对象，为货主、承运者和政府主管部门等提供货物运输市场信息和相关服务，逐步实现水路、公路运输中集装箱和零担货运的信息化管理，大幅度提高运输的效率、质量和效益。

(2) 支持交通 EDI 系统。通过实现集装箱、大宗散货和小件杂货水路运输单证的电子自动传输和交换，逐步形成以港航为主体，覆盖外贸运输全过程的水运 EDI 系统；积极推广公路运输 EDI 系统，以实现公路集装箱和零担货物运输单证的电子自动传输和交换，为提高社会效益和经济效益、更快更好地与国际接轨打下良好的基础。

(3) 支持电子商务的开展，积极推动网上交易。通过电子商务的应用，重新整合传统的物流与商流、资金流、信息流，使商流、资金流、物流和信息流在物流信息系统的支持下同一时间发生流动，从而为运输供需双方提供准确和及时的服务，逐步实现货物异地交易、电子委托、电子支付、电子确认、货物单证传输等。

(4) 在物流信息平台的建设中，要遵循已制定和实施的信息化标准和规范。根据已逐步形成的信息标准体系及全球信息网络化的趋势，紧紧围绕公路、水运基础数据库群、交通信息化重点建设项目，确定平台中有关指标、代码和网络传输标准等。应尽量采用国际标准和规范或国际上通用的事实标准和规范。

2. 建立的原则

按照"统筹规划、联合建设、统一标准、资源共享、重点突破"的指导方针，根据实用、先进、经济的原则，集中规划、分层建设具有开放性和相对独立性的物流信息平台，使其具有先进性、实用性和经济性的特点。

任务实施

步骤一：需求分析

1. 实现物流管理一体化

实现物流管理一体化，A 公司的物流系统的一体化有以下一些特点：

- 物流业务不是孤立于 A 公司的其他业务自行运作的，所以一体化必须包括物流运作与相关其他业务之间的协调一致；
- 在物流业务中，也存在着许多更小的业务组织，他们各自有自己的运作循环，但作为一个物流整体，他们应该表现出一致性和整体效应；
- 未来 A 公司的物流系统中存在着 ERP 系统、WMS 系统和物流管理系统以及各种设备，特别是其中具备控制能力的 RF、拣选系统等设备。

这些系统间需要联为一体，形成一个整体的物流运作支持系统，从各个方面为 A 公司物流运作提供支持和保障。

2. 物流配送实现信息化、自动化、网络化、标准化和柔性化

配送作业是整个 A 公司物流管理信息系统要解决的最关键的业务问题。在 A 公司提出的对物流配送的业务要求中，提到了要实现信息化、自动化、网络化、智能化、标准化和柔性化。这对支持配送业务的物流管理信息系统的相关部分功能提出了很高的要求，而且需要系统与设备、流程和人员的完美配合，才能达到理想的效果。

(1) 信息化：信息化一方面体现为对所有业务数据/单据在管理信息系统中的体现，包括订单、库存情况等；另一方面也体现在所有的业务处理也是在系统中加以信息化的管理的，因为信息化就必然意味着标准化，而标准化的作业流程和业务也是实现 A 公司物流改造工程目标的一个必然方向。

(2) 自动化：张斌认为在 A 公司物流项目中，自动化的要求不能简单地从技术角度来理解，自动化不是无人化，自动化必须考虑到成本、效果、技术可行性、设备可靠性、维护性、总体成本等诸多因素。

(3) 网络化：这是实现现代化物流管理必需的基本条件。而且考虑到 A 公司的情况，网络化应该同时考虑到远程网与局域网、有线网与无线网的配合和搭配使用，以达到最佳的效果。

(4) 智能化：应该说，在管理领域里"智能化"是一个很有争议的话题。因为和这个名词最初的应用领域，如自控设备或者机器人、自协调系统等不同，管理领域不论决策、分析还是日常作业都存在非常复杂的逻辑性、关联性和模糊性，绝不是现有的技术水平所可以达到的。但是通过在管理系统中以及在设备系统中设置对各种意外情况或者需要监控的情况的预处理，可以在帮助管理人员提早解决问题等方面提供帮助，这在一定程度上会是一种更加实用的智能化。

(5) 标准化：早在 ISO9000 质量体系中，企业管理和运作的标准化就已经是一个一再被强调和重视的要素。而且，根据不同行业的企业的情况来看，越是在执行层和作业层，越是存在可以标准化和需要标准化的工作。

(6) 柔性化："柔性化"这个词起初来源于系统论，在 20 世纪 80 年代的 CIMS 工程中曾经常被提到，现在很多生产和设备领域中也还在使用。但在物流领域中，特别是 A 公司这样的流通性企业中，张斌认为对这一要求的理解应该更加侧重在未来对各种业务可变性、灵活性以及适应能力的满足。

3. 具备部分第三方物流中心的功能

当前阶段 A 公司这样的企业还不能急于扩展第三方物流业务模式，因为一方面 A 公司有着自己的主营业务，物流配送中心最主要的是对内部物流业务的支持；另一方面，目前经营第三方物流业务的可行性和盈利前景还很不明朗。所以，A 公司物流改造项目要实现第三方物流中心功能应以具备功能在先，而实际物流业务方面要为 A 公司设定出一个既充分又合乎 A 公司情况的第三方物流运作功能方案。

步骤二：A 公司物流信息平台总体规划

1. A 公司物流业务运作规划

(1) 物流业务运作蓝图

在未来，A 公司将有效地支持以下的业务模式：

- 终端用户可以实时将信息传递回 A 公司，实现信息的实时与共享；
- 实现有效的批次追踪及逆向物流过程支持；
- 灵活的物流运作模式支持，包括物流运作外包及自营物流运作；
- 有效的物流成本分析、物流外包监控、物流绩效分析；
- 有效的物流网络管控，全局库存的可见；与其他系统的无缝连接。

根据以上的业务模式，我们建立的平台系统框架将具有以下特点：

① 完全的供应链管理。在一个平台系统上，管理从终端到客户到供应商到第三方的物流信息。

② 信息实时共享。不存在传统的信息被逐级放大的可能。物流信息将在第一时间传递到 A 公司，以及供应商、CDC、RDC 等相关组织机构。各个作业单位可以根据这些需求进行相应的动作，为及时服务做好准备。

③ 智能策略控制，对仓储能力的智能控制、对拣货的智能控制、对配装的智能控制、对配车的智能控制、对配送的智能控制，这些基于统计学与运筹学的先进算法将融合在系统中为物流运作管理服务。

④ 先进的 KPI 评估系统。

(2) 医药产品的物流运作特点

医药产品作为一个关系到广大人民群众生命健康的重要行业，有着一定的行业特点和规定。在国内，在设计和实施医药产品物流的信息系统时，应该遵循医药产品行业中GSP的规定和要求。

根据经验，医药产品物流中有以下几个特点：

① 品类划分的复杂

医药物流与其他行业的物流相比具有很多特点，最大的特点就是药品品种繁多、分类复杂。

② GSP要求

医药物流在配送环节上，对药品批号、生产时间、有效期、来源、随货单证等要求都非常严格，在储存环节上的量化指标要求也极高，所以必须使信息系统支持高精度的运作模式。

③ 运输管理严格

药品运输是实现药品空间位移的手段，也是物流活动的核心环节。在运输过程中应根据不同药品的特性选择不同的交通工具以及采取必要的措施保证药品的安全性。

④ 包装严格

材料的卫生情况直接影响到药品的质量，药品包装必须适合药品质量的要求，方便储存、运输和医疗使用；必须按照规定贴有标签并附有说明书；特殊药品的标签，必须印有规定的标志等。

⑤ 仓储与在库保管严格

患者对于药品的需求是不可预测并且迫切的，企业通常为了满足客户对药品的及时需求，保有一定的安全库存，而这部分安全库存由于药品的特殊性，相对于其他行业来说，无论对于数量和质量都有更高的要求。药品严格分库区存储，药品需要按剂型及自然属性，分别存放于不同温度条件的库区；药品摆放应该遵循"六分开"原则；药品应实行色标管理。物流信息平台在这个环节中，不仅要起到一个记录信息的作用，更要起到一个控制产品保存条件的作用。

⑥ 配送严格

对于医药产品管理最重要的是批号管理，每一个最小存货单位不论是栈板或是零散拣货区的一箱，都必须达到单栈单箱的批号控制，并以商品的有效期管理为最高原则，出库时应掌握"四先出"原则，即"先产先出、先进先出、易变先出、近期先出"以确保库存药品自身质量始终保持在较为新鲜的良好状态。药品需求的时效性，对于药品的物流配送则提出来更高的要求，要求医药物流配送系统具有很高的柔性。所以现场作业的任意一个系统，包含RF拣货、电子标签拣货、CAROUSEL拣货，都必须依循此原则。

⑦ 医药产品来源去向的详细跟踪

对于医药产品行业来说，记录特定批号的相关信息应在整个供应链中都有所反映。对于每个特定批号的医药产品都需要在物流系统中能详细区分和记录这些信息，甚至相同批号的产品如果来源于不同的供应商，也应该区分开来。

⑧ 完全正确的拣货品质

2. A公司物流信息平台的发展需求及定位

(1) 完整的物流信息平台

物流信息系统将架构建置一个共通的物流信息管理平台，对物流各项作业产生的物流信息进行实时采集、分析、传递，并向各部门提供所需的各种作业明细信息，以实现现代化物流配送体系所强调的市场产品、服务与信息同步化，让物流配送成为A公司核心竞争力来源之一。

(2) 供应链系统整合

物流信息平台通过物流与信息完整结合，让A公司供应链体系成为连续性系统，以解决目前因相关信息传递经时间延迟、需求变异所产生需求放大或扭曲等假象，向上可以延伸到市场调查与预测、采购及订单处理，向下可以延伸到配送、物流方案的选择与规划、库存控制决策建议、货款回收与结算、物流系统设计与规划方案的制作等。通过整合供应链系统，运用网络系统连接数据库，使物流配送成为供应链上下游的重要服务伙伴，达成协同式供应链体系运作。

(3) 高附加值客服体系

物流信息平台面对顾客的需求不断升级，将建成一个高附加值的客户服务体系。

(4) 强大的商流分析能力及客户关系管理系统

物流信息平台将建设强大的商流分析能力及客户关系管理系统。物流信息平台将实现能够提供实时且有效的市场情报，快速反应市场需求，借以制定上游工厂的生产计划及下游门店的订货计划。此外，还提供高附加值的市场经营情报反馈机制，借由资料分享及知识分享之功能，协助客户成长，强化顾客联系，借此创造A公司未来更强大的商业价值。

(5) 标准化物流作业规范

物流信息平台的实施，将实现物流配送的标准化作业规范，结合人员作业程序、物流设备特性，以智能化之系统程序导引人员作业，进行进、出、盘、退、流通加工等物流活动，提高作业速度、作业正确性、料账正确性，建立“快速、正确、准时”的物流配送作业。

(6) 最佳物流效率

物流信息平台的实施，将实现物流配送的最佳效率、最大弹性、最小空间、最大储位、最大吞吐量，在更短的时间内满足操作的能力，建立具有“弹性、扩充性、整合性”的物流配送体系，以适应不断变化的市场。

3. A公司物流信息平台架构

(1) 物流信息平台原型

根据企业的业务蓝图，设计如下物流信息平台，用以满足和支撑A公司物流的业务运作，从而优化A公司的管理流程和物流业务运作。物流信息平台原型如图1-2-3所示：

如图1-2-3所示，未来的物流信息平台将会由物流信息交换、仓库管理系统、供应链计划系统、配送管理系统、物流信息查询平台等几部分组成。各部分功能如下：

❖ 物流信息交换：作为整个物流信息平台的底层，实现供货商ERP系统、门店POS系统、3PL物流系统与整个物流信息平台的数据交换功能。

❖ 供应链计划系统：实现供应链预测的有效及时性。

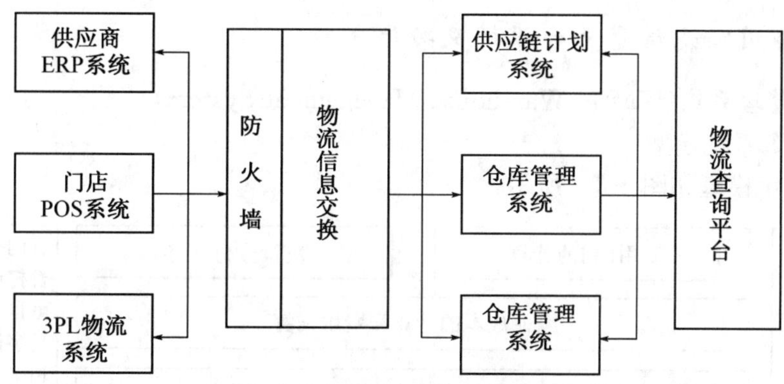

图 1-2-3　物流信息平台原型图

❖ 仓库管理系统：管理整个供应链网络的仓库运作，实现有效的库存管理与库存动态平衡。

❖ 配送管理系统：完成 CDC 到 RDC、RDC 到各门店乃至未来的 RDC 到消费者的配送管理。

❖ 物流查询平台：有效支持客户等外部用户对物流信息的查询追踪，提高客户服务水平。

(2) 物流信息平台数据流向

如图 1-2-4 所示，POS 等其他信息系统通过 EDI 物流信息交换系统，与 WMS 仓库管理系统、TMS 配送管理系统、AIM 供应链计划系统等交换物流信息，WMS 仓库管理系统、TMS 配送管理系统、AIM 供应链计划系统等通过共同的数据仓库实现彼此之间的供应链协同，而共同的数据仓库也支持通过 PORTAL 物流查询平台来响应外部客户的物流信息查询服务。

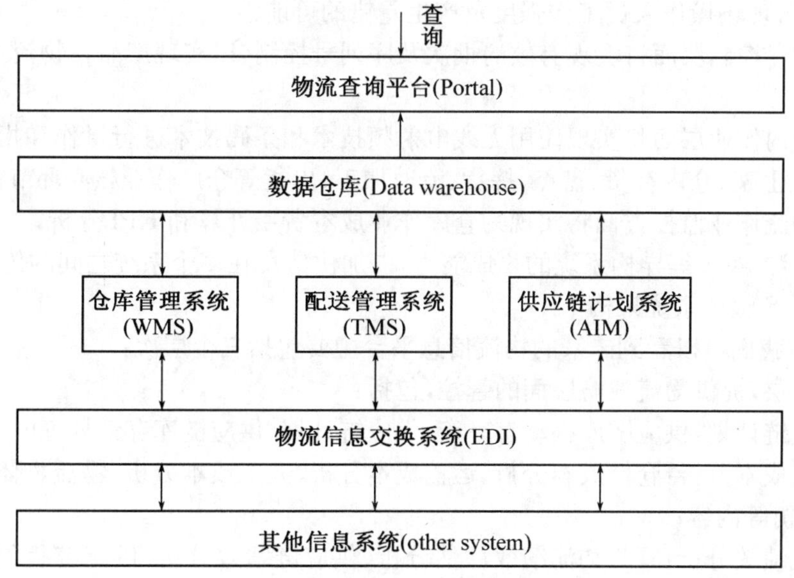

图 1-2-4　物流信息平台数据流向图

步骤三：A公司物流信息平台设计及功能分析

1. 仓库管理系统(WMS—Warehouse Management System)

(1) WMS系统模型

WMS系统模型如图1-2-5所示：

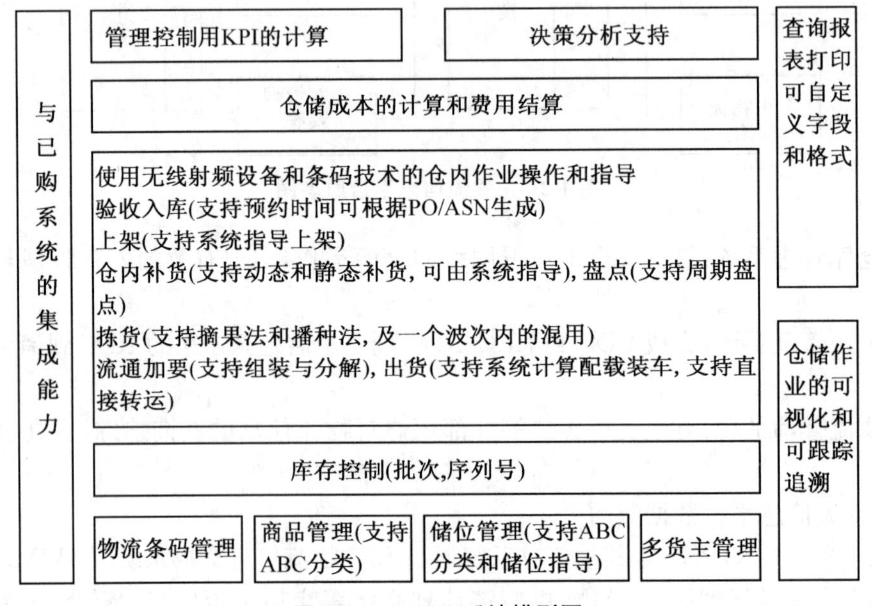

图1-2-5 WMS系统模型图

由以上的WMS模型我们可以看出：

❖ 未来的物流信息平台在底层将支持物流条码管理、商品ABC分类管理等基础技术以降低物流现场操作人员工作强度及产生差错的可能性；

❖ 在库存控制层面将实现有效的批次及序列号控制，以实现产品在物流过程中的有效追踪；

❖ 在仓内作业层面将实现使用无线电射频技术和条码技术进行操作和指导操作，包括验收入库、上架、仓内补货、盘点、拣货、流通加工、出货等仓库作业核心环节；

❖ 在物流作业监控方面将实现物仓库作业成本费用计算和KPI分析；

❖ 具有和POS等异构系统的集成能力，以加快信息在多个系统之间的传递等。

(2) WMS整体系统架构

在这里，我们可以看到未来的物流信息平台主要包括三个层次：

① 战略层，提供物流战略层面的管控，包括：

❖ 供应链计划：供应链库存动态平衡、供应链计划、供应链库存计划等内容；

❖ 物流成本分析：仓储成本分析、运输成本分析、人工成本分析、物流整体成本分析、物流成本平衡等内容；

❖ 物流绩效分析：3PL物流绩效评估分析、供应链绩效分析、供应链瓶颈分析、内部物流绩效考核等内容；

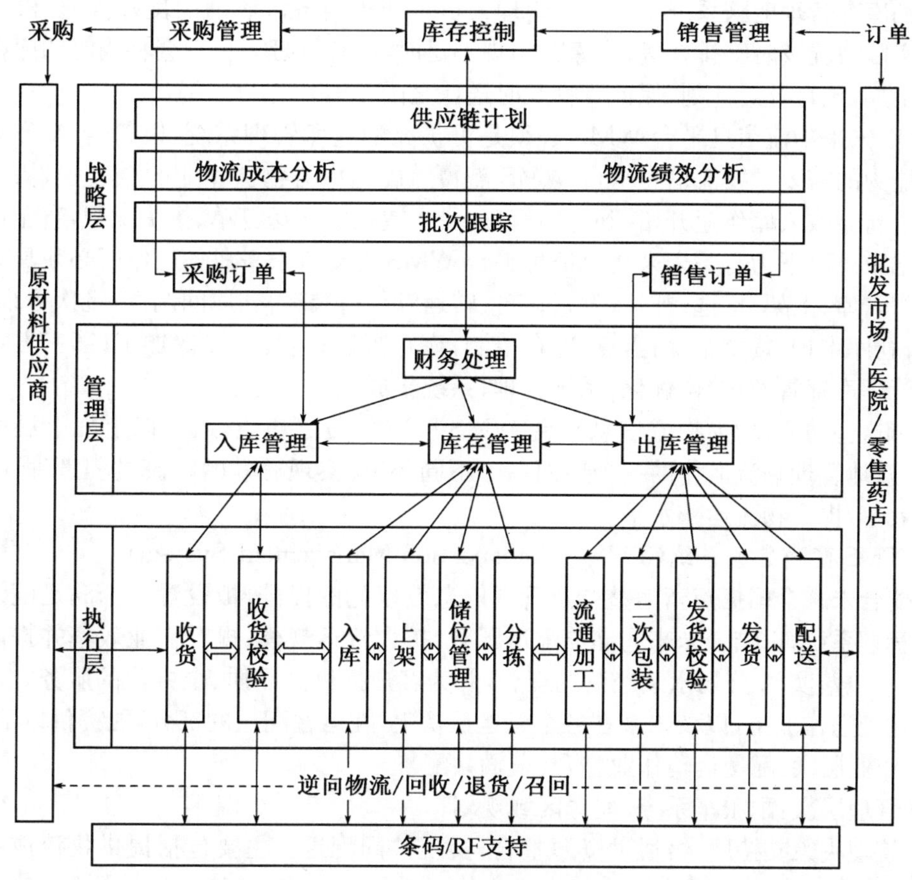

图 1-2-6　WMS 系统架构图

❖ 批次追踪：单品批次跟踪、单品来源去处跟踪、产品回收/召回管理等内容。

② 管理层，提供物流管理层面的管控，包括：

❖ 入库管理：采购订单接收、供应商接收、可使用储位预分配等内容；

❖ 库存管理：产品库存盘点、库存盈亏处理、产品状态转换等内容；

❖ 出库管理：销售订单接收、内部领用管理等内容；

❖ 账务管理：仓库账务处理、仓库库存分析等内容。

③ 执行层：提供物流现场管理层面的管控，包括收货、收货检验、入库、上架、储库管理、分拣、流通加工、二次包装、发货检验、发货、配送等现场管理环节的管控。

(3) WMS 功能架构

目前 A 公司物流系统的主要功能是将工厂生产的产品及向其他供应商采购的产品、辅销产品等先转运到位于上海的 CDC，然后通过不同的运输方式运抵各地的 RDC 暂时储存，再根据需求转运至设在各省市的店铺，并通过医院或药店等销售渠道推向市场。

这样的物流模式，要求物流管理人员随时掌握仓库所有的库存信息，对货架位置、进仓日期、存货号码、数量生产批号、产品状态、产品有效期等了如指掌。产品一旦进入仓库，其所有资料会通过条形码进行仓储标准化、数字化管理，通过无线射频系统实时将数据传递到库存管理电脑系统中。库存管理人员可通过与各区店铺的良好沟通，根据各地店铺的实际情况及时安排补货；当库存出现不足时，库存管理人员也会将当时的库存情况反馈给工厂，预订补给计划，保证货物及时送往全国各地。

由此，未来物流信息平台 WMS 必须是可扩充的仓库管理系统，以符合 A 公司对物流管控能力的需要。物流信息平台 WMS 需覆盖配送中心物流作业的全过程，从接到收货指令进行验收入库作业开始，到仓内管理、录入或接收配送订单、拣货配载，直至进行发货运输结束。以下为有关未来物流信息平台 WMS 为支持未来业务运作所必须具有的功能：收货；入库；上架；拣选；补货；发货；直接转运；退货；装运；仓库间调拨；批次号维护；产品维护；仓库维护；货物跟踪；盘点；库存控制；库存报表；包装与二次加工；第三方物流及供应商管理库存管理；储位优化；系统管理；系统集成。

所有这些功能，均为物流信息平台 WMS 所应覆盖之功能，通过以上三个层面的管控，能有效地管理物流运作的各个层面各个不同环节，实现有效的物流过程管理，提高物流运作效率，提升物流运作水平。

2. TMS 配送管理系统（TMS—Transportion Management System）

为配合未来全国据点营运整合及管理信息效率化的提升，拟设置一个满足配送需求的配送管理系统，以结合未来仓储与配送服务，扩大营运规模、提升作业效率并提高投资经济效益，以落实 A 公司永续经营的理想，并为客户提供高品质、全方位的服务。由此在未来运输配送作业上，以及未来在各个营运层次上，在运输配送的部分，能提供以下功能：

- 作业层次：配送运输作业整合（车辆共配）；
- 管理层次：配派车系统、配送区域规划；
- 管理决策支持层次：通过资源整合，实现共同配送。主要包括提供物流成本分析与计费定价策略等。

（1）TMS 配送管理系统范围

基于 A 公司的整体配送作业规划，配送管理系统将提供运输配送系统基本资源（车辆、司机）管理、基本资料设定（如配送区域、配送据点等资料）、自动/人工排配车、配送过程监控（GPS/GIS）、签回单与应付计价等模块功能。通过这些功能的配合运作，A 公司将可以最快的速度反应客户出货需求，按照实时配送（Just in Time，JIT）原则，满足全国配送管理的需要。配送管理系统将以智能型电子思考为核心支持各物流中心配送商品混装、拼装、共配及跨区配送等配送方式，以完成精确、快捷、高效的配送模式。配送管理系统亦可结合先进的条形码技术与读取设备、GPS/GIS 技术及无线通讯技术，建置出一套智能化、信息化、网络化的运输配送作业体系。

（2）TMS 配送管理系统功能架构

从功能面来看，配送管理系统可细分为三个前后相关层面，如图 1-2-7 所示。为了完整描述整个系统的功能架构以及效益，下面将针对各个层面发展逻辑与目的更进一步进行说明。

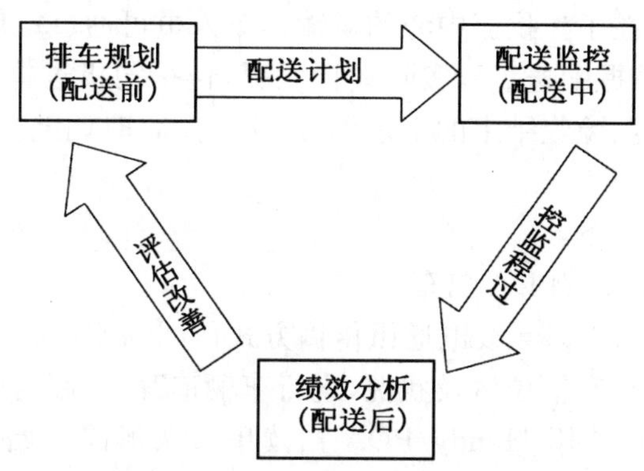

图 1-2-7　TMS 配送管理系统功能架构图

1）配送前排车规划

排车规划是从接受订单以后，依订单内容安排出最佳配送顺序、最顺畅的运行路径、最适合的车辆型态等，让司机能遵循最好的计划运作，达到客户及 A 公司要求的品质及效率水准。本系统在排车规划方面共具有以下几项功能：

❖ 支持多种配送模式，提供弹性选择，包括定点定线排车模式、收货退货处理模式、多仓转运模式等；

❖ 完整的排配车因素分析，包括客户收货时间限制、仓库卸货时间限制、客户位置区域等；可因应不同截单时间多次插单排车，提高客户的服务水平；

❖ 整合应用电子地图定位计算功能（客户点位置建立、客户分布状况掌握、两点最短距离、时间运算）。

通过这些功能的应用，配送管理系统对于物流中心的运输配送作业将可提供以下之主要效能：

① 减少配送车辆

在运算目标中，配送管理系统尽量以最大且不超载的装载量来安排，可有效利用车辆空间，让每趟出车积载率提高，一旦积载率提高，出车趟次即可缩减，久之便可减少物流中心使用的车辆数，使整个配送费用都相对减少。

② 缩短出车配送距离

配送管理系统对配送计划的规划是以每配送点之车型限制，以最小距离、最短配送时间为目标来推导，因此导出的配送途程较人为计划来得有效率。此外，对于客户点之装卸时间及等待时间亦预先考虑，让每点的交货时间能在有效控制下缩短，整体配送时间即可大幅降低，对车辆或人员的变动成本亦有直接的帮助。

③ 解决排车作业经验传承上的断层

在一般人为排车作业的时代，一个经验丰富的排车员需要多年的培训，然而这些排车员的经验是否能够有效接续却是物流中心在运输作业上经常要面对的一大问题。因而配送管理系统目标之一即建立辅助思考的智能型系统，将人为思考模式化为标准程序并入计算机自动判断，以避免新旧人员交接的断层问题。

2）配送过程监控管理

配送时监控的目的在于让物流中心的运输排车人员可通过定位设备(GPS)和数据处理设备(Handy/PDA)掌握配送过程实际运行状况,包括司机选择运行的路径、车辆行经位置、交货时间的合理度、验收结果的记录等,以应紧急临时调度之需及检讨改善之凭据,避免重复无效益的配送。

配送基本运作方式如下:

① 携带 GPS 及 Handy/PDA 出车

利用 GPS 定出位置,再以无线电通讯传输方式传回物流中心。物流中心可以在其计算机的电子地图上显示出车辆位置及状况,进行车辆追踪、管制与监控。

到达客户点卸货后,使用 Handy/PDA 扫读单号条形码开始验货,登录特殊送货状况,并记录交货作业时间,以作为后续之出货追踪、对账及效益管理依据,必要时还可将紧急缺货及补货信息通过无线通讯系统传回物流中心,以便达到 JIT 的作业目标。

② 监控效能

通过配送过程的监控信息的提供与比对,配送管理系统将可协助物流中心达到以下效能:检讨车辆运行路径;检讨客户点到达时间;检讨客户点停留时间;检讨交货缺货状况。

3) 配送后绩效管理

虽有了计划及实绩的资料,但计划的效果如何、司机有无按照计划进行、计划面与实绩面差异多大、运行过程应注意哪些症结、未来如何做出更符合实际的配送计划以提升输配送作业效率,这些均有赖于输配送作业完成后的绩效检讨评估工作。这是所谓绩效管理的目的,也是企业提升未来营运成效的必要途径。

① 反映执行面问题、计划面缺失

计划成效检讨:检讨计划面与实绩的差异程度;实绩达成度检讨:检讨实绩达成度及基本设定点是否符合实际;异常状况查询分析:掌握营运特殊点,优先改善以提升往后计划精确度;利用率、频度评估:掌握各资源利用及负荷情况;未来趋势预估:经由统计分析掌握公司的营运趋势,再依趋势进行适当的策略规划。

② 修正作业基本设定

由实际配送记录分析道路与送货现况,更新客户交货基本设定、两点间运行距离时间等资料,以便使下次派车作业更能反映实际现况。

③ 绩效报表产生

利用客观的图表与数据,可协助物流中心掌握现况,运用科学统计分析手法推估趋势,以信息反馈方式找出差异并调整修正。针对特殊点优先改善,为管理者提供作为未来决策上的评量参考。

上述三个功能,同时组成为配送管理系统整体运作架构。

3. 供应链计划系统(AIM—Automated Inventory Management)

在 WMS 实施已经可以得到 A 公司从总部到各物流中心上下游的详细库存资料以后,则需要对 A 公司整体供应链进行管理。这个管理将从供需两个方面展开,目标是达到供需平衡。在这些平衡的过程中需要依靠供应链计划系统来实现。

供应链计划系统一般分为以下几个方面:

(1) 需求管理

对于A公司目前的现状，管理好需求是十分重要的。对于A公司来说，就是不断开发新产品满足多样化的需求；而需求的多变性引起产品生命周期缩短。具体表现在A公司的日常运营中就是：

❖ 积压库存和缺货：积压库存严重地影响企业的资金周转率、占用企业的仓库并且付出昂贵的利息；而缺货将导致无法进行按时交货，丧失销售机会。

❖ 不能快速满足多变的需求：客户满意度下降，失去客户和市场；

❖ 能力的低效利用：造成企业的生产能力闲置或不足，使资金闲置或失去市场机会；

❖ 成本增加：由于需求管理不善，导致常常采购成本高或者物理费用增加。

因此，改善需求管理对于全面提升A公司的运行水平和运营效率具有战略意义。需求管理的目的就是以供应链末端的客户需求为核心，了解和掌握各种需求的来源和变化，在预订的计划下有效地利用各种资源，协调和控制这些需求，实现供应链上的供需平衡。通常需求共有三种形式：

1) 独立需求：直接来自于最终客户的市场需求，不能从其他产品的需求中派生出来。对于公司来说，就是最终客户的实际购买量。通常最终客户购买的POS记录可以视为独立需求。

2) 销售需求：供应链的某个节点向上级节点所发出的需求，通常这个需求是该节点向下级节点所提供的商品，加上从上级获得商品的提前期得到，可以由独立需求以及网络中不同节点的提前期推导得到。对于A公司来说就是各个分公司以及终端销售公司对上级的要货计划。

3) 非独立需求：指由于对其他产品或服务需求所导致的对某种产品或服务的追求。公司由于产品需求所导致对各种原材料的需求，就是非独立需求。非独立需求可以由独立需求、提前期以及BOM表推导得到。

从三种需求分析，我们可以看到独立需求是所有需求的根本，是企业运作的出发点，因此管理需求需要从管理独立需求开始。

由于A公司产品的特性，决定了不可能是客户提出需求，再按订单进行制造的MTO生产方式，因此需要通过预测工具来把握最终用户的需求。需求预测是成功管理需求的关键步骤，它的精度越高，需求计划的可靠性和可行性就越高。

预测工具的模型具体如下：

1) 预测的维度和细节

对于A公司来说，得到尽量接近消费终端的信息是预测维度和细节实现的关键。在A公司能得到终端POS信息是相对接近终端的信息，可以作为供应链计划第一阶段的基础数据来源。

2) 预测的算法

由于A公司的管理中，需要进行不同时段的短中长期预测，并且不同商品的不同性质也需要不同的预测算法，因此需求预测工具必须提供多种不同的算法供不同场合下使用。通常使用的算法有指数平滑法、递减法、移动平均法、回归分析、季节调整法、趋势外推法、生命周期法以及几种方法相结合的不同算法。

3）协同预测

在预测时首先需要通过协同清理历史数据，将被事件所影响到的数据调整为无事件的历史数据，并加以量化。在对未来预测中，如果能将这些事件所造成的影响，预先在预测的数据中反映出来，将大大提高预测的精确度。

（2）供应计划

A 公司的供应计划是一个网络供应计划，是从 A 公司的工厂向最终消费者覆盖的网络，网络的各个节点上拥有不同的库存量（可以由 WMS 得到），上级网络节点到下级网络节点有不同的提前期。因此，供应计划工具需要能模拟真实的供链网络，并通过 POS 从最终消费终端反推回最原始的原料供应商。由于终端消费越来越趋向于多样化、零散化，如果每一次终端需求都反映到不同节点直接供应，将导致物流成本大大提高，因此供应计划工具应该支持经济批量（EOQ）的设定。在现代供应链中，节点不再由唯一的供应商所供货，往往可以由很多不同的上级节点支持，即动态的上级节点支持。这样，可以更好地利用整个供应链中的资源。系统要能支持优化这种不同的供应关系的算法。

（3）供应调度

供应调度，是供应链管理每天都将碰到的问题。只有经过供应调度的计划才是可行的、具有操作性的计划。

由于真正的实际环境约束是多样的，因此供应调度是一个多目标决策的过程，需要通过运筹学的规划来实现。

4. 物流查询系统

仓库管理系统、配送管理系统、供应链计划系统都是内部管理工具，但是作为把握各个供应链节点的信息中心，其中有些信息对于管理供应链是十分重要的。根据供应链透明的原则，让企业内外部用户掌握关键信息是供应链协同的基本要求。

由于仓库管理系统、配送管理系统、供应链计划系统并非作为外部访问的系统，直接通过网络开放将面临很多安全、商业秘密方面的问题，因此需要通过一个门户网站，让内外部的交易伙伴可以安全地访问仓库管理系统、配送管理系统、供应链计划系统。

物流门户是基于 WEB 技术的 B2B 网站，通过这个网站：

A 公司的供应商可以将预先到货通知单 ASN 输入 WMS，让仓库人员预先作好货物接收准备，提高仓库的运行效率；

A 公司的供应商可以查询到自己所供应商品的库存状况，及时进行补货作业；

可以进一步扩展为 VMI 的管理库存方式，降低 A 公司的原料库存；

允许卖主通过互联网实时查看其货品在中央配送中心的库存状态，还可进入和修改订货点及经济性订货量参数（平均销售量、备货时间、安全库存天数、单价和库存保留费用等）；

A 公司的供应商，可以查询自己货物到货的情况；

A 公司的客户，可以直接在网上下订单，降低与中小用户的交易成本，还可以在网络上查询订单处理状态；

A 公司的内部管理人员可以不必进入办公室，查询所有库存的分布状况；

A 公司的内部管理人员，可以通过互联网在不同仓库间调配商品。

（1）物流门户的权限管理。由于访问物流门户的企业内外部客户众多，因此需要对不同客户设定不同的权限。例如供应商，参照供应商 SKU 与产品批次关联来制定，只能查询自己的库存信息，客户只能查询与其相关的订单处理情况。

（2）物流门户的安全性问题。由于物流门户的一头连接着仓库管理系统、配送管理系统、供应链计划系统的数据库，另外一边连接互联网，因此需要通过内部和外部的防火墙来确保数据库数据和内部网络的安全。

☺ 任务拓展

同学们为单位分析构建物流信息平台所需要的关键技术，可以从平台运行的软硬件环境和集成技术两个方面进行分析，总结一下 A 公司实施物流信息平台规划需要采取哪些有效措施，将分析总结的报告上交给老师。

☺ 任务评价

考核项目	考核内容及要求	分值	学生自评（10%）	小组评分（20%）	教师评分（50%）	专家评价（20%）	实际得分
职业素养	具有团队合作精神	10					
	学习态度认真、尊重导师	10					
知识掌握情况	掌握信息系统的功能	10					
	掌握物流信息系统的概念及分类	10					
	掌握物流信息平台的概念及区分	10					
	掌握物流信息平台的运营模式	10					
	掌握物流信息平台构建的基本思路和原则	10					
技能掌握情况	能够设计物流信息平台子系统	10					
	能够对物流信息平台进行结构设计	10					
	能够分析构建物流信息平台的关键技术，并总结实施物流信息平台的措施	10					
总分							

【课后练习】

一、单选题

1. 管理信息系统概念的正确描述之一是（　　）。

   A. 由计算机、网络等组成的应用系统

   B. 由计算机、数据库等组成的信息处理系统

   C. 由计算机、人等组成的能进行管理信息加工处理的社会技术系统

D. 由计算机、数学模型等组成的管理决策系统

2. 信息的高度精确、处理的规律性等特点，是企业(　　)管理中的需求。

A. 作业层　　B. 管理层　　C. 战略层　　D. 战术层

3. (　　)是仓储、装卸与搬运信息化的基础和前提。

A. 仓储信息的传递　　B. 仓储信息的收集
C. 仓储信息的传播　　D. 仓储信息的储存

4. 主要用于企业内部以及企业供应链上下游之间的信息共享的物流信息平台是(　　)。

A. 企业物流信息平台　　B. 国家物流公共信息平台
C. 地区物流公共信息平台　　D. 行业物流公共信息平台

5. 根据管理层次的划分，物流信息分为(　　)、战术管理信息、知识管理信息、操作管理信息。

A. 战略型管理信息　　B. 外部信息
C. 静态信息　　D. 动态信息

6. 下列说法正确的是(　　)。

A. 物流所要“流”的对象是一切物品，包括有形物品和无形物品
B. 只有物品物理性质发生变化的活动，如运输、搬运、装卸等活动才属于物流活动
C. 物流不仅研究物的流通与储存，还研究伴随物的流通与储存而产生的信息处理
D. 物流的起点是从某个企业原材料的供应、储存、搬运、加工、生产直至产成品的销售整个过程

7. 把分散的个别信息收集起来形成信息的集合是为了(　　)。

A. 信息增值　　B. 信息增效　　C. 信息服务　　D. 信息利用

8. 物流信息包含的内容从广义方面来考察是指(　　)。

A. 企业与物流活动有关的信息　　B. 企业与流通活动有关的信息
C. 企业整个供应链活动有关的信息　　D. 企业与经营管理活动有关的信息

9. 从本质上讲，物流信息系统是利用信息技术，通过(　　)，将各种物流活动与某个一体化过程连接在一起的通道。

A. 物流　　B. 商流　　C. 资金　　D. 信息流

10. 物流园区信息平台中最基本的组成部分是(　　)。

A. 物流园区级信息平台　　B. 物流中心级信息平台
C. 物流企业内部信息系统　　D. 公用信息平台

二、多选题

1. 物流信息的作用包括(　　)。

A. 物流信息是物流活动相互作用和联系的桥梁和纽带
B. 有利于企业对物流活动各环节进行有效的计划、组织和控制
C. 有利于提高企业管理和决策水平

D. 改善企业内部物流业务流程

E. 提高物流服务的质量,提升企业的整体效益

2. 物流信息管理系统的基本功能是(　　)。

A. 数据收集与录入　　B. 信息的存储

C. 信息的加工处理　　D. 信息的分类

3. 下面哪些特性不是物流信息所特有的特性?(　　)。

A. 时效性　　B. 信息量大　　C. 更新快

D. 可传递性　　E. 来源多样化

4. 物流信息化表现为(　　)。

A. 物流信息商品化

B. 物流信息传递网络化、标准化和实时化

C. 物流信息处理电子化和计算机化

D. 物流信息收集数据库化和代码化

5. 关于物流信息的传递说法正确的是(　　)。

A. 实现了时间传递

B. 实现了空间传递

C. 时间传递技术是指将信息储存起来,为当时或以后所使用

D. 通信是指借助于专业电信部门所进行的信息传递活动

6. 属于物流信息系统的基本功能的是(　　)。

A. 数据收集　　B. 信息存储　　C. 信息传输

D. 信息处理　　E. 信息输出

7. 属于医药产品物流特点的是(　　)。

A. 品类划分的简单　　B. 运输管理严格

C. 仓储与在库保管严格　　D. 医药产品来源去向的详细跟踪

8. 对于物流信息平台的搭建思路说法正确的是(　　)。

A. 支持交通 EDI 系统

B. 支持电子商务的开展,积极推动网上交易

C. 统筹规划、联合建设、统一标准、资源共享、重点突破

D. 在物流信息平台的建设中,要遵循已制定和实施信息化标准和规范

9. 对于"公用"物流信息平台和"共用"物流信息平台,下列说法正确的是(　　)。

A. "公用"与"共用"物流信息平台的权属特征、服务范畴和对象相同

B. "公用"与"共用"物流信息平台所达到的标准化程度不同

C. "公用"与"共用"物流信息平台所实现的资源整合程度相同

D. "公用"物流信息平台,使用者以公益权益的获得而无偿使用,是实现整体利益最大化,而"共用"物流信息平台是有偿使用,实现的是部分利益的最大化

10. 物流信息系统可以分为三个层次(　　)。

A. 数据层　　B. 作业层　　C. 控制层

D. 管理层　　E. 战略层

三、判断题

1. 信息就是资源,信息管理就是对信息资源的管理。 ( )
2. 物流信息系统的目标就是提高对客户服务的水平和降低物流的总成本。 ( )
3. 企业信息管理就是在企业内运用计算机信息系统进行管理。 ( )
4. 物流信息管理系统就是物流管理信息,两者没有本质的区别。 ( )
5. 作为应用最为普遍的WMS,其已经成为各个物流企业不可缺少的货物管理工具。 ( )

四、简答题

1. 什么是物流信息?
2. 什么是物流信息管理?

项目二　物流信息采集

任务一　物流条码编制

☺ 任务目标

【知识目标】

1. 掌握条形码的概念；
2. 掌握条码符号的组成及相关参数与概念；
3. 掌握条码的编码规则及码制；
4. 掌握条码的应用。

【技能目标】

1. 能够总结出各种条码的特点及异同点；
2. 能够独立设计条码；
3. 能够独立制作条码。

☺ 任务发布

目前超市内的商品都印刷有条码，不印刷条码的商品不能进入超市，已经成为共识。你仔细留意过条码吗？它们具有什么样的含义？如何进行编制？这些你了解吗？

现在以小组为单位，用手机或者相机以拍照的方式收集身边常见的条码，比如街边广告牌上、火车票上的二维码、饮料瓶的一维条形码或超市其他商品上的一维条形码，解读条形码包含的信息，并讨论这些条形码之间的异同，比较一维条形码和二维条形码的区别。

请在所收集的条码中，选择一种一维码，练习使用条码编辑软件及条码打印机制作条码，并将制作完成的条码准确、规范地粘贴在物品上。

☺ 知识准备

一、条形码的概念

条码是由一组规则排列的条、空以及对应的字符组成的标记。其中，“条”指对光线反射率较低的部分，“空”指对光线反射率较高的部分，这些条和空组成的数据表达一定的信息，并能够用特定的设备识读，转换成与计算机兼容的二进制和十进制信息。通常对于每一种物品，它的编码是唯一的，对于普通的一维条码来说，还要通过数据库建立条码与商品信息的对应关系，当条码的数据传到计算机上时，由计算机上的应用程序对数据进行操作和处理。因此，普通的一维条码在使用过程中仅作为识别信息，它的意义是通过在计算机系统的数据库中提取相应的信息而实现的。

二、条码符号的组成及相关参数与概念

1. 条码符号的组成

一个完整的条码的组成次序依次为：静区（前），起始符，数据符（中间分割符，主要用于 EAN 码）、（校验符），终止符，静区（后），如图 2-1-1 所示。

图 2-1-1　条码符号的组成

（1）静区。指条码左右两端外侧与空的反射率相同的限定区域，它能使阅读器进入准备阅读的状态，当两个条码相距距离较近时，静区则有助于对它们加以区分，静区的宽度通常应不小于 6mm（或 10 倍模块宽度）。

（2）起始/终止符。指位于条码开始和结束的若干条与空，标志条码的开始和结束，同时提供了码制识别信息和阅读方向的信息。

（3）数据符。位于条码中间的条、空结构，它包含条码所表达的特定信息。

（4）校验字符。在条码码制中定义了校验字符。有些码制的校验字符是必需的，有些码制的校验字符是可选的。校验字符是通过对数字符进行一种运算而确定的。

（5）模块。构成条码的基本单位是模块，模块是指条码中最窄的条或空，模块的宽度通常以 mm 或 mil（千分之一英寸）为单位。构成条码的一个条或空称为一个单元，一个单元包含的模块数是由编码方式决定的，有些码制中，如 EAN 码，所有单元由一个或多个模块组成；而另一些码制，如 39 码中，所有单元只有两种宽度，即宽单元和窄单元，其中的窄单元即为一个模块。

2. 条码的几个参数和相关概念

（1）密度（Density）。条码的密度指单位长度的条码所表示的字符个数。对于一种码制而言，密度主要由模块的尺寸决定，模块尺寸越小，密度越大，所以密度值通常以模块尺寸的值来表示（如 5 mil）。通常 7.5 mil 以下的条码称为高密度条码，15 mil 以上的条码称为低密度条码，条码密度越高，要求条码识读设备的性能（如分辨率）也越高。高密度的条码通常用于标识小的物体，如精密电子元件；低密度条码一般应用于远距离阅读的场合，如仓库管理。

（2）宽窄比。对于只有两种宽度单元的码制，宽单元与窄单元的比值称为宽窄比，一般为 2～3（常用的有 2∶1，3∶1）。宽窄比较大时，阅读设备更容易分辨宽单元和窄单元，

因此比较容易阅读。

(3) 对比度(PCS)。条码符号的光学指标,PCS值越大则条码的光学特性越好:

$$PCS=(RL-RD)/RL\times 100\% \quad (2\text{-}1\text{-}1)$$

(RL:空的反射率 RD:条的反射率)

(4) 条高。构成条码字符的条的二维尺寸中的纵向尺寸。

(5) 条宽。构成条码字符的条的二维尺寸中的横向尺寸。

(6) 空宽。构成条码字符的空的二维尺寸中的横向尺寸。

(7) 条宽比。条码中最宽条与最窄条的宽度比。

(8) 条码长度。从条码起始符前缘到终止符后缘的长度。

(9) 长高比。条码长度与条高的比。

(10) 条码密度。单位长度的条码所表示的字符个数。

(11) 双向条码。条码的两段都可以作为扫描起点的条形码。

(12) 中间分隔符。在条码符号中,位于两个相邻的条码符号之间且不代表任何信息的空。

(13) 连续性条码。在条码字符中,两个相邻的条码字符之间没有中间分隔符的条码。

(14) 非连续性条码。在条码字符中,两个相邻的条码字符之间存在中间分隔符的条码。

(15) 条形码字符集。条形码字符集是指条形码制中所给定的数据字符的范围。在各种条形码码制中,字符集主要有两种:一种是数字式字符集,它包含数字0~9及一些特殊字符;另一种是字母、数字式字符集,它包含数字0~9、字母A~Z及一些特殊字符。

(16) 污点。空及静区中出现的与条的反射率相近的点。

(17) 疵点。条形码中出现的与空的反射率相近的点。

三、条码的编码规则与码制

1. 编码规则

(1) 唯一性。同种规格同种产品对应同一个产品代码,同种产品不同规格应对应不同的产品代码。根据产品的不同性质,如重量、包装、规格、气味、颜色、形状等,赋予不同的商品代码。

(2) 永久性。产品代码一经分配,就不再更改,并且是终身的。当此种产品不再生产时,其对应的产品代码只能搁置起来,不得重复起用再分配给其他的商品。

(3) 无含义。为了保证代码有足够的容量以适应产品频繁地更新换代的需要,最好采用无含义的顺序码。

2. 码制

码制即指条码条和空的排列规则,常用的一维码的码制包括EAN码、39码、交叉25码、UPC码、128码、93码,及Codabar(库德巴码)等。但国际上通用的标准只有三个,我国也相应地制定了国家标准(见表2-1-1)。

表 2-1-1　码制国家标准

码制标准	国家标准
通用商品条码(EAN－13)	GB/T12904－91
交叉二五码	GB/T16829－97
贸易单元 128 条码(EAN/UCC－128)	GB/T15429－94

(1) EAN 条码(见图 2-1-2)

EAN－13 条码符号标准版的结构见下表：

表 2-1-2　EAN－13 条码符号标准版的结构

前缀码	制造厂商代码	商品代码	校验码
×××	××××	×××××	×

表 2-1-3　EAN－13 条码符号标准版的结构

左侧空白区	起始符	左侧数据符	中间分隔符	右侧数据符	校验符	终止符	右侧空白区
9 个模块	3 个模块	42 个模块	5 个模块	35 个模块	7 个模块	3 个模块	9 个模块

图 2-1-2　EAN－13 标准码

EAN 码校验位的计算方法如下：

① 从代码位置序号 2 开始，所有偶数位的数字代码求和为 a_1。

② 将上步中的 a_1 乘以 3 为 a_2。

③ 从代码位置序号 3 开始，所有奇数位的数字代码求和为 b。

④ 将 a_2 和 b 相加为 c。

⑤ 取 c 的个位数 d。

⑥ 用 10 减去 d 即为校验位数值。

(2) 交叉 25 码

交叉 25 码(见图 2-1-4)，即 ITF(Interleaved Two of Five Code)，它是黑条和白空都参加编码的一种码制，它的相邻字符符号分别由交叉排列的五个黑条和五个白空按图 2-1-4 所示的规则表示“0 至 9”十个阿拉伯数字。

数学符号	二进制码	数学符号	二进制码
0	00110	5	10100
1	10001	6	01100
2	01001	7	00011
3	11000	8	10010
4	00101	9	01010

图 2-1-3　交叉 25 码编码规则

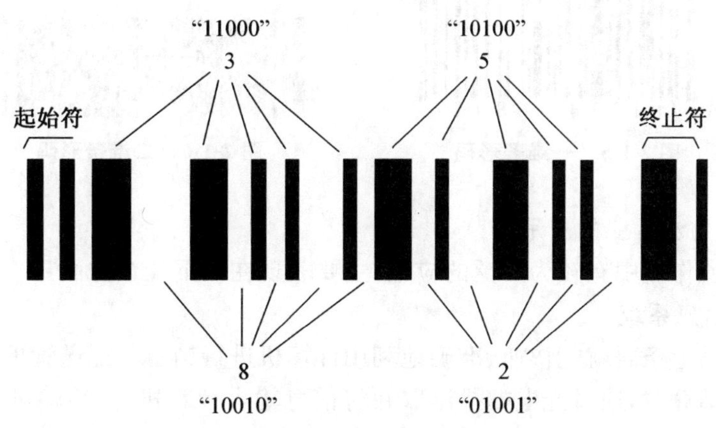

图 2-1-4　交叉 25 码

(3) 128 码

128 码出现于 1981 年，是一种长度可变的连续型自校验数字式码制。它采用四种元素宽度，每个字符由 3 个条和 3 个空，共 11 个单元元素宽度，又称(11,3)码。它由 106 个不同条形码字符组成，每个条形码字符有三种含义不同的字符集，分别为 A、B、C。它使用这 3 个交替的字符集可将 128 个 ASCII 码编码。

四、条码的类型及应用

1. 条码的类型

目前条形码按维数分主要分为一维条形码(见图 2-1-5)和二维条形码(见图 2-1-6)，普通的一维条形码自从问世以来，很快得到了广泛的应用。但是由于一维条形码的信息容量很小，如商品上的条码仅能容 13 位的阿拉伯数字，更多描述商品的信息只能依赖数据库的支持，离开了预先建立的数据库，这种条码就变成了无源之水、无本之木，因而条码的应用范围受到了一定的限制。

二维条形码除具有普通条码的优点外，还具有信息容量大、可靠性高、保密防伪性强、易于制作、成本低等优点。一维条形码与二维条形码的区别见表 2-1-1。

表 2-1-1　一维条形码与二维条形码的区别

一维条形码	二维条形码
可直接显示内容为英文、数字、简单符号	可直接显示英文、中文、数字、符号、图形
贮存数据不多,主要依靠计算机中的关联数据库	贮存数据量大,可存放 1K 字符,可用扫描仪直接读取内容,无需另接数据库
保密性不高	保密性高(可加密)
损污后可读性差	安全级别最高时,损污 50%仍可读取完整信息

图 2-1-5　一维条形码

图 2-1-6　二维条形码

2. 条码在物流行业的应用

条码在物流作业中有较为广泛的应用,主要表现在以下几个方面:

(1) 销售信息系统

在商品上贴上条码就能快速、准确地利用计算机进行销售和配送管理。其过程为,对销售商品进行结算时,通过光电扫描读取并将信息输入计算机,然后输进收款机,收款后开出收据,同时,通过计算机处理,掌握进、销、存的数据。

(2) 库存系统

在库存物资上应用条码技术,入库时自动扫描并输入计算机,计算机处理后形成库存信息,并输出入库区位、货架、货位的指令。

(3) 分货拣选系统

在配送和仓库出货时,采用分货、拣选的方式,需要快速处理大量的货物,利用条码技术便可自动进行货物的分拣,并实现有关的管理。

任务实施

步骤一:收集比较身边各种类型的条码

(1) 以小组为单位,用手机或相机拍照的形式收集各种类型的条码;

(2) 学生通过计算机登录中国物品编码中心网站:http://www.ancc.org.cn/,浏览网站,并将条码上对应的数字输入系统,查询这些商品的有关信息。

(3) 将查询结果与商品外包装上的厂商信息和产品信息进行对比,讨论和分析说明条码上的数字分别表示的信息。

(4) 通过上网查询 3～4 种其他形式的条码,并说明它们在什么领域使用。

(5) 每组由小组代表以课件的形式讲解并展示查询的过程和讨论结果。

步骤二：条形码设计

Free Barcode 是一个支持数十种常用条形码且完全免费的条形码制作软件，支持 Win98/2K/XP/Vista/Windows 7 等系列操作系统。条形码制作软件制作的条形码，可直接粘贴到 CorelDraw、Illustrator、Word、wps、Excel、PowerPoint 等应用软件中。我们就应用这款软件设计一个条形码，具体步骤如下：

(1) 选择要设计条形码的类型：

点击下拉框，选择条码类型，我们选择的是 EAN－13 码，如图 2-1-7 所示。

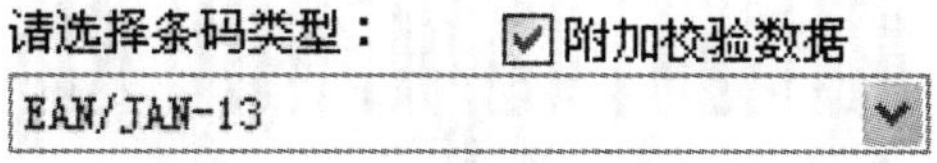

请选择条码类型：　☑附加校验数据

EAN/JAN-13

图 2-1-7　选择条码类型

(2) 输入要设计条形码的数据，并且选择要显示的样式、数据等，如图 2-1-8 所示。

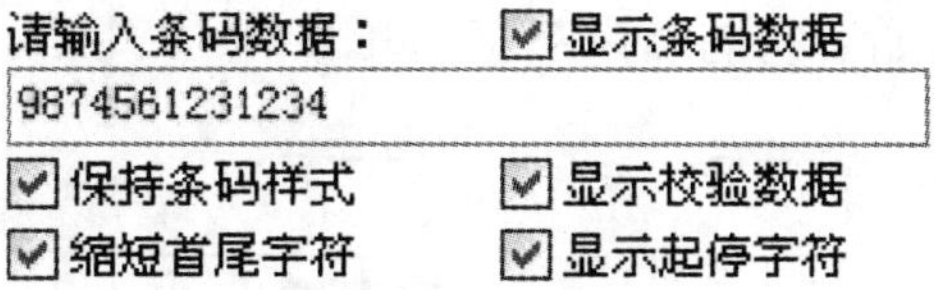

请输入条码数据：　☑显示条码数据

9874561231234

☑保持条码样式　☑显示校验数据

☑缩短首尾字符　☑显示起停字符

图 2-1-8　输入数据

(3) 选择要设计条形码的宽度、高度，如图 2-1-9 所示。

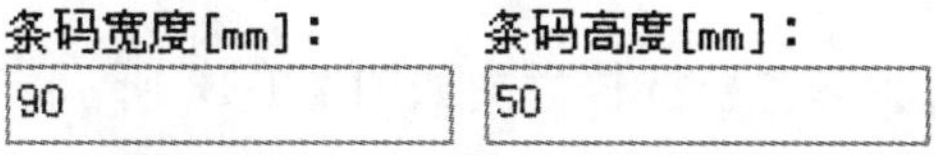

条码宽度[mm]：　条码高度[mm]：

90　50

图 2-1-9　设计条形码的宽度、高度

(4) 设计文字离条码区的距离如图 2-1-10 所示。

文字离条码[mm]：　文字静空区[mm]：

2　6

图 2-1-10　设计文字离条码区的距离

选择以后的效果如图 2-1-11 所示。

图 2-1-11　设置好的文字与条码的距离

(5) 设计条形码的起始字符与结束字符，如图 2-1-12 所示。

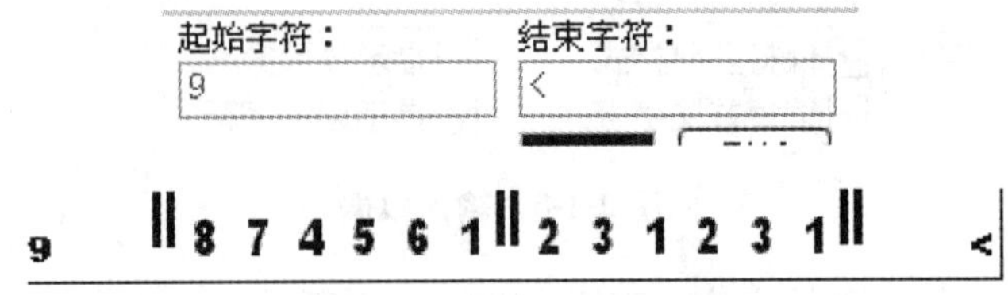

图 2-1-12　设计起始字符

(6) 选择条形码的背景颜色及旋转方向如图 2-1-13 所示。

图 2-1-13　设计条码颜色

(7) 调节条形码的输出条件的最后输出结果为如图 2-1-14 所示。

图 2-1-14 最后输出结果

步骤三:制作条码

接下来我们可以选择一种一维码,练习使用条码编辑软件及条码打印机制作条码:

1. 条码打印机的硬件安装

(1) 打开打印机的外壳,安装碳带

未使用的碳带安装在靠里面的轴上,前轴为回收轴,打印的碳带会自动回收,安装完成碳带的打印机如图 2-1-15 所示。值得注意的是不要把碳带装反,安装反的碳带会导致打印错误。

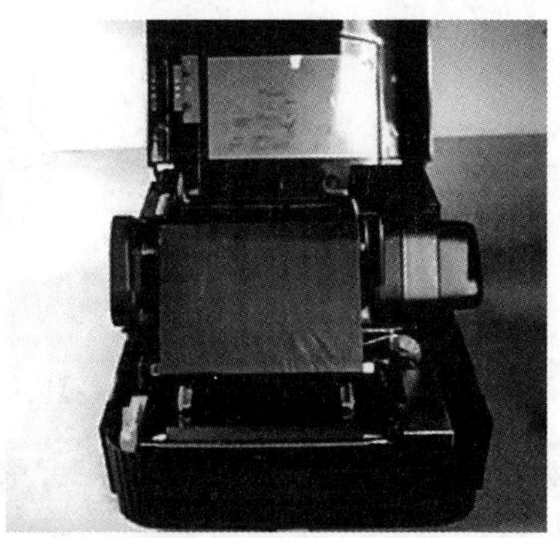

图 2-1-15 安装碳带

(2) 安装标签纸

安装标签纸时,标签纸必须从打印机的下方穿过,如图 2-1-16 所示。如果安装错误的话机器将无法感应标签。

图 2-1-16　安装标签纸

(3) 进行打印测试

在关机状态下，按住 pause 键，同时打开电源，不要松开 pause 键，机器会自动打印测纸。5 秒后松手，机器的两个绿灯常亮，再按下 C 键，如果测纸成功，机器会在测纸的同一位置停下，条码打印机安装就绪。

2. windows 驱动程序及标签编辑软件的安装

用 USB 线连接到电脑，打开电源，系统会自动找到其硬件，放入光盘，点击“下一步”，即可完成驱动程序的安装。

根据图 2-1-17 所示的安装流程，按照安装向导一步一步地安装标签编辑软件。

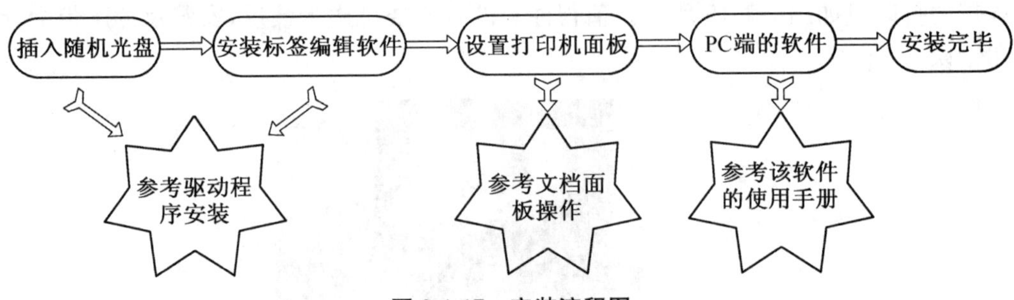

图 2-1-17　安装流程图

3. 条码编辑并打印

(1) 双击打开条码编辑软件，点击左上角的【新建标签】按钮，进入如图 2-1-18 所示的界面。

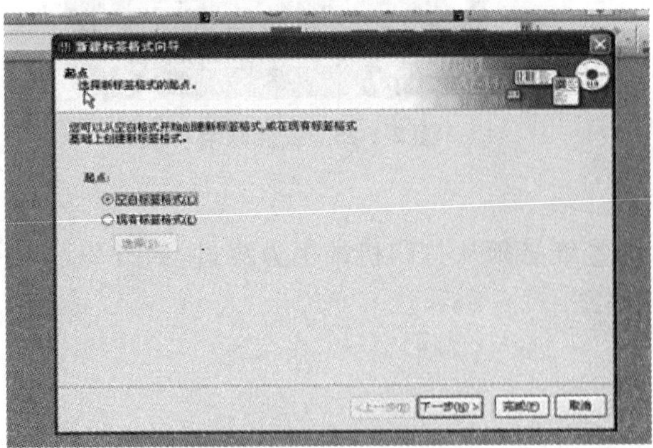

图 2-1-18　新建标签

点击“空白标签格式”前面的选项圈，然后点击【下一步】按钮，进入选择打印机界面，如图 2-1-19 所示，选择“默认”，点击【下一步】按钮，根据使用标签的特性，进行选择“单个标签”或是“多个标签”，见图 2-1-20。

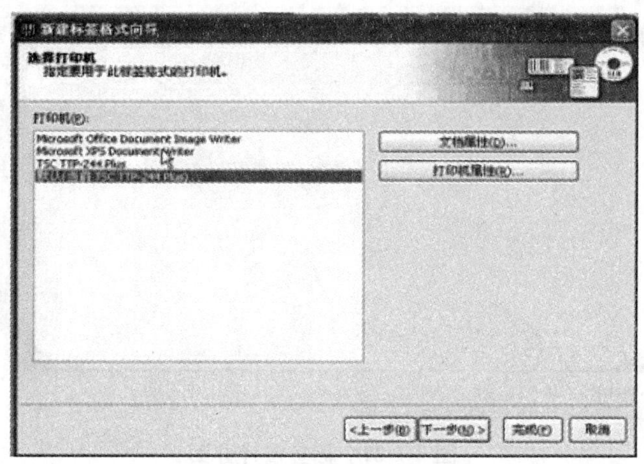

图 2-1-19　选择打印机

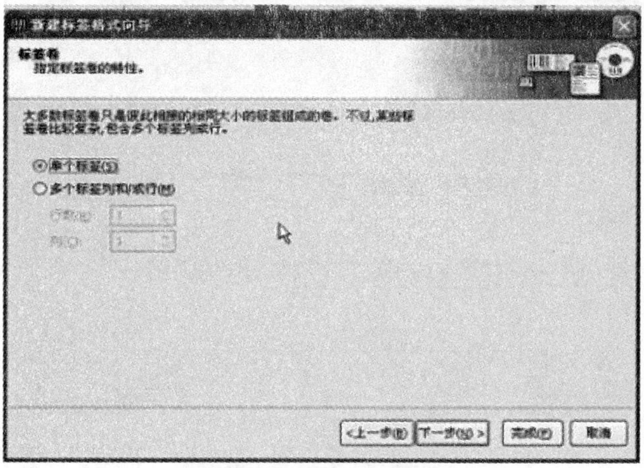

图 2-1-20　选择标签类型

在这里我们选择“多个标签”选项，我们需要对标签的列数及未使用的边距进行设置，同时还要设置标签纸的大小、形状、标签之间的间距、打印顺序等进行相关的设置，设置完成的界面如图 2-1-21 所示。

(2) 添加文本、图片

点击操作界面上的图标，可以进行文本的添加，默认的文本是“样本文本”，双击可以进行文本内容、字体、样式、字体大小、文字效果及文本类型等的更改，如图 2-1-22 所示。

图 2-1-21　标签设计界面

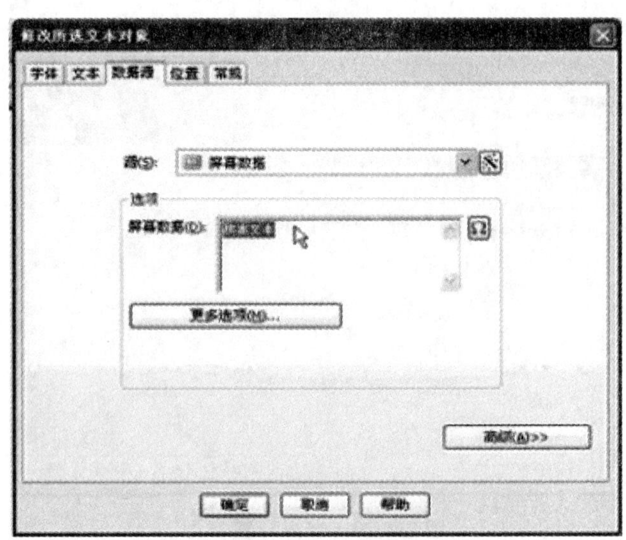

图 2-1-22　修改文本

(3) 添加条形码

点击操作界面上的条形码按钮，可以添加条形码，双击添加的条形码可以更改条形码的类型、字体、可读性(包括条形码以下的内容的可见性、位置等)等，如图 2-1-23 所示。

设置完成的条形码如图 2-1-24 所示。

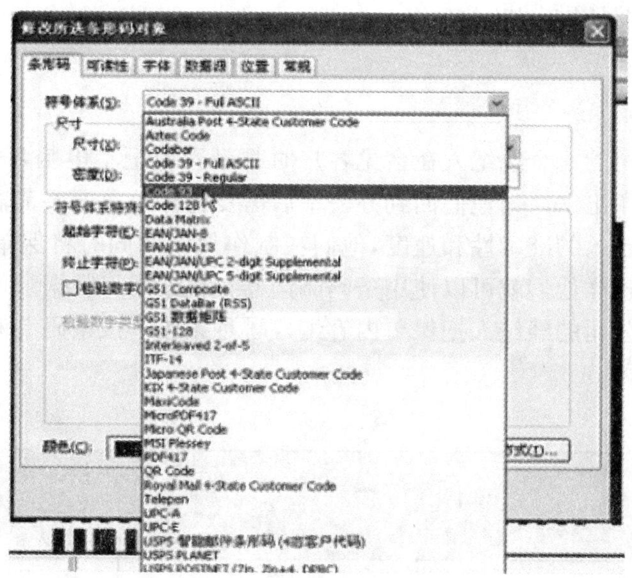

图 2-1-23　条形码设置

图 2-1-24　条码标签

4. 打印条码标签

若要对制作好的条形码进行修饰，比如添加方框或椭圆等，点击按钮，在双击界面的图片，可以选择添加需要的图片，根据页面大小调整图片的大小，最终调整的结果如图 2-1-25 所示，此时的标签制作完毕。

图 2-1-25　条码标签

点击操作界面上的打印机，打印条码标签。

任务拓展

日本某保险公司的每个经纪人在会见客户时都带着笔记本电脑，每张保单和协议都在电脑中制作并打印出来。当他们回到办公室后需要将保单数据手工输入到公司的主机中。为了提高数据录入的准确性和速度，他们在制作保单的同时将保单内容编成一个条码，打印在单据上，这样他们就可以使用条码阅读器扫描条码将数据录入主机。

请说明该保险公司的经纪人把保单内容编成哪种条码？该条码有何优点？

任务评价

考核项目	考核内容及要求	分值	学生自评（10%）	小组评分（20%）	教师评分（50%）	专家评价（20%）	实际得分
职业素养	具有团队合作精神	10					
	学习态度认真、尊重导师	10					
知识掌握情况	掌握条形码的概念	10					
	掌握条码符号的组成及相关参数与概念	10					
	掌握条码的编码规则及码制	10					
	掌握条码的应用	10					
技能掌握情况	能够总结出各种条码的特点及异同点	10					
	能够独立设计条码	10					
	能够独立制作条码	20					
总分							

任务二　物流信息录入

任务目标

【知识目标】

1. 掌握条码识读原理；
2. 了解条码的识读设备及其原理；
3. 掌握常见的自动识别技术；
4. 掌握射频技术原理与技术特点。

【技能目标】

1. 能够利用条码扫描设备及传统人工方式将物流信息准确、迅速地录入系统；

2. 能够根据实际情况选用合适的条码扫描设备；

3. 能根据实际情况选用合适的自动识别设备。

任务发布

江苏万盛物流公司的海星一号仓库具有先进的物流信息管理系统，仓库运用条码技术及手持终端系统将货品记录在系统中，系统信息可以及时更新。

为使同学们更加了解物流条码信息的录入，以小组为单位，到万盛物流公司的海星一号仓库参观实习并练习使用仓库的手持终端对仓库货品进行信息的采集。

北京欧乐公司要往海星一号仓库存入一批电机作为本公司在江苏经营点的储备库存，仓管员从信息员那里拿到入库订单信息准备入库，同学们帮助仓管员对这批电机进行信息的录入。

入 库 单

作业计划单号 0000000000023054

cc 配货中心 海星1号仓库　应收总数：20.0 实收总数：20

客户名称：北京欧乐科技有限公司　客户编号:OL0100880　客户指令号：　日期:

产品名称	条形码	规格	单位	应收数量	实收数量	货位号	批号	备注
电机	9787538557138	1×10	箱	20	20			

仓管员(签字)：张雨佳　送货人(签字)：李长青

图 2-2-1　入库交接单

知识准备

一、条码识读原理与设备

1. 条码识读原理

条码识读的基本工作原理为：由光源发出的光线经过光学系统照射到条码符号上面，被反射回来的光经过光学系统成像在光电转换器上，使之产生电信号，信号经过电路放大后产生一模拟电压(模拟信号),它与照射到条码符号上被反射回来的光成正比,再经过滤波、整形,形成与模拟信号对应的方波信号,经译码器解释为计算机可以直接接受的数字信号。其流程图如图 2-2-2 所示。

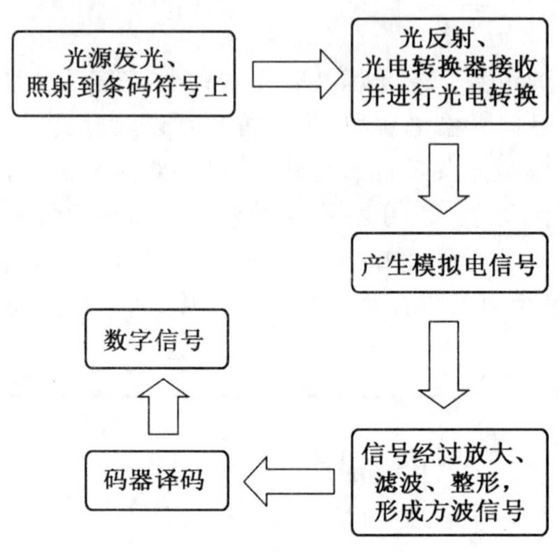

图 2-2-2 条码识读原理

2. 条码识读系统的组成

条码识读系统由扫描系统、信号整形、译码三部分组成,如图 2-2-3 所示。

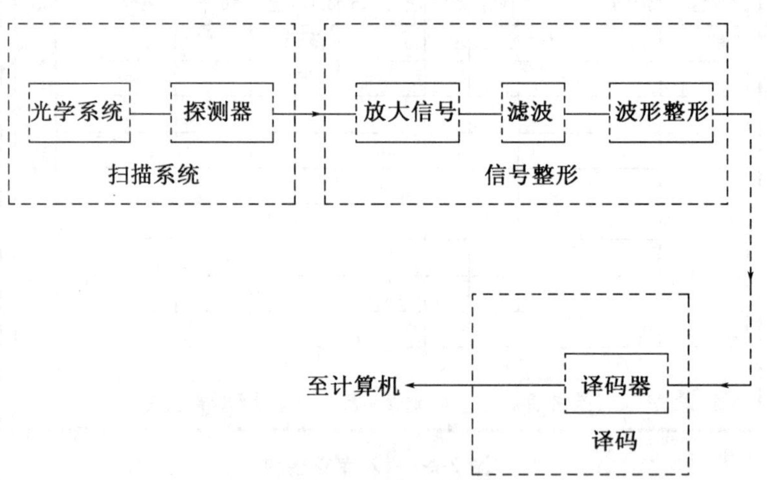

图 2-2-3 条码识读系统

(1) 扫描系统由光学系统及探测器即光电转换器件组成,它完成对条码符号的光学扫描,并通过光电探测器,将条码条空图案的光信号转换成为电信号。

(2) 信号整形部分由信号放大、滤波、波形整形组成,它的功能在于将条码的光电扫描信号处理成为标准电位的矩形波信号,其高低电平的宽度和条码符号的条空尺寸相对应。

(3) 译码部分一般由嵌入式微处理器组成,它的功能就是对条码的矩形波信号进行译码，其结果通过接口电路输出到条码应用系统中的数据终端。

3. 涉及扫描识读一些常用术语

(1) 条码识读器(bar code reader)：识读条码符号的设备。

(2) 扫描器(scanner)：通过扫描将条码符号信息转变成能输入到译码器的电信号的光电设备。

(3) 译码(decode)：确定条码符号所表示的信息的过程。

(4) 译码器(decoder)：完成译码的电子装置。

(5) 光电扫描器的分辨率(resolution of scanner)：表示仪器能够分辨条码符号中最窄单元宽度的指标。能够分辨 0.15 - 0.30 mm 的仪器为高分辨率，能够分辨 0.30 - 0.45 mm 的仪器为中分辨率，能够分辨 0.45 mm 以上的为低分辨率。

(6) 读取距离(scanning distance)：扫描器能够读取条码时的最大距离。

(7) 读取景深(depth of field，DOF)：扫描器能够读取条码的距离范围。

(8) 红外光源(infrared light)：波长位于红外光谱区的光源。

(9) 可见光源(visible light)：波长位于可见光谱区的光源。

(10) 光斑尺寸(dot size)：扫描光斑的直径。

(11) 接触式扫描器(contact scanner)：扫描时需和被识读的条码符号作物理接触后方能识读的扫描器。

(12) 非接触式扫描器(non-contact scanner)：扫描时不需和被识读的条码符号作物理接触就能识读的扫描器。

(13) 手持式扫描器(hand-held scanner)：靠手动完成条码符号识读的扫描器。

(14) 固定式扫描器(fixed mount scanner)：安装在固定位置上的扫描器。

(15) 固定光束式扫描器(fixed beam scanner)：扫描光束相对固定的扫描器。

(16) 移动光束式扫描器(moving beam scanner)：通过摆动或多边形棱镜等实现自动扫描的扫描器。

(17) 激光扫描器(laser scanner)：以激光为光源的扫描器。

(18) CCD 扫描器(charge coupled device scanner；CCD scanner)：采用电荷耦合器件(CCD)的电子自动扫描光电转换器。

(19) 光笔(light pen)：笔形接触式固定光束式扫描器。

(20) 全方位扫描器(omni-directional scanner)：具备全向识读性能的条码扫描器。

(21) 条码数据采集终端(bar code hand-held terminal)：手持式扫描器与掌上电脑(手持式终端)的功能组合为一体的设备单元。

(22) 高速扫描器(high-speed bar code scanner)：扫描速率达到 600 次/min 的扫描器。

4. 常用识读设备

以一维条码识读设备为主，包括激光枪、CCD 扫描器、光笔与卡槽和全向扫描平台。

(1) 激光条码扫描枪

激光条码扫描枪的原理是当用户触动电源开关或相应的设备使扫描器通电后，VLD 发出红光激光束、穿过扩束透镜被扩束，射到可摆动的反射镜表面，再反射到条码上形成一个激光点。当反射镜摆动时，根据光学反射原理，条码上的激光点位置发生变化、反射镜连续摆动，会在条码上看到一条红色的激光线，这是视觉暂留现象所致。条码的表面较粗糙，照在条码上的激光点发生反射，条和空的反射强度是不同的，漫反射的光射到反射镜上，再由反射镜反射向集光器，由集光器集光，由滤光镜滤掉杂散自然光射入光敏二极管，产生光电感应信号，再经放大，整形译码，变成有用信息，传输到主机中。

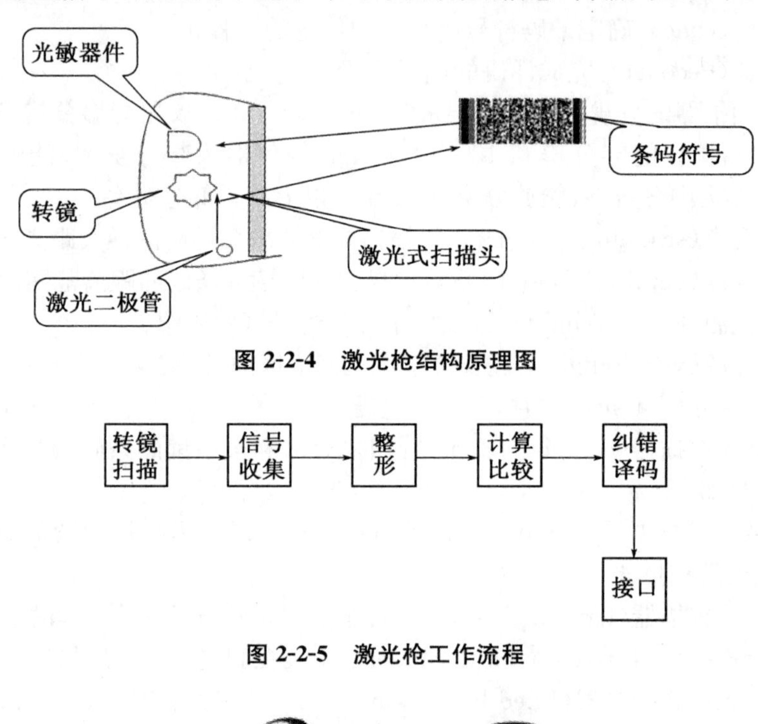

图 2-2-4　激光枪结构原理图

图 2-2-5　激光枪工作流程

图 2-2-6　激光条码扫描枪

利用激光扫描技术的优点是，识读距离适应能力强，且具有穿透保护膜识读的能力，识读的精度和速度比较容易做得高些。其缺点是对识读的角度要求比较严格，而且只能识读堆叠式二维码(如 PDF417 码)和一维码。

(2) CCD 扫描器

CCD 扫描器是利用光电耦合(Charge Coupled Device，CCD)原理，对条形码印刷图案进行成像，然后再译码。采用发光二极体的泛光源照明整个条码，再透过平面镜与光栅将条码符号映射到由光电二极体组成的探测器阵列上，经探测器完成光电转换，再由电路系统对探测器阵列中的每一光电二极体依次采集信号，辨识出条码符号，完成扫描。

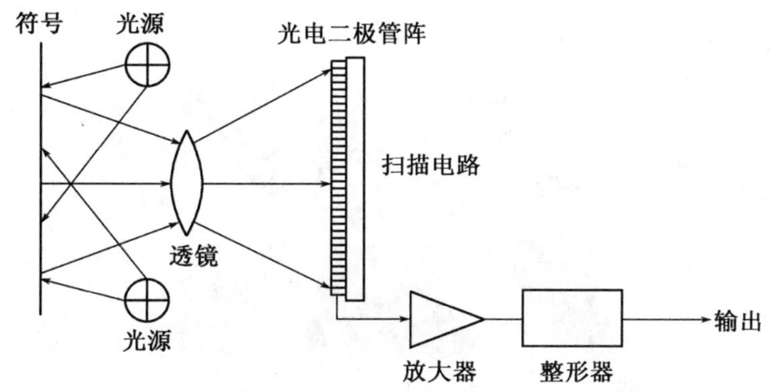

图 2-2-7 CCD 扫描器工作原理

它的特点是:无任何机械运动部件,性能可靠,寿命长;按元件排列的节距或总长计算,可以进行测长;价格比激光枪便宜;可测条码的长度受限制;景深小。

选择 CCD 扫描器的两个参数:

- 景深。
- 分辨率。

(3) 光笔与卡槽式

1) 光笔

图 2-2-8 CCD 图像识读器

光笔是最先出现的一种手持接触式条码阅读器,它也是最为经济的一种条码阅读器。使用时,操作者需将光笔接触到条码表面,通过光笔的镜头发出一个很小的光点,当这个光点从左到右划过条码时,在"空"部分,光线被反射,"条"的部分,光线将被吸收,因此在光笔内部产生一个变化的电压,这个电压通过放大、整形后用于译码。

光笔的优点主要是:与条码接触阅读,能够明确哪一个是被阅读的条码;阅读条码的长度可以不受限制;与其他阅读器相比成本较低;内部没有移动部件,比较坚固;体积小,重量轻。

其缺点:使用光笔会受到各种限制;只有在比较平坦的表面上阅读指定密度的、打印质量较好的条码时,光笔才能发挥它的作用;操作人员需要经过一定的训练才能使用;因为它必须接触阅读,当条码在因保存不当而产生损坏,或者上面有一层保护膜时,光笔都不能使用;光笔的首读成功率低及误码率较高。

在选择光笔时,要根据应用中的条码符号正确选择光笔的孔径(分辨率),分辨率高的光笔的光点尺寸能达到 4 密尔(0.1 毫米)

光笔的耗电量非常低,这一点它比较适用于和电池驱动的手持数据采集终端相连。

2)卡槽式扫描器

- 内部的结构和光笔类似,它上面有一个槽。
- 广泛用于时间管理以及考勤系统。

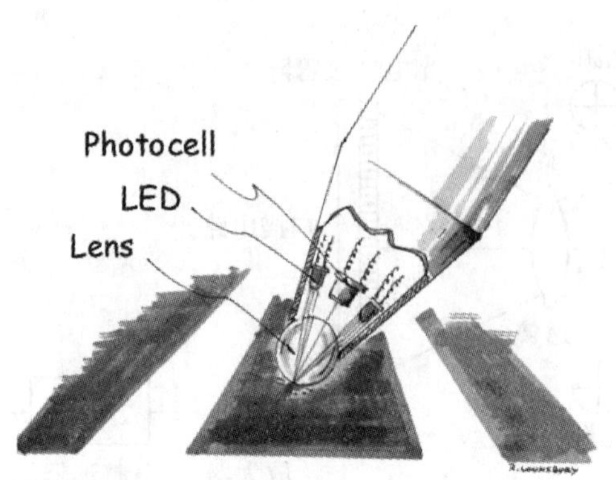

图 2-2-9 光笔的扫描示意图

(4) 全向扫描平台

高端产品为全息式激光扫描器,它用高速旋转的全息盘代替了棱镜状多边转镜扫描。有的扫描线能达到 100 条,扫描的对焦面达到 5 个,每个对焦面含有 20 条扫描线,扫描速度可以高达 8 000 线/秒,特别适用于传送带上识读不同距离、不同方向的条码符号。这种类型的扫描器对传送带的最大速度要求小的有 0.5 米/秒,高的有 4 米/秒。

图 2-2-10 全向扫描平台

5. 条码识读器选择原则

(1) 适用范围。条码技术应用在不同的场合,应选择不同的条码识读器。

(2) 译码范围。

(3) 接口能力。通用条码识读器的接口方式有如下两种:

- 串行通信。
- 键盘仿真。

(4) 对首读率的要求。首读率是条码识读器的一个综合性指标,它与条码符号印刷质量、译码器的设计和光电扫描器的性能均有一定关系。

(5) 条码符号长度的影响。

(6) 识读器的性价比。

(7) 特殊功能。有些应用系统由于使用场合的特殊性,对条码识读器的功能有特殊要求。

二、射频识别技术

1. 无线射频技术的概念

射频识别即 RFID(Radio Frequency Identification)技术，又称无线射频识别，是一种非接触式的自动识别技术，可利用射频信号及空间耦合和传输特性实现对静止或移动物体的自动识别及数据交换，而无需在识别系统与特定目标之间建立机械或光学接触。

2. 无线射频识别系统的组成及工作原理

无线射频识别系统是由标签(Tag)、阅读器(Reader)、天线(Antenna)三部分组成，如图 2-2-11 所示。标签(Tag)由耦合元件及芯片组成，每个标签具有唯一的电子编码，高容量电子标签有用户可写入的存储空间，附着在物体上标识目标对象；阅读器(Reader)是读取(有时还可以写入)标签信息的设备，可设计为手持式或固定式；天线(Antenna)在标签和读取器间传递射频信号。

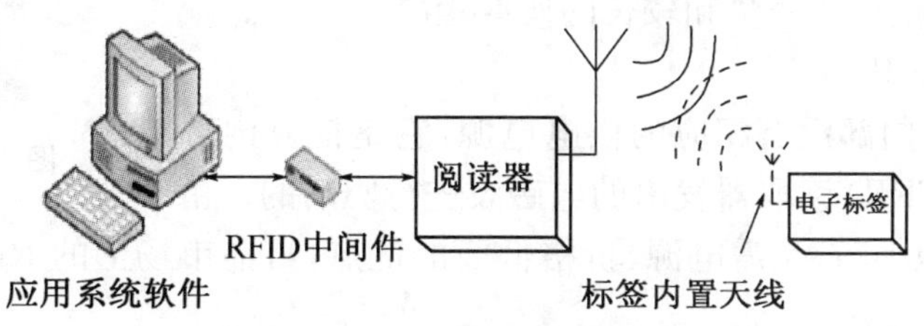

图 2-2-11　无线射频识别系统

无线射频识别技术的工作原理并不复杂，标签进入磁场后，接收解读器发出的射频信号，凭借感应电流所获得的能量发送出存储在芯片中的产品信息(Passive Tag，无源标签或被动标签)，或者主动发送某一频率的信号(Active Tag，有源标签或主动标签)；解读器读取信息并解码后，送至中央信息系统进行有关数据处理。

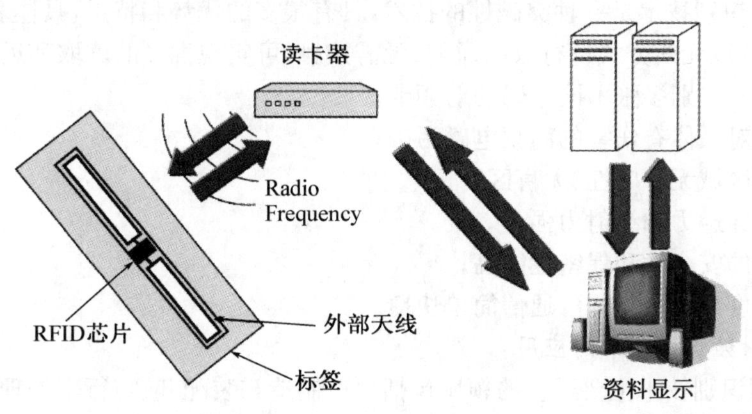

图 2-2-12　系统工作原理图

3. 无线射频识别系统的分类

RFID 按照应用频率的不同分为低频(LF)、高频(HF)、超高频(UHF)、微波(MW)，相对应的代表性频率分别为低频 135 KHz 以下、高频 13. 56 MHz、超高频 860 MHz～

960 MHz、微波 2.4 GHz、5.8 GHz。

根据 RFID 系统完成的功能不同，可以粗略地把 RFID 系统分成四种类型：EAS 系统、便携式数据采集系统、网络系统、定位系统。

RFID 按照能源的供给方式分为无源 RFID、有源 RFID 以及半有源 RFID。无源 RFID 读写距离近，价格低；有源 RFID 可以提供更远的读写距离，但是需要电池供电，成本要更高一些，适用于远距离读写的应用场合。

图 2-2-13 手持机

RFID 技术一般包括主动式、半主动式和被动式三种，具体介绍如下：

(1) 主动式 RFID

主动式 RFID 本身集成有内部电源供应器，用以供应内部 IC 所需的电能，同时还可以产生对外的信号。一般来说，主动式 RFID 拥有较大的记忆体容量和较长的读取距离。

(2) 被动式 RFID

图 2-2-14 有源读写器

被动式 RFID 内部没有相应的供电电源，它是依靠内部集成电路所接收到由 FRID 读取器发出的电磁波进行驱动的。由于被动式标签具有体积小巧、无需电源、价格低廉的优点，目前市场上的 RFID 主要是采用被动式的。

(3) 半主动式 RFID

半主动式 RFID 与被动式 RFID 相似，不过它比被动式 RFID 多了一个小型的电池，其电力用来驱动标签 IC，从而可以保证 IC 一直处于工作的状态，比起被动式 RFID，半主动式 RFID 有更快的反应速度和更高的工作效率。

4. 无线射频识别技术的特点

无线射频识别技术是一种突破性的技术，具有很多的优势和特点，具体表现如下：

(1) RFID 以无线方式进行双向通信，无需接触，可实现批量的读取和远程读取；

(2) 可同时识别多张不同号码的射频卡；

(3) 没有对人体有伤害的高频电磁污染；

(4) 识别区域无方向性、无盲区；

(5) 信号穿透力和绕射力强；

(6) 信息的安全性和保密性能高；

(7) 集成度高，兼容性好，通信简单快捷。

5. 无线射频识别技术的应用

无线射频识别技术主要适应的领域包括生产制造和装配、航空行李处理、邮件与快递包裹处理、物流和供应管理、文档追踪、图书馆管理动物、身份标识、运动计时、门禁控制、电子门票、道路自动收费，从大型远距离 UHF 标签到细小的 UHF 标签，可以为客户做定制化生产，满足各种要求。

在运输管理方面采用射频识别技术，只需要在货物的外包装上安装电子标签，在运输检查站或中转站设置阅读器，就可以实现资产的可视化管理。在运输过程中，阅读器将电子标签的信息通过卫星或电话线传输到运输部门的数据库，电子标签每通过一个检查站，数据库的数据就得到更新，当电子标签到达终点时，数据库关闭。与此同时，货主可以根据权限，访问在途可视化网页，了解货物的具体位置，这对提高物流企业的服务水平有着重要意义。

6. RF门禁管理系统

门禁系统，简单来说就是管理人员出入的智能化系统，是一种数字化管理系统，又称出入管理控制系统。本小区所采用的门禁控制技术是基于RFID的非接触智能卡技术。

小区门禁分两个部分：小区进出门禁和各单元楼门禁。两种门禁的外观放置不同，但它们的组成基本相同，主要包括射频卡、读卡器、电子门锁、门禁控制器、数据采集器、后台数据处理系统等，其中电控锁按断电时的开关状态分为电磁锁、阳极锁、阴极锁。

本系统采用感应式技术，或称作射频(RF)技术，是一种在卡片与读卡装置之间，无需直接接触的情况下对卡片信息进行读写的方法。使用感应式读卡器，不再会因为接触磨擦而引起卡片和读卡设备的磨损，也无需将卡插入孔内或在刷卡槽内刷卡，卡片只需在读卡器的读卡范围内晃动即可，兼有使用方便、使用寿命长等优点。

系统的基本工作流程：读卡器通过发射天线发送一定频率的射频信号，当射频卡进入发射天线工作区域时产生感应电流，射频卡获得能量被激活；射频卡将自身编码等信息通过卡内置发送天线发送出去；系统接收天线接收到从射频卡发送来的调制信号，经天线调节器传送到读卡器，读卡器对接收的信号进行解调和解码然后送到后台主系统进行相关处理；主系统根据逻辑运算判断该卡的合法性，针对不同的设定做出相应的处理和控制，发出指令信号控制执行机构动作。

三、其他自动识别技术

1. 语音识别技术

语音识别技术，也被称为自动语音识别(Automatic Speech Recognition, ASR)，其目标是将人类语音中的词汇内容转换为计算机可读的输入，例如按键、二进制编码或者字符序列。与说话人识别及说话人确认不同，后者尝试识别或确认发出语音的说话人而非其中所包含的词汇内容。

语音识别技术的应用包括语音拨号、语音导航、室内设备控制、语音文档检索、简单的听写数据录入等。语音识别技术与其他自然语言处理技术如机器翻译及语音合成技术相结合，可以构建出更加复杂的应用，例如语音到语音的翻译。

语音识别技术所涉及的领域包括信号处理、模式识别、概率论和信息论、发声机理和听觉机理、人工智能等。

语音识别系统可以根据对输入语音的限制加以分类，如表2-2-1所示。

表 2-2-1 语音识别系统分类

序号	分类标准	分类
1	从说话者与识别系统的相关性考虑	可以将识别系统分为三类:(1) 特定人语音识别系统:仅考虑对于专人的话音进行识别;(2) 非特定人语音系统:识别的语音与人无关,通常要用大量不同人的语音数据库对识别系统进行学习;(3) 多人的识别系统:通常能识别一组人的语音,或者成为特定组语音识别系统,该系统仅要求对要识别的那组人的语音进行训练。
2	从说话的方式考虑	也可以将识别系统分为三类:(1) 孤立词语音识别系统:孤立词识别系统要求输入每个词后要停顿;(2) 连接词语音识别系统:连接词输入系统要求对每个词都清楚发音,一些连音现象开始出现;(3) 连续语音识别系统:连续语音输入是自然流利的连续语音输入,大量连音和变音会出现。
3	从识别系统的词汇量大小考虑	也可以将识别系统分为三类:(1) 小词汇量语音识别系统。通常包括几十个词的语音识别系统。(2) 中等词汇量的语音识别系统。通常包括几百个词到上千个词的识别系统。(3) 大词汇量语音识别系统。通常包括几千到几万个词的语音识别系统。随着计算机与数字信号处理器运算能力以及识别系统精度的提高,识别系统根据词汇量的大小进行分类也不断进行变化。目前是中等词汇量的识别系统到将来可能就是小词汇量的语音识别系统。这些不同的限制也确定了语音识别系统的困难度。

2. 生物识别技术

生物识别技术主要是指通过人类生物特征进行身份认证的一种技术。人类的生物特征通常具有唯一性、可以测量或可自动识别和验证、遗传性或终身不变等特点,因此生物识别认证技术较传统认证技术存在较大的优势。

生物识别系统对生物特征进行取样,提取其唯一的特征并且转化成数字代码,并进一步将这些代码组成特征模板。由于微处理器及各种电子元器件成本不断下降、精度逐渐提高,生物识别系统逐渐应用于商业上的授权控制如门禁、企业考勤管理系统安全认证等领域。用于生物识别的生物特征有手形、指纹、脸形、虹膜、视网膜、脉搏、耳廓等,行为特征有签字、声音、按键力度等。基于这些特征,人们已经发展了手形识别、指纹识别、面部识别、发音识别、虹膜识别、签名识别等多种生物识别技术,但其中一部分技术含量高的生物识别手段还处于实验阶段。

3. 图像识别技术

图像识别是指图形刺激作用于感觉器官,人们辨认出它是经验过的某一图形的过程,也叫图像再认。在图像识别中,既要有当时进入感官的信息,也要有记忆中存储的信息。只有通过存储的信息与当前的信息进行比较的加工过程,才能实现对图像的再认。

人的图像识别能力是很强的。图像距离的改变或图像在感觉器官上作用位置的改变,都会造成图像在视网膜上的大小和形状的改变。即使在这种情况下,人们仍然可以认出他们过去知觉过的图像,甚至图像识别可以不受感觉通道的限制。例如,人可以用眼看字,当别人在他背上写字时,他也可认出这个字来。

图像识别技术可能是以图像的主要特征为基础的。每个图像都有它的特征,如字母

A有个尖,P有个圈,而Y的中心有个锐角等。对图像识别时眼动的研究表明,视线总是集中在图像的主要特征上,也就是集中在图像轮廓曲度最大或轮廓方向突然改变的地方,这些地方的信息量最大。而且眼睛的扫描路线也总是依次从一个特征转到另一个特征上。由此可见,在图像识别过程中,知觉机制必须排除输入的多余信息,抽出关键的信息;同时,在大脑里必定有一个负责整合信息的机制,它能把分阶段获得的信息整理成一个完整的知觉映象。

在人类图像识别系统中,对复杂图像的识别往往要通过不同层次的信息加工才能实现。对于熟悉的图形,由于掌握了它的主要特征,就会把它当作一个单元来识别,而不再注意它的细节了。这种由孤立的单元材料组成的整体单位叫作组块,每一个组块是同时被感知的。在文字材料的识别中,人们不仅可以把一个汉字的笔划或偏旁等单元组成一个组块,而且能把经常在一起出现的字或词组成组块单位来加以识别。

任务实施

步骤一:安装设置手持终端

仓储作业支持程序远程手持终端访问,服务器正常启动后,在手持上打开IE输入:http://服务器IP:8060/pwms/down.jsp,下载安装第3、4项,见图1-2-1,并分别执行以下安装操作步骤:

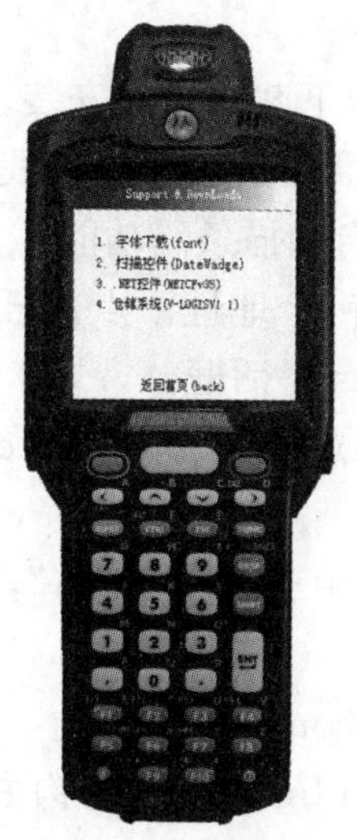

图2-2-15 程序下载界面

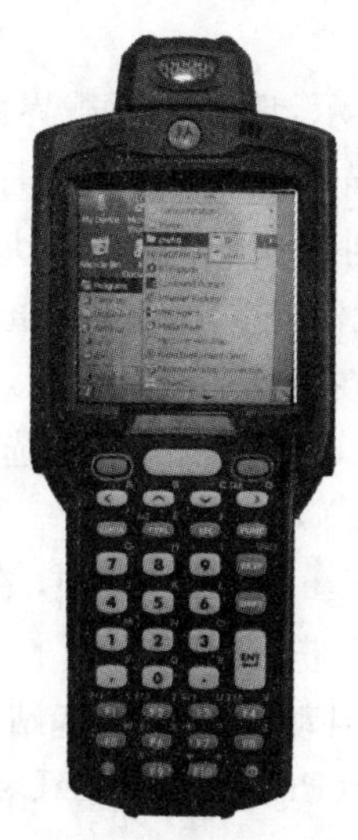

图2-2-16 启动PWMNS系统

图2-2-17 配置IP地址

(1) 如上图2-2-15所示,点击【.NET控件(NETCFv35)】,根据提示正确安装该控件;

(2) 如上图2-2-15所示,点击【仓储系统(V-LOGISV1.1)】,安装完成后关闭此网页;

(3) 如下图2-2-16所示,在开始菜单pwms目录下点击【IP】,配置所需访问的服务器IP;

(4) 配置完成后，返回操作菜单，如图 2-2-16 所示，点击开始菜单的【PWMS】系统；

(5) 至此完成了全部安装和配置操作，即可以正常启动，用户可以利用仓储系统的账号和密码登录到手持终端系统中，如图 2-2-18、图 2-2-19 所示。

图 2-2-18　登录界面

图 2-2-19　操作主界面

【备注】

1. 如果启动后字体无法正常显示，请点击下载界面的第一项，下载字体并安装。

2. 如果点击扫描无法正确扫描，请启动扫描程序。程序目录在桌面上——我的设备，选择 Program Files 文件夹，找到并双击 Data wedge 文件，开启扫描条码功能。

3. 如果启动后手持终端系统无法正常显示，请重新配置手持 IP 地址。点击任务栏右下角第一图标，在弹出的菜单中选择"options"按钮，弹出 options 对话框。

选择"DP Mode Filtering"选项，在 Settings 中选中"AP Networks"，取消"Ad-Hoc Networkds"。点击"save"进行保存。

在 options 对话框中选择"Regulatory"选项，在 Settings 中选中"China"，取消"Enable 802.11d"选项。点击"save"进行保存。

选择"find wlans"选项，系统会自动找到无线基站，右键点击"connect"。

在 Wireless LAN Profile Entry(Profile Name)Use default configuration 的钩去掉点击 next。

在 Wireless LAN Profile Entry(Country)直接点击 next。

在 Wireless LAN Profile Entry(Security Mode)点击 next。

在 Wireless LAN Profile Entry(Encryption Type)点击 next。

在 Wireless LAN Profile Entry (IPv4 Address Type(全不选))next。

IPV4 Address：输入手持 IP 地址(如 192.168.1.101，确保此 IP 地址与服务器在同一局网内)；Subnet Mask：255.255.255.0；选择 Set static DNS address　next Preferred

DNS:输入解析 IP 地址(如 192.168.1.1)next-》next-》save。

配置结束。

步骤二:调整扫描姿势

适合低位扫描的最佳身体姿势,如图 2-2-20 所示。

适合高位扫描的最佳身体姿势,如图 2-2-21 所示。

图 2-2-20　适合低位扫描的最佳身体姿势

图 2-2-21　适合高位扫描的最佳身体姿势

步骤三:采集货物条码信息

使用手持终端采集货物条码信息,如图 2-2-22 所示。

图 2-2-22　扫描货物条码

步骤四:采集托盘标信息

使用手持终端采集货物条码信息,如图 2-2-23 所示。

图 2-2-23 扫描托盘标签

步骤五:采集周转箱标签信息

使用手持终端采集货物条码信息,如图 2-2-24 所示。

图 2-2-24 扫描周转箱标签

步骤六:采集储位标签信息

使用手持终端采集货物条码信息,如图 2-2-25 所示。

图 2-2-25 扫描储位标签

【备注】:注意事项

1. 扫描时操作错误:扫描区域不正确。

错误图示见图 2-2-16。

2. 扫描时操作错误:扫描枪距离条码的距离不适度。

图 2-2-26 扫描区域错误示范

步骤七:具体货物的扫描

1. 入库理货

登录手持终端系统后,进入其应用操作主功能界面,如图 2-2-27 所示。在手持终端主功能界面找到【入库理货】,如图 2-2-28 所示。

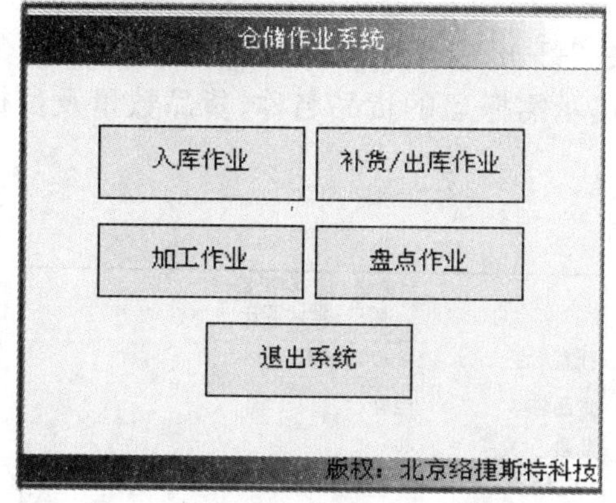

图 2-2-27 手持终端主功能界面

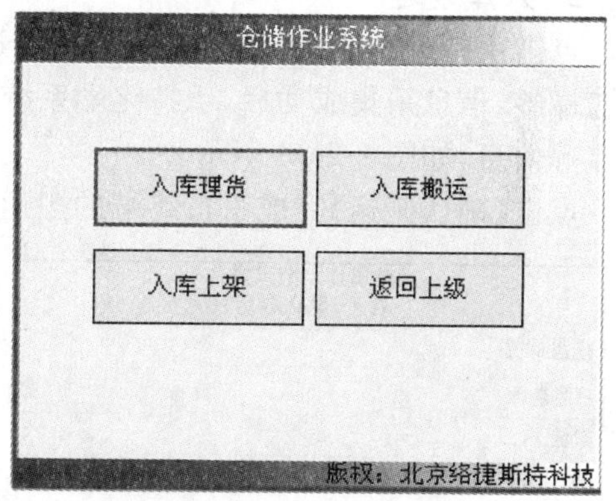

图 2-2-28 入库理货模块

在图 2-2-28 中,点击【入库理货】,进入图 2-2-29 所示界面。

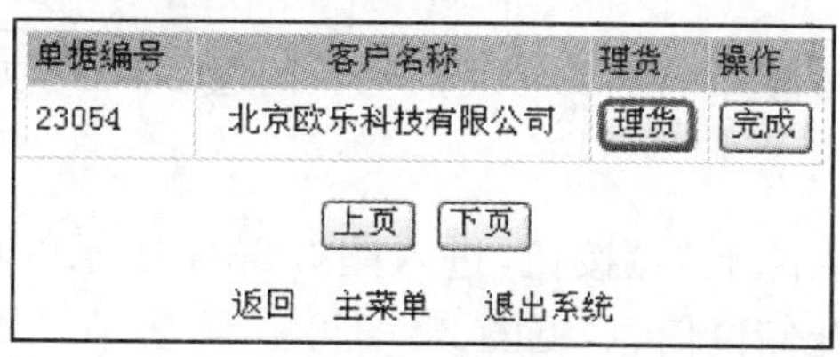

图 2-2-29 理货

在图 2-2-29 中,点击【理货】,进入图 2-2-30 所示界面。利用手持终端采集货品条码信息,信息采集成功后,系统自动提示此货物的入库目标储存区域。再利用手持终端采集托盘标签信息,信息采集成功后,界面如图 2-2-31 所示。

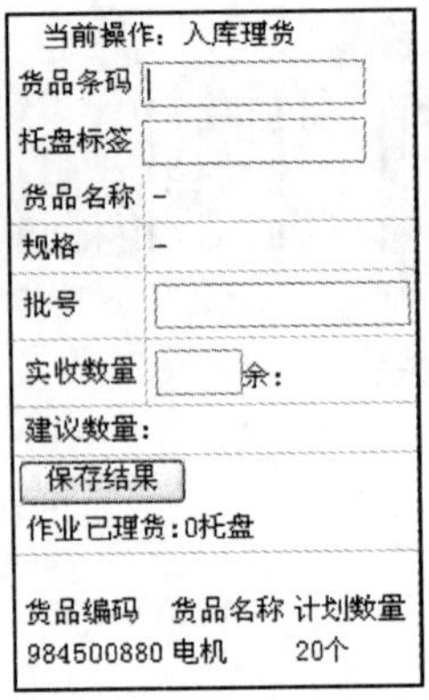

当前操作：入库理货
货品条码
托盘标签
货品名称 -
规格 -
批号
实收数量 余：
建议数量：
保存结果
作业已理货：0托盘
货品编码 货品名称 计划数量
984500880 电机 20个

图 2-2-30　入库理货

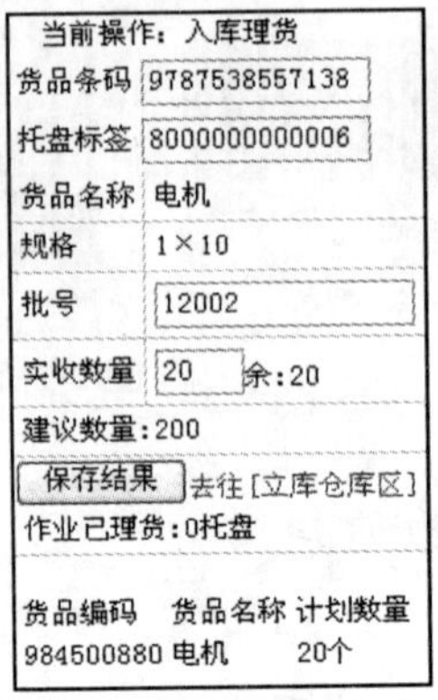

当前操作：入库理货
货品条码 9787538557138
托盘标签 8000000000006
货品名称 电机
规格 1×10
批号 12002
实收数量 20 余：20
建议数量：200
保存结果 去往[立库仓库区]
作业已理货：0托盘
货品编码 货品名称 计划数量
984500880 电机 20个

图 2-2-31　采集货品条码信息

2. 入库搬运

点击手持终端上的【入库搬运】按钮，进入图 2-2-32 所示的界面，利用手持终端采集托盘标签，信息采集成功后，手持终端系统自动提示需搬运的货品名称、货品数量及目标地点等信息，如图 2-2-33 所示。

点击【确认搬运】完成手持终端的搬运操作。

当前操作：搬运操作
客户：默认客户
托盘标签
货品名称 -
数量 -
到达地点 -
返回 主菜单 退出系统
8000000000006 电机

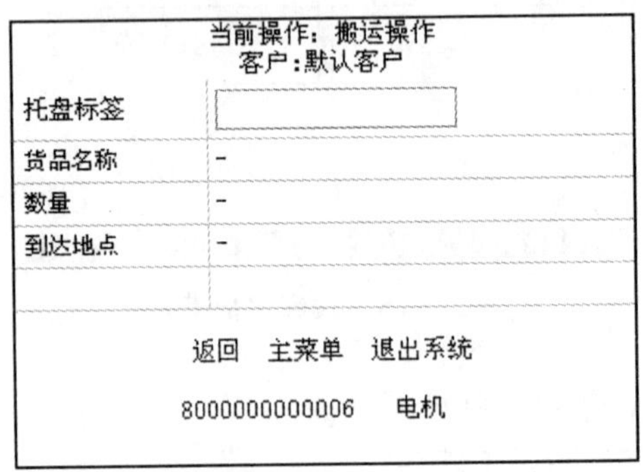

图 2-2-32　入库搬运

当前操作：搬运操作
客户：默认客户
托盘标签 8000000000006
货品名称 电机
数量 20
到达地点 立库仓库交接区
确认搬运
返回 主菜单 退出系统
8000000000006 电机

图 2-2-33　采集托盘信息并确认

3. 入库上架

点击手持终端上的【入库上架】按钮，进入图 2-2-34 所示的界面，利用手持终端扫描托盘标签，系统会自动分配储位信息，见图 2-2-35。

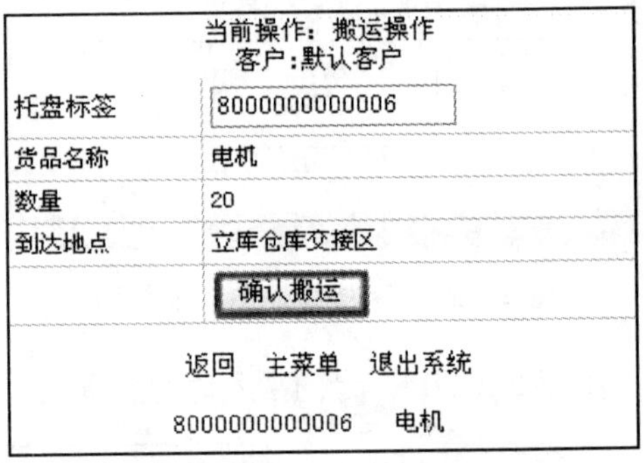

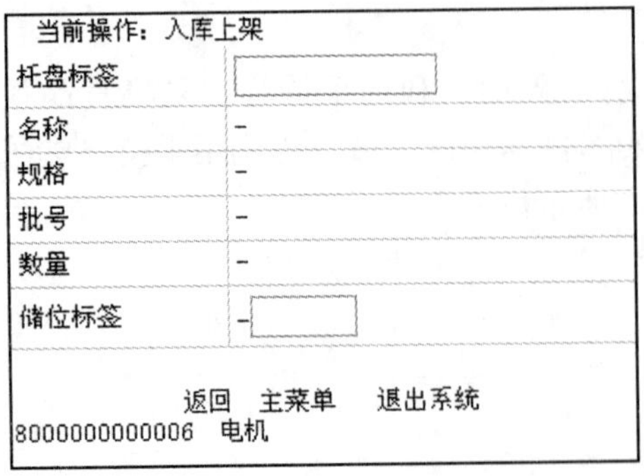

当前操作：入库上架
托盘标签
名称 -
规格 -
批号 -
数量 -
储位标签 -
返回 主菜单 退出系统
8000000000006 电机

图 2-2-34　入库上架

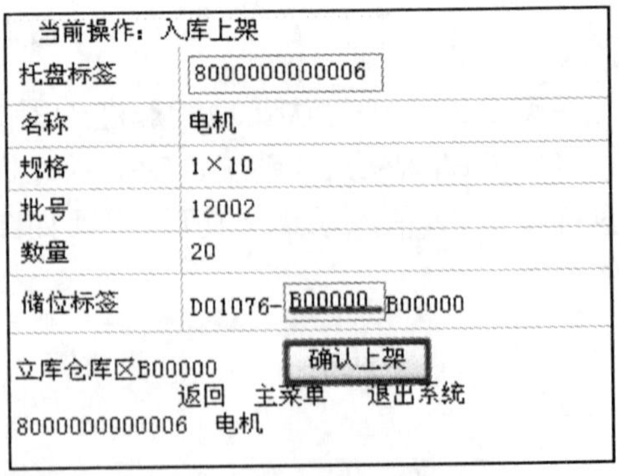

当前操作：入库上架
托盘标签 8000000000006
名称 电机
规格 1×10
批号 12002
数量 20
储位标签 D01076-B00000 B00000
立库仓库区B00000 确认上架
返回 主菜单 退出系统
8000000000006 电机

图 2-2-35　入库上架模块

由于自动立体仓库会根据系统分配的储位，自动完成上架操作，因此在这里不需要扫描储位标签，直接点击【确认上架】，自动立体仓库会自动完成上架作业。

4. 入库理货完成

在手持终端主功能界面找到【入库理货】，点击【入库理货】，进入入库理货维护界面，点击【完成】，完成入库操作信息采集操作。

任务拓展

某物流公司管理员王宇在检查货物时发现有一批货物的条形码由于种种原因被撕裂、污损或丢失，导致难以识别，从而无法反映产品属于哪一批来货以及在货架上的留存时间，也无法逐个识别产品。即便是要让条码显示出相关信息，需要人工将读卡机对准产品，或者让产品从一个带有内置读卡机的机器上划过之后才能获取信息，且反应比较迟钝，能否用一个更有效的方法解决这种情况呢？

请你为王宇提出一个合理的建议。

任务评价

考核项目	考核内容及要求	分值	学生自评（10%）	小组评分（20%）	教师评分（50%）	专家评价（20%）	实际得分
职业素养	具有团队合作精神	10					
	学习态度认真、尊重导师	10					
知识掌握情况	掌握条码识读原理	10					
	了解条码的识读设备及其原理	10					
	掌握常见的自动识别技术	10					
	掌握射频技术原理与技术特点	10					
技能掌握情况	能够利用条码扫描设备及传统人工方式将物流信息准确、迅速地录入系统	20					
	能够根据实际情况选用合适的条码扫描设备	10					
	能根据实际情况选用合适的自动识别设备	10					
总分							

【课后练习】

一、单选题

1. 一维条码前三个数字表示的是（　　）。

A. 商品代码　　B. 国家代码　　C. 厂商代码　　D. 检验码

2. 现行火车票右下角的代码属于（　　）。

A. 一维条码　B. Code16K码　C. QR Code码　D. 交叉二五码

3. EAN码中的产品代码有(　　)数字组成。

A. 4位　B. 5位　C. 3位　D. 6位

4. 下列图案(　　)属于一维条码。

A. Data Matrix码　B. Code49码　C. Code16K码　D. 交叉二五码

5. 下列(　　)不属于射频识别系统。

A. 标签　B. 阅读器　C. 天线　D. 光源

6. 以下具有自校验功能的条码是(　　)。

A. EAN条码　B. 交叉25码　C. UPC条码　D. 93条码

7. 码扫描译码过程是(　　)。

A. 光信号→数字信号→模拟电信号　B. 光信号→模拟电信号→数字信号

C. 模拟电信号→光信号→数字信号　D. 数字信号→光信号→模拟电信号

8. 条、空的(　　)颜色搭配可获得最大对比度，所以是最安全的条码符号颜色设计。

A. 红白　B. 蓝白　C. 蓝黑　D. 黑白

9. 在中国大陆，EAN/UCC—13厂商识别代码由(　　)位数字组成，由中国物品编码中心负责分配和管理。

A. 4～6　B. 7～9　C. 8～10　D. 9～11

10. 条码识读设备从(　　)方式上可分为接触和非接触两种条码扫描器。

A. 从扫描方式上　B. 从操作方式上　C. 从原理上　D. 从扫描方向上

二、多选题

1. 二维码与一维码相比，具有(　　)等优点。

A. 信息量大　B. 高密度　C. 抗磨损强　D. 易于更改

2. 射频技术比条码技术更具有的优势是(　　)。

A. 不需要光源　B. 使用寿命长

C. 能同时处理多个标签　D. 读取距离长

3. RFID常应用于(　　)。

A. 电子钱包　B. 高速公路收费

C. 智能交通系统　D. 货物的跟踪

4. 条码在物流中的应用较为广泛，主要有(　　)。

A. 运动中称重　B. 仓库管理

C. 信息记录　D. 销售点系统

5. 自动识别是指对字符、影像、条码、声音等记录数据的载体进行机器自动辨别并转化为数据的技术，包括(　　)等。

A. 条码技术　B. EDI技术　C. 磁卡技术

D. RFID技术　E. 指纹识别技术

6. 选择条形码阅读设备前，要了解扫描设备的几个主要技术参数，包括(　　)。

A. 分辨率　B. 扫描景深　C. 扫描高度

D. 扫描速度　E. 误码率

7. 射频标签根据工作方式分类，一般包括(　　)。

A. 主动式　　B. 半主动式　　C. 被动式　　D. 半被动式

8. 下列属于条码编码规则的是(　　)。

A. 复杂性　　B. 永久性　　C. 唯一性　　D. 无含义

9. 一般来说，自动识别系统由(　　)等设备组成。

A. 标签　　B. 标签生成设备　　C. 扫描仪

D. 识读器　　E. 计算机化

10. 条码自动识别技术系统由(　　)组成。

A. 条码标签　　B. 条码生成设备　　C. 条码识读器

D. 计算机　　E. 摄像头

三、判断题

1. 无线射频识别技术是一种非接触式的自动识别技术。(　　)

2. 二维条码主要用于对物品的标识，一维条码用于对物品的描述。(　　)

3. 使用一维条码，必须通过连接数据库的方式提取信息才能明确条码所表达的信息含意。(　　)

4. 任一 RFID 系统至少应包含两根天线，一个完成信号发射，一个承担信号接收。(　　)

5. RFID 与条码相比，其最大的优势是可以同时识别多个标签。(　　)

四、简答题

1. 简述条码的概念。

2. 简述 EAN 码的组成和特征。

项目三　物流信息交换

任务一　EDI 电子单证编制

任务目标

【知识目标】

1. 掌握 EDI 的概念及分类；
2. 掌握 EDI 在物流领域的应用；
3. 掌握国际物流单证的种类；
4. 掌握 EDI 应用系统结构与实现。

【技能目标】

1. 能够填写国际物流相关的各种单证；
2. 能够掌握各种单证的填写要点；
3. 能够独立对单证进行处理。

任务发布

EDI 报关系统又称为海关通关 EDI 申报系统，是为了方便有关进出口企业向海关办理进出口货物报关手续的专业报关和报关单处理系统。它采用世界流行的 EDI 报关方式，使外贸企业得以在自己的办公地点使用 EDI 网络进行远程报关处理。EDI 报关是外贸业务无纸化的一个重要环节。

国际物流综合业务中所涉及的流转单据很多，每一个单据需要填写的内容以及填写的关键要点不同，那么，你对于国际物流有关单证的填制与处理有了解吗？以小组为单位利用管理信息系统(Management Information System，MIS)分角色填制国际物流的相关单据。

知识准备

EDI 是 Electronic Data Interchange 的缩写，即电子数据交换，它是一种利用计算机进行商务处理的方式。EDI 是将贸易、运输、保险、银行和海关等行业的信息，用一种国际公认的标准格式，形成结构化的事务处理的报文数据格式，通过计算机通信网络，使各有关部门、公司与企业之间进行数据交换与处理，并完成以贸易为中心的全部业务过程。EDI 包括买卖双方数据交换、企业内部数据交换等。

一、EDI的概念及分类

1. EDI的概念

EDI电子商务的最初形式，是指企业与企业之间、企业与政府之间通过一个内部网(Intranet)进行的数据传递和数据交换，通俗地讲就是标准化的商业文件在计算机之间从应用到应用的传送。许多商户选择EDI作为一种快速、低费用和安全的方式来传送订购单、发票、运货通知和其他常用的商业文件。

内部网(Intranet)实际上是Internet技术在企业内部的应用，它的软硬件包括计算机、通信设备、电缆、各种应用软件和驱动Intranet上应用程序运行的商务框架或模型等。

EDI是将信息(主要指商业信息)以标准格式在不同机构的计算机系统之间进行的自动化传递。EDI的发送方将文件、订单、合同、发票、提单、海关申报单、进出口许可证等行政或商业文电按照参与各方都认可的标准格式构成计算机能够识别、处理的数据结构，并通过数据通信网在不同国家、不同地区、不同地域、不同行业的计算机系统之间进行信息交换，从而实现业务信息的自动化处理，如图3-1-1所示。

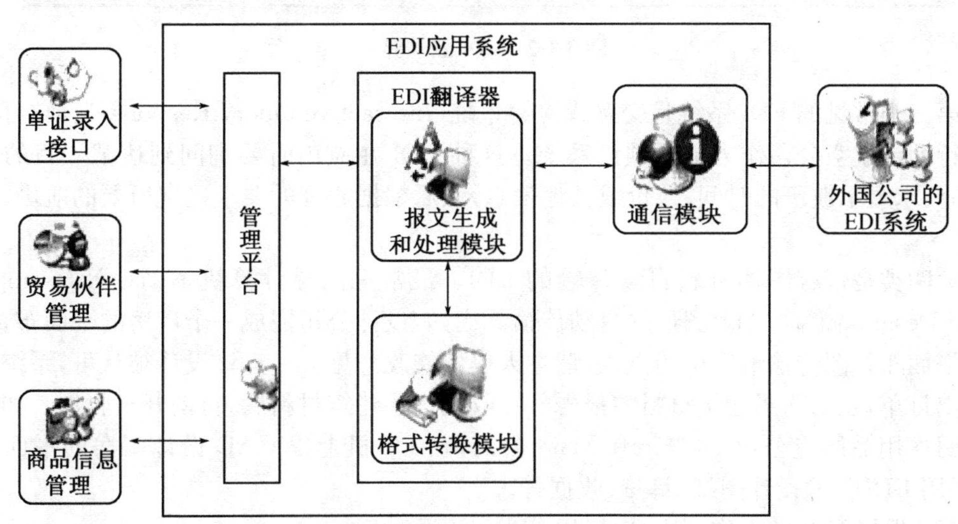

图3-1-1　EDI应用系统流程图

图3-1-2为上海港航EDI中心提供给客户端用于生成EDI报文的软件EDI Express的主窗口及装箱单录入界面。

2. EDI的分类

(1) 根据功能，EDI可分为四类。

第一类的订货信息系统是最基本的，也是最知名的EDI系统。它又可称为贸易数据互换系统(Trade Data Interchange，简称TDI)，它用电子数据文件来传输订单、发货票和各类通知。

第二类常用的EDI系统是电子金融汇兑系统(Electronic Fund Transfer，简称EFT)，即在银行和其他组织之间实行电子费用汇兑。EFT已使用多年，但它仍在不断地改进中。其最大的改进是同订货系统联系起来，形成一个自动化水平更高的系统。

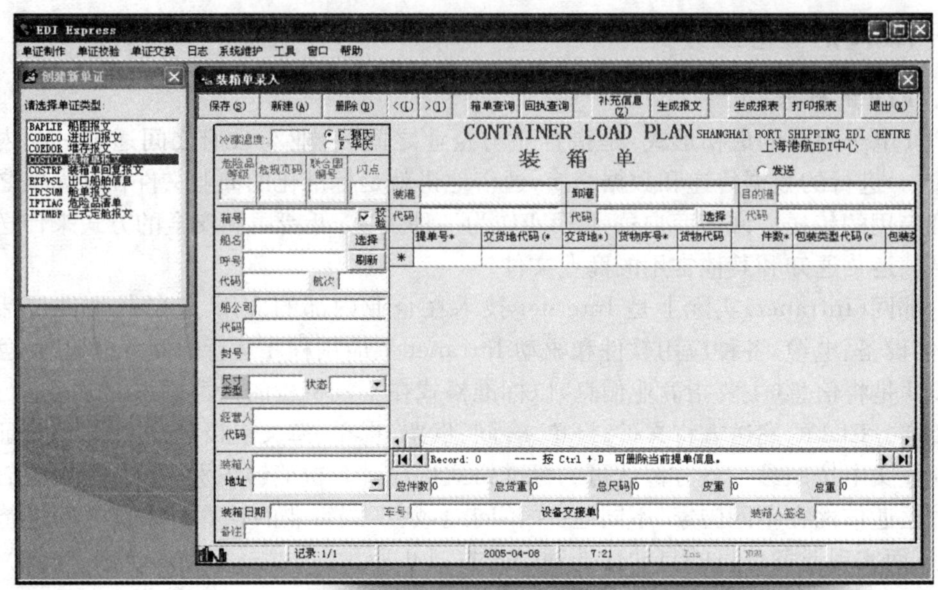

图 3-1-2 EDI 登录界面

第三类常见的 EDI 系统是交互式应答系统(Interactive Query Response)。它可应用在旅行社或航空公司作为机票预订系统。这种 EDI 在应用时要询问到达某一目的地的航班,要求显示航班的时间、票价或其他信息,然后根据旅客的要求确定所要的航班,打印机票。

第四类是带有图形资料自动传输的 EDI。最常见的是计算机辅助设计(Computer Aided Design,简称 CAD)图形的自动传输。比如,设计公司完成一个厂房的平面布置图,将其平面布置图传输给厂房的主人,请主人提出修改意见。一旦该设计被认可,系统将自动输出订单,发出购买建筑材料的报告。在收到这些建筑材料后,自动开出收据。如美国一个厨房用品制造公司——Kraft Maid 公司,在 PC 机上以 CAD 设计厨房的平面布置图,再用 EDI 传输设计图纸、订货、收据等。

(2) 根据 EDI 的运作层次分,可以分为以下几种:

① 封闭式 EDI。

各个系统之间由于所采纳的标准和传输协议不同,彼此之间相对处于封闭状态,因此称之为封闭式 EDI。

② 开放式 EDI。

开放式 EDI 被定义为"使用公共的、非专用的标准、以跨时域、跨商域、跨现行技术系统和跨数据类型的交互操作性(Interoperability)为目的的自治采用方之间的电子数据交换"。

③ 交互式 EDI。

交互式 EDI 是指在两个计算机系统之间连续不断地以询问和应答形式,经过预定义和结构化的自动数据交换达到对不同信息的自动实时反应。一次询问和应答被称为一个对话。

④ 以 Internet 为基础的 EDI。

二、EDI 在物流领域应用

1. 运作步骤

(1) 发送货物业主在接到订货后制定货物运送计划，并把运送货物的清单及运送时间安排等信息通过 EDI 发送给物流运输业主和接收货物业主，以便物流运输业主预先制定车辆调配计划和接收货物业主制定货物接收计划。

(2) 发送货物业主依据顾客订货要求和货物运送计划下达发货指令、分拣配货、打印物流条形码的货物标签并贴在货物包装箱上，同时把运送货物品种、数量、包装等信息通过 EDI 发送给物流运输业主和接收货物业主。物流运输业主依据请示下达车辆调配指令。

(3) 物流运输业主在向发货货物业主取运货物时，利用车载扫描读数仪读取货物标签的物流条形码，并与先前收到的货物运输数据进行核对，确认运送货物。

(4) 物流运输业主在物流中心对货物进行整理、集装、制作送货清单并通过 EDI 向收货业主发送发货信息。在货物运送的同时进行货物跟踪管理，并在货物交给收货业主之后，通过 EDI 向发货业主发送完成运送业务信息和运费请示信息。

(5) 收货业主在货物到达时，利用扫描仪读取货物标签的条形码，并与先前收到的货物运输数据进行核对确认，开出收货发票，货物入库。同时，通过 EDI 向物流运输业主和发送货物业主发送收货确认信息。

2. 应用优势

(1) 节省时间和资金，提高工作效率和竞争力。

(2) 改善对客户的服务。

(3) 消除纸面作业和重复劳动。

(4) 扩展了客户群。

三、EDI 应用系统的结构与实现

EDI 应用系统由内部联系模块、翻译器和通信模块三部分组成。

1. 内部联系模块

内部联系模块由用户操作界面、MIS 接口和映射模块构成，提供 EDI 应用系统与用户间的数据交换功能。在报文生成与发送过程中，内部联系模块的输入是企业内部格式的用户数据，输出是 EDI 平面文件。其中，用户数据有 MIS 接口从用户 MIS 数据库中获得，也可由用户操作界面手工编辑输入；平面文件则由映射模块产生，作为翻译器的输入。在报文接收与处理过程中，内部联系模块的输入为 EDI 平面文件，输出为用户数据。其中，平面文件由翻译器输出获得；用户数据则由映射模块产生，通过 MIS 接口写入用户 MIS 数据库中。

管理信息系统(Management Information System，MIS)是基于管理科学、计算机、网络通信和信息处理技术的综合性人机系统。MIS 通过对企业信息的提取、收集、处理、分析、存储、传递和使用，来支持企业的管理、计划、控制和决策活动，帮助企业实现其规划目标。

2. 翻译器

翻译器由翻译算法库模块、翻译程序、用户及贸易伙伴信息库和装拆模块构成，主要完成将平面文件转化为EDI交换，或将EDI交换转化为平面文件的功能。

3. 通信模块

通信模块由用户及贸易伙伴地址表和通信程序构成，是EDI应用系统与EDI通信网的接口。在报文发送过程中，通信模块根据用户及贸易伙伴地址表中提供的地址信息，为EDI交换制作信封，形成EDIM，并自动发送出去。在报文接收过程中，通信模块自动收下其他贸易伙伴发来的EDIM，去掉信封，形成EDI交换，交给翻译器处理。

4. EDI应用系统的实现模型

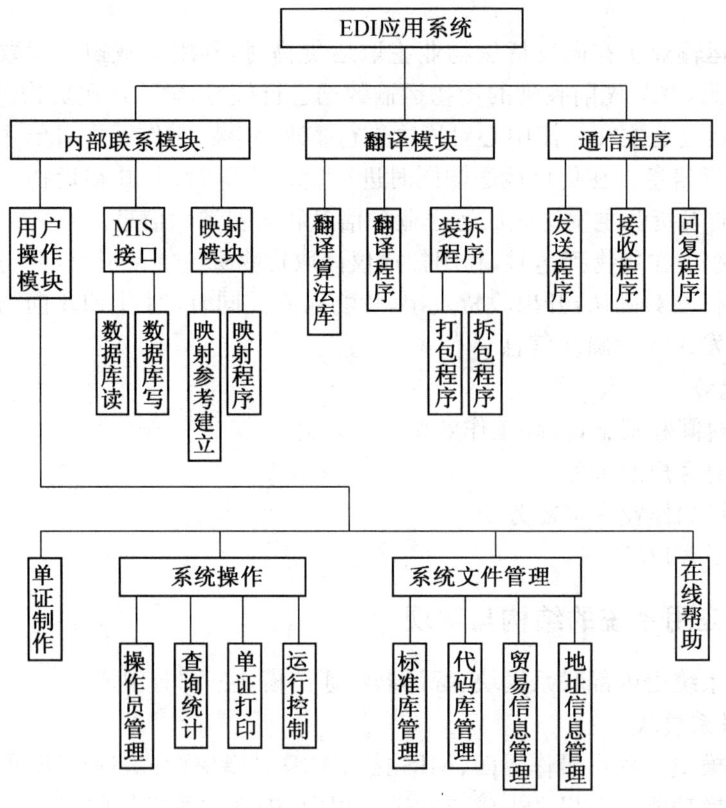

图3-1-3　EDI应用系统的实现模型

EDI应用系统的通用实现模型如图3-1-3所示，其中，MIS接口、映射程序和翻译程序是EDI系统中最重要的三个程序模块。

☺ 任务实施

步骤一：单证模拟

点击【单证模拟】进入单证模拟操作界面，选择需要练习填写的单据，点击【制作】就可以进入单证模拟填制的过程。在单证模拟的界面里会有案例介绍，作为学生案例填制的信息基础。对于填写并保存的单据可以进行查看、修改和删除的操作，见图 3-1-4。

图 3-1-4　单证列表

(一)填写销售认证书

双方确定合作后，会签订书面合同。销售确认书就是书面合同中的一种。在签订销售认证书的时候，要注意合同主要内容部分的确定。该部分包括合同标的单价、总金额、装运期限、装港、卸港、付款条件、保险、装运条款、索赔、不可抗力、仲裁这些条款，要根据双方的约定和国际交易的惯例正确填写，具体销售认证书的填写见图 3-1-5。

(二) 填写信用证开证申请

买卖双方在进行交易货款结算时，既要考虑到交易的顺利进行，又需要保证双方的利益不受到威胁，而进行交易的最终目的就是获得利益。通过信用证的支付方式可以缓解买卖双方互不信任的矛盾，可保障交易的顺利进行。因此，进口商要向进口地银行提出开立信用证的申请，具体信用证申请的填写见图 3-1-6。

SALES CONFIRMATION

S/C NO: HNSL178750

DATE: AUG 22,2009

The Seller: SHANGHAI HUATAI TOYS CO.,LTI The Buyer: UK LONDON NOJAS TOYS CO.,LTD.

Address: RM 17H-I NO.720 PU DONG AVENUE,SHANGHAI,CHINA Address: 1ST FLOOR,35 WHITEHALL LONDON SW1A2BX,ENGLAND

E-Mail: E-Mail:

Item No.	Commodity & Specifications	Unit	Quantity	Unit Price (US$)	Amount (US$)
8331	MUSIC'S DOLL LUBI	PC	5796PCS 966CTNS	86	CIF USD498456
TOTAL CONTRACT VALUE: SAY US DOLLARS FOUR HUNDRED NINETY EIGHT THOUSAND FOUR H					

PACKING: CARTON

PORT OF LOADING : SHANGHAI,CHINA

PORT OF DESTINATION: LONDON,ENGLAND

TIME OF SHIPMENT: OCT 21,2009

TERMS OF PAYMENT: BY L/C

INSURANCE: TO BE EFFECTED BY THE SELLER FOR FULL INVOICE VALUE PLUS 10% AGAINST AI

REMARKS:

图 3-1-5 销售认证书

(三) 填写信用证

信用证(L/C)是银行(开证行)依照进口商(开证申请人)的申请,对出口商(受益人)开出的要求出口商按照信用证规定的条款,签发以该行或指定银行为付款人的汇票,并保证在收到符合信用证条款规定的汇票和单据时,必定承兑或付款的书面保证文件。信用证的具体填写内容,见图 3-1-7。

(四) 填写发票

发票又称发货票,是一种商事凭证。它是在商品交易、提供服务和从事其他经济业务活动的过程中,由收款方填开给付款方,凭以付款的书面证明。发票是财务收支的法定凭证,是会计人员凭以记账进行会计核算、计算应纳税款的原始凭证。发票填写的具体内容见图3-1-8。

IRREVOCABLE DOCUMENTARY CREDIT

TO: BANK OF ENGLAND

Beneficiary (full name and address)		L/C NO. Ex-Card No. Contract No.	
SHANGHAI HUATAI TOYS CO., LTD. RM 17H-I NO.720 PU DONG AVENUE, SHANGHAI, CHINA		0115IML62181256 HNSL178750 Date and place of expiry of the credit NOV 16, 2009 -CHINA	
Partial shipments ☑ allowed ☐ not allowed	Transshipment ☑ allowed ☐ not allowed	against the documents detailed herein ☑ at sight ☐ and beneficiary' s draft	
Loading on board / dispatch / taking in charge at / from SHANGHAI, CHINA Not later than OCT 21, 2009 for transportationto LONDON, ENGLAND		Amount (both in figures and words) USD498456	
Description of goods: MUSIC' S DOLL LUBI Exterior: plastic cement Internal filler: polyester		Credit available with ☐ by sight payment ☐ by acceptance ☑ by negotiation ☐ by deferred payment	
Documents required: (marked with √)			

图 3-1-6 信用证开证申请

不可撤销跟单信用证irrevocable documentary letter of credit	
BANK OF ENGLAND	Irrevocable Documentary Credit Number: 0115IML62181256
Place and Date of Issue: -2009-09-05 LONDON, ENGLAND	Expiry Date and Place for Presentation of Documents Expiry Date: NOV 16, 2009 Place for Presentation: CHINA
Applicant: UK LONDON NOJAS TOYS CO., LTD.	Beneficiary: SHANGHAI HUATAI TOYS CO., LTD.
Advising Bank: BANK OF HSBC	Amount: USD498456
Partial Shipments ☑ allowed ☐ not allowed	Credit available with ( ) Bank:
Transhipment ☑ allowed ☐ not allowed Insurance covered by buyers	☐ by sight payment ☐ by acceptance ☐ by negotiation ☐ by deferred payment
Port of shipment: SHANGHAI, CHINA Transportation to: LONDON, ENGLAND Latest Date of Shipment: OCT 21, 2009	Against the documents detailed ☐ and beneficiary' s draft ☐ at sight

图 3-1-7 信用证

(五) 填写报检单

在货物装船之前，还需要向出入境检验检疫局办理出口商品的报检手续，报检通过之后才能将货物装载到船上，保证船运的进行。具体出境货物报检单填写见图 3-1-9。

ISSUER	形式发票
SHANGHAI HUATAI TOYS CO.,LTD.	PROFORMA INVOICE
TO	
UK LONDON NOJAS TOYS CO.,LTD.	NO. HT090822 / DATE OCT 18,2009
TRANSPORT DETAILS	S/C NO. HNSL178750 / L/C NO. 115IML62181256
FROM SHANGHAI,CHINA TO LONDON,ENGLAND BY SEA	TERMS OF PAYMENT BY L/C

Marks and Numbers	Number and kind of package	Description of goods	Quantity	Unit Price	Amount
N/M	966CTNS	MUSIC'S DOLL	5796PCS	USD86	USD498456
		Exterior:			
		Internal filler:			
		Total: SAY TOTAL NINE HUNDRED SIXTY SIX CTNS ONLY			
SAY TOTAL:	SAY US DOLLARS FOUR HUNDRED NINETY EIGHT THOUSAND FOUR HUNDRED FIFTY SIX ONLY				

图 3-1-8 发票

中华人民共和国出入境检验检疫
出境货物报检单

报检单位（加盖公章）：上海优利信国际货运代理公司　　*编　号

报检单位登记号：22675534625　联系人：刘瑾　电话：13661967761　报检日期：2009 年 10 月 7 日

发货人	（中文）	上海华泰玩具有限公司
	（外文）	SHANGHAI HUATAI TOYS CO.,LTD.
收货人	（中文）	诺亚斯玩具连锁店
	（外文）	UK LONDON NOJAS TOYS CO.,LTD.

货物名称(中/外文)	H.S.编码	产地	数/重量	货物总值	包装种类及数量
音乐娃娃露比 MUSIC'S DOLL LUBI	9503002900	上海	5796个/6955.2KGS	USD498456	966箱

运输工具名称号码	COSCO HARMONY 006W	贸易方式	一般贸易，代码0110	货物存放地点	上海
合同号	HNSL178750	信用证号	0115IML62181256	用途	
发货日期		输往国家（地区）	英国	许可证／审批号	
启运地		到达口岸	英国伦敦	生产单位注册号	
集装箱规格、数量及号码	3*40GP CBHU3202732、CBHU3202736、CBHU3202812				

合同、信用证订立的检验检疫条款或特殊要求	标 记 及 号 码	随附单据（划“√”或补填）	
		□合同 □信用证 □发票 □换证凭单 □装箱单 □厂检单	□包装性能结果单 □许可/审批文件

需要证单名称（划“√”或补填）		*检验检疫费	
□品质证书 ___正___副 □重量证书 ___正___副 □数量证书 ___正___副 □兽医卫生证书 ___正___副 □健康证书 ___正___副 □卫生证书 ___正___副 □动物卫生证书 ___正___副	□植物检疫证书 ___正___副 □熏蒸/消毒证书 ___正___副 □出境货物换证凭单 □出境货物通关单	总金额 （人民币元）	3162
		计费人	
		收费人	

报检人郑重声明：	领 取 证 单	
1. 本人被授权报检。 2. 上列填写内容正确属实，货物无伪造或冒用他人的厂名、标志、认证标志，并承担货物质量责任。 签名：	日期	
	签名	

注：有“*”号栏由出入境检验检疫机关填写　　◆国家出入境检验检疫局制

图 3-1-9 报检单

（六）填写通关单

当检验检疫局对这批礼服进行检验，检验结果与合同、信用证的各项条款一致时，检验检疫局会向报检人换发“出境货物通关单”。出境货物通关单的填写见图 3-1-10。

中华人民共和国出入境检验检疫

出境货物通关单

编号：

1.发货人 上海华泰玩具有限公司		5.标记及号码 N/M
2.收货人 诺亚斯玩具连锁店		
3.合同/信用证号 HNSL178750/0115IML62181256	4.输往国家或地区 英国	
6.运输工具名称及号码 COSCO HARMONY 006W	7.发货日期 2009-10-21	8.集装箱规格及数量 3*40GP

9.货物名称及规格	10.H.S.编码	11.申报总值	12.数/重量、包装数量及种类
音乐娃娃露比 8331	9503002900	USD498456	5796个/6955.2KGS 966箱

13.证明

上述货物业经检验检疫，请海关予以放行。

本通关单有效期至： 年 月 日

签字： 日期： 年 月 日

图 3-1-10 通关单

有了“出境货物通关单”就可以报关了。

注：出境货物通关单有 2 联（出单日期一般在 10 个工作日）：第一联给海关；第二联为副本，留检验检疫局存档。

入境货物通关单有 4 联（出单日期一般在 20 个工作日）：第一联给海关报关用；第二联办理运递用（去验货）；第三联为调离联，即检务处异地实施检验，寄送通知用；第四联归档。

（七）填写订舱委托书

在确定集装箱和运费以后，就要开始填制“订舱委托书”。操作流程是由委托方填制订舱委托书，然后传真给货代公司委托其订舱。订舱委托的填写见图 3-1-11。

订 舱 委 托 书

公司编号　　　　　　　　　　　　　　　　　　　　　　　日期

<table>
<tr><td rowspan="4">1)发货人
SHANGHAI HUATAI TOYS CO.,LTD.
RM 17H-I NO.720 PU DONG AVENUE,
SHANGHAI,CHINA</td><td colspan="4">4)信用证号码　0115IML62181256</td></tr>
<tr><td colspan="4">5)开证银行</td></tr>
<tr><td>6)合同号码</td><td>HNSL178750</td><td>7)成交金额</td><td></td></tr>
<tr><td>8)装运口岸</td><td>SHANGHAI,CHINA</td><td>9)目的港</td><td>LONDON,ENGLAN</td></tr>
<tr><td rowspan="4">2)收货人
UK LONDON NOJAS TOYS CO.,LTD.
1ST FLOOR,35 WHITEHALL LONDON
SW1A2BX,ENGLAND</td><td>10)转船运输</td><td>NO</td><td>11)分批装运</td><td>NO</td></tr>
<tr><td>12)信用证效期</td><td>NOV 16,2009</td><td>13)装船期限</td><td>OCT 21,2009</td></tr>
<tr><td>14)运费</td><td>USD9450</td><td>15)成交条件</td><td>CIF</td></tr>
<tr><td>16)公司联系人</td><td></td><td>17)电话/传真</td><td></td></tr>
<tr><td rowspan="2">3)通知人
UK LONDON NOJAS TOYS CO.,LTD.
1ST FLOOR,35 WHITEHALL LONDON
SW1A2BX,ENGLAND</td><td>18)公司开户行</td><td></td><td>19)银行帐号</td><td></td></tr>
<tr><td colspan="4">20)特别要求
1.运费：根据事前谈好的，运费共USD9450；
2.请配10月21日开船到伦敦3个40尺普柜；
3.提前三天在堆场提箱</td></tr>
</table>

21)标记唛码	22)货号规格	23)包装件数	24)毛重	25)净重	26)数量	27)单价	28)总价
N/M	8331	966CTNS	6955.2KGS	6375.6KGS	5796PCS	USD86	USD498456

29)总件数	30)总毛重	31)总净重	32)总尺码	33)总金额
966CTNS	6955.2KGS	6375.6KGS	159.39CBM	USD498456

34)备注

图 3-1-11　订舱委托书

(八) 填写放箱指令

确定需要用的集装箱后，国内船公司会填写放箱指令，具体填写见图 3-1-12。

中国远洋运输（集团）公司
(COSCO)

放箱指令

现有 <u>上海优利信国际货运代理公司</u> 公司经我司订舱予配 <u>COSCO HARMONY</u> V.S <u>006W</u> 。现配公司箱40尺 <u>叁</u> 只，20尺 <u>/</u> 只，提单号为 <u>COAU705041058</u> 上述货物系发货人自提、自装、自发箱货请届时放装。

多谢合作

签发人：中国远洋运输（集团）公司

日期：2009-10-10

图 3-1-12　放箱指令

（九）填写提箱联系单

根据船公司的放箱指令，船代公司会制作提箱联系单。提箱联系单具体填写见图3-1-13。

提箱联系单

现有　上海优利信国际货运代理　公司经我公司订仓予配　COSCO　公司M.V　COSCO HARMONY V.006W　需用　COSCO　公司箱40尺　叁　只，20尺　/　只
提单号为　COAU705041058　上述货物系发货人自提，自装，自发箱货，请届时放箱。

多谢合作

编号：　　版本号：
日期：　　修改版本号：
签发人：
年　月　日

图3-1-13　提箱联系单

（十）填写投保单

在委托货代公司租船订舱确认之后（一般在开船前两个工作日确认，一个工作日之后取单），出口商持发票、箱单、提单确认件和信用证复印件开始填制投保单、办理保险。投保单具体填写见图3-1-14。

海运出口货物投保单

保险人：		被保险人：SHANGHAI HUATAI TOYS CO.,LTD.（上海华泰玩具有限公	
标记	包装及数量	保险货物项目	保险货物金额
N/M	966CTNS	MUSIC'S DOLL LUBI	USD548301.6
总保险金额：（大写）			
运输工具：（船名）（航次）		COSCO HARMONY	006W
装运港：	SHANGHAI, CHINA	目的港：	LONDON, ENGLAND
投保险别：	ALL RISK AND WAR RISK A	货物起运日期：	AS PER B/L
投保日期：	2009.10.12	投保人签字：	上海华泰玩具有限公司

图3-1-14　投保单

（十一）填写报关单

出口商获得“出境货物通关单”后才能够对这批货物进行报关。报关单是进出口货物的收发货人或其代理人按照海关规定的格式对进出口货物的实际情况作出书面声明，以此要求海关对其货物按适用的海关制度办理通关手续的法律文书。报关单填写的详细内容见图 3-1-15。

中华人民共和国海关出口货物报关单

预录入编号：　　海关编号：

出口口岸 吴淞海关（2202）	备案号	出口日期 2009-10-21	申报日期 2009-10-15
经营单位 上海华泰玩具有限公司 1505972253	运输方式 水路运输	运输工具名称 COSCO HARMONY/006W	提运单号 COAU705041058
发货单位 上海华泰玩具有限公司 1505972253	贸易方式 一般贸易 （0110）	征免性质 一般征税（101）	结汇方式 电汇
许可证号	运抵国（地区） 英国	指运港 伦敦	境内货源地 上海
批准文号	成交方式 CIF	运费 502/9450/3	保费 000/0.03/1	杂费
合同协议号 HNSL178750	件数 966	包装种类 纸箱	毛重（公斤） 6955.2	净重（公斤） 6375.6
集装箱号 CBHU3202732、CBHU3202736、C	随附单据			生产厂家 上海华泰玩具有限公司

标记唛码及备注

项号	商品编号	商品名称、规格型号	数量及单位	最终目的国（地区）	单价	总价	币制	征免
1	95030029	音乐娃娃露比 8331	6955.2千克 5796件	英国	86	498456	USD	照章

税费征收情况

录入员　　录入单位	兹声明以上	海关审单批注及放行日期（签章）
报关员		审单　　审价

图 3-1-15　报关单

（十二）填写集装箱发放/设备交接单

订舱确认后派车队持订舱确认书和押箱费至航运中心箱管科，到堆场提箱。交押箱费后就会取得设备交接单，见图 3-1-16。

集装箱发放/设备交接单
EQUIPMENT INTERCHANGE RECEIPT

出口

NO

用箱人/运箱人（CONTAINER USER/HAULIER）			提箱地点（PLACE OF DELIVERY）
上海华泰玩具有限公司			吴淞国际集装箱码头
来自地点（WHERE FROM）		返回/收箱地点（PLACE OF RETURN）	
吴淞国际集装箱码头		吴淞国际集装箱码头	
航名/航次（VESSEL/VOYAGE NO）	集装箱号（CONTAINER NO.）	尺寸/类型（SIZE/TYPE）	营运人（CNTR.OPTR.）
COSCO HARMONY V.006W	CBHU3202732、CBHU3202736、	40GP	COSCO
提单号（B/L NO.）	铅封号（SEAL NO.）	免费期限（FREE TIME PERIOD）	运载工具牌号（TRUCK, WAGON, BARGE NO.）
COAU705041058		OCT 21, 2009	沪H83265
出场目的/状态（PPS OF GATE-OUT/STATUS）		进场目的/状态（PPS OF GATE-IN/STATUS）	进场日期（TIME-IN）
		良好	
进场检查记录（INSPECTION AT THE TIME OF INTERCHANGE）			
普通集装箱（GP CONTAINER）	冷藏集装箱（RF CONTAINER）	特种集装箱（SPECIAL CONTAINER）	发动机（GEN SET）
损坏记录及代号（DAMAGE&CODE） BR破损（BROKEN）D凹损（DENT）M丢失（MISSING）DR污箱（DIRTY）DL危标（DG LABEL）			
左侧（LEFT SIDE）右侧（RIGHT SIDE）前部（FRONT）集装箱内部（CONTAINER INSIDE）顶部（TOP）底部（FLOOR BASE）箱门（REAR）		如有异状，请注明程度及尺寸（REMARK）	

除列明者外，集装箱及集装箱设备交换时完好无损，铅封完整无误。

THE CONTAINER/ASSOCIATED EQUIPMENT INTERCHANGED IN SOUND CONDITION AND SEAL INTACT UNLESS OTHERWISE STATED.

用箱人/运箱人签署（CONTAINER USER/HAULIER' S SIGNATURE）　　码头/堆场值班员签署（TERMINAL/DEPOT CLERK'S SIGNATURE）

第一联：船公司（船代）；第二联：码头、堆场；第三联：用箱人、运箱人。

图 3-1-16　集装箱发放/设备交接单

（十三）填写提箱单

集装箱堆场接收到出口商递交的提箱申请后，会制作提箱单并将其传递给出口商，具体填写内容见图 3-1-17。

（十四）填写装箱单

装箱单是发票的补充单据，列明了信用证中买卖双方约定的有关包装事宜的细节，便

To 请勿晚集港晚交下货纸，易被甩货！

Fm 中国上海外轮代理公司 请于 10 月 11 日 17 时前报箱号

集港时间为 10 月 14 日 8 时至 17 时

我公司

提箱单

致：

请将 COSCO 公司

□普通箱 □开顶箱 □冷藏箱 □框架箱 □平板箱

□挂衣箱 □罐装箱 ☑40英尺普通高箱 □40英尺冷藏高箱

空箱20英尺 ___ 只，40英尺 叁 只；共计 3*40GP'

放给：上海优利信国际货运代理公司；COSCO HARMONY V.006W 航次出口

提单号：COAU705041058；货主（联系人）：上海华泰玩具有限公司

电话（传真）：；装箱地点：工厂

箱号（20英尺） 箱号（40英尺）

提箱人签字：上海华泰玩具有限公司

联系电话号码：

提箱单位签章：

集装箱管理部

经辩人签章

放箱日期 2009 年 10 月 12 日

图 3-1-17 提箱单

于国外买方在货物到达目的港时供海关检查和核对货物，通常也可以将其有关内容加列在商业发票上。装箱单所列的各项数据和内容必须与提单等单据的相关内容一致，还要与货物的实际情况相符。装箱单的具体填写内容见图 3-1-18。

装 箱 单

CONTAINER LOAD PLAN

船名 Vessel	COSCO HARM	船次 Voy	006W	目的港 Destination	LONDON, E	集装箱号 Cntr No.	CBHU3202732、C
						铅封号 Seal No.	CS1019622、CS1
						集装箱规格 Cntr Type	40GP

提单号 B/L No.	标记 Shipping mark	件数及包装 Packing& Numbers	品名 Description	毛重 G.W(kgs)	整箱重 Container G.W(kgs)	体积 Measurement	收货人及通知人 Consignees & Notify Party
COAU7050410	N/M	966CTNS	音乐娃娃露比	6955.2		159.39	UK LONDON NOJAS TOYS CO.,LTD.

装箱地点 Loading Spot	工厂	装箱日期 Loading Date	2009-10-13	发货人 Shipper	上海华泰玩具有限公司

图 3-1-18 装箱单

（十五）填写提单

提单简称 B/L，是在对外贸易中，运输部门承运货物时签发给发货人的一种凭证。提单必须由承运人或船长或他们的代理签发，并应明确表明签发人身份。提单是证明海上运输合同成立和证明承运人已接管货物或已将货物装船，并保证至目的地交付货物的单证。提单也是一种货物所有权凭证，承运人据以交付货物。提单持有人可据此提取货物，也可凭此向银行押汇，还可在载货船舶到达目的港交货之前进行转让。提单内容由正面事实记载和背面条款两部分组成。各船公司所制定的提单，其主要内容大致相同。提单的具体填写内容见图 3-1-19。

Shipper		BILL OF LADING
SHANGHAI HUATAI TOYS CO.,LTD.　RM 17H-I NO.720 P		COSCO
Consignee		
UK LONDON NOJAS TOYS CO.,LTD.　1ST FLOOR,35 WHIT		
Notify Party		
UK LONDON NOJAS TOYS CO.,LTD.　1ST FLOOR,35 WHIT		
Pre carriage by	Place of Receipt	
Ocean Vessel Voy. No.	Port of Loading	
COSCO HARMONY V.006	SHANGHAI,CHINA	
Port of discharge	Place of delivery	ORIGINAL
LONDON,ENGLAND		

Marks and Nos. Container/Seal No.	No. of Containers or Packages	Description of Goods(If Dangerous Goods,See Clause 20)	Gross weight Kgs	Measurement m3
N/M				
CBHU3202732	966CTNS	MUSIC'S DOLL LUBI　8331	6955.2KGS	159.39CBM
CBHU3202736				
CBHU3202812				
		Description of Contents for Shipper's Use Only(Not part of This B/L Contract)		
Total Number of containers and/or packages(in words)		SAY NINE HUNDRED SIXTY SIX CTNS ONLY		

Freight and charges	Revenue Tons	Rates	Per	Prepaid	Collect
Ex. Rate	Prepaid at	Payable at		Place and date of issue	
	SHANGHAI,CHINA			2009-10-21　SHANGHAI,CHINA	
	Total Prepaid	No. of Original B(s)L		Signed for the Carrier	
		THREE(3)			

LADEN ON BOARD THE VESSEL

DATE　　　　　　　　　　BY

(COSCON STANDARD RORM 9801)

图 3-1-19　提单

（十六）填写预配舱单

预配舱单是指船代公司依据出口商订舱信息生成的单据。船代公司需向海关传送出境运输工具名称(中英文)、航次、提运单号、卸货港、件数、毛重(计量单位“千克”)、集装箱个数、发货单位、商品名称等信息,并要向海关提前发送。海关在企业报关时验核报关单对应的预配舱单数据,无误后办理相关通关手续。预配舱单的具体填写内容见图 3-1-17。

(十七) 填写集港舱单

船代公司制作并向作业区发送集港单,集港舱单的具体填写内容见图 3-1-20。

MANIFEST									Page No.
上海外轮代理有限公司		Name of ship COSCO HARMONY V.006W		Nationality of ship		name of master	Date of sailing from port of loading 2009-10-21		
CHINA OCEAN SHIPPING AGENCY,TIANJIN PTJ/BF07 生效日期		Port of loading SHANGHAI,CHINA		Poet of discharge LONDON,ENGLAND					
Shipper(SH):consignee(CO): Notify address(NF)	B/L Nr	Marks and Nrs (MN) Container Nrs (CN) seal Nrs (SN)	number and kind of packages Description of goods	Gross weigh (kgs)	Measurement (CBM)	RATE	FREIGHT PREPAID	FREIGHT COLLECT	REMARKS
SH:SHANGHAI HUATAI		N/M							
RM 17H-I NO.720 PU		CBHU3202732	5796PCS	6955.2KGS	159.39CBM		SHANGHAI,CHIN		
CO:UK LONDON NOJAS	COAU70504105	CBHU3202736	966CTNS						
1ST FLOOR,35 WHITEHALL		CBHU3202812							
NF:UK LONDON NOJAS									
1ST FLOOR,35 WHITEHALL									

图 3-1-20　集港舱单

(十八) 填写下货纸

货运服务机构、船公司或其代理人在接受托运人的托运单证后,即发给托运人装货单。装货单是从船代那里领取或者买来的,分为很多联,都是作为货物报关用的。其中黄联叫作下货纸,是货物通关之后,报关行按照对应的船公司发送给出口商,以及货物运到港口的时候交给港口工作人员,证明货物已经集港的凭证。货物必须在集港,并且交了下货纸的情况下才可以上船。下货纸的具体填写内容见图 3-1-21。

下货纸

Shipper(发货人) SHANGHAI HUATAI TOYS CO.,LTD. RM 17H-I NO.720 PU DONG AVENUE,SHANGHAI,CHINA		D/R No.(编号) COAU705041058 订舱要求:
Consignee(收货人) UK LONDON NOJAS TOYS CO.,LTD. 1ST FLOOR,35 WHITEHALL LONDON SW1A2BX,ENGLAND		
Consignee(通知人) UK LONDON NOJAS TOYS CO.,LTD. 1ST FLOOR,35 WHITEHALL LONDON SW1A2BX,ENGLAND		开船日期: OCT 21,2009 货柜类别:
Pre-carriage by(前程运输)	place of Receipt(收货地址)	40GP 1.请传送货通知
Ocean Vessel(船名)　Voy-No.(航次) COSCO HARMONY　V.006W	Port of Loading(装货箱) SHANGHAI,CHINA	请于　到　装(提前3天)
Port of Discharge(卸货港) LONDON,ENGLAND	Place of Delivery(交货地点) LONDON,ENGLAND	Final diatination for Merchant's Reference(目的地)

Container No.(集装箱号)	seal No(封条号) Marks & Nos(标记与件数)	No.Of container's or packages(箱数或件数)	Kind of Packages:Desciption of Goods(包装种类与货名)	Gross Weight 毛重(公斤)	Measnremer 体积(立方米)
CBHU3202732 CBHU3202736 CBHU3202812	N/M	5796PCS 966CINS	MUSIC'S DOLL LUBI 8331	6955.2KGS	159.39CBM

图 3-1-21　下货纸

(十九) 填写运费确认单

配载装船结束后,船代公司会制作并发给货代公司运费确认单来收取运费,运费确认单的具体填写内容见图 3-1-22。

运费确认单

TO:

我公司委托贵公司出运由 SHANGHAI,CHINA 至 LONDON,ENGLAND 港口

船名航次: COSCO HARMONY V.006W 开航日期: OCT 21,2009

提单号: COAU705041058 的货物,我公司应付贵公司海

运费用美金金额 9450 运杂包公费人民币金额

我公司保证在开船后 3 天内,即船到前,时间为 OCT 25,2009

之前将全部费用付至贵公司指定账户敬请贵公司在款到账后,通知目的港给予我公司放贷手续

否则,贵公司权利在目的港对我公司货物进行扣货货暂扣我公司其他任何单据就此我公司将承担由此产生的公司货代并放弃对由产生的费用或问题的申述权利

特立次据:

如果在该付费账期内,我公司没有按时给付应付的费用,我公司原按照应付费用的 0.5% 付款滞纳金,违约金,并向贵公司付由于美金对人民币汇率变化而给贵公司造成的损失,贵公司可采取提单等一切措施追回拖欠款,由此产生的一切风险和责任由我公司承担。

备注:发票抬头:

其他:

经办人签字:

加盖公章:

日期:

图 3-1-22 运费确认单

(二十) 填写提单领取联系单

船公司制作并向船代公司发送提单领取联系单,其具体填写内容见图 3-1-23。

提箱联系单

现有 上海优利信国际货运代理 公司经我公司订仓予配 COSCO 公司M.V COSCO HARMONY V.006W 需用 COSCO 公司箱40尺 叁 只, 20 尺 / 只

提单号为 COAU705041058 上述货物系发货人自提,自装,自发箱货,请届时放箱。

多谢合作

编号: 版本号:

日期: 修改版本号:

签发人:

年 月 日

图 3-1-23 提单领取联系单

(二十一) 填写承兑/付款通知书

承兑/付款通知书是由出口地银行制作,旨在提示出口商承兑汇票(付款),承兑/付款通知书的具体填写内容见图 3-1-24。

承兑/付款通知书			
		日期：	OCT 26, 2009
上海华泰玩具有限公司	公司	编号：	
L/C号：	0115IML62181256	合同号：	HNSL178750
来单金额：	USD498456	应付行编号：	*****
应付行费用：	USD498456	应付行：	
索偿金额：	USD498456		
期限：			
装运日期：	2009-10-21		

单据清单：

发票	装箱单	提单	空运单	货物收据	促单	产地证	质量/数量证	受益人证	检验证
3	3	2							

其它：

我行收到上述信用证项下单据，请贵公司审核单据，并于 OCT 31, 2009 前来我行办理付款承兑手续或提出拒付申请，若在上述日期前贵公司承办办以上手续，我行将视同贵公司已同意付款/承兑，并将按《开立信用证承诺书》中的相关条款，自行对外付款/承兑

贵公司上述日期的起用拒付申请后，由我行对单据的不符点进行审核，并最终决定是否偿付

银行客户　　　　银行

图 3-1-24　承兑/付款通知书

(二十二) 填写出口收汇核销单

出口收汇核销单，是由外汇管理局制发、出口单位凭以向海关出口报关、向外汇指定银行办理出口收汇、向外汇局办理出口收汇核销、向税务机关办理出口退税申报的有统一编号及使用期限的凭证。外贸企业从外汇管理局申领的每一张核销单，都在外汇管理局的数据库中有备案和留档。核销单跟随外贸业务一路走过海关、银行和税务局，被盖上各种印章或撕开，但最终的存根必须回到外汇管理局，以核对原来数据库的电子档案并注销此核销单号码，这一过程就叫作"核销"，表示这笔贸易在外汇的收支上是合法的，准予一笔勾销。出口单位在核销单正式使用前，应当加盖单位名称及组织机构代码条形章，在骑缝处加盖单位公章。出口收汇核销单的具体填写内容见图 3-1-25。

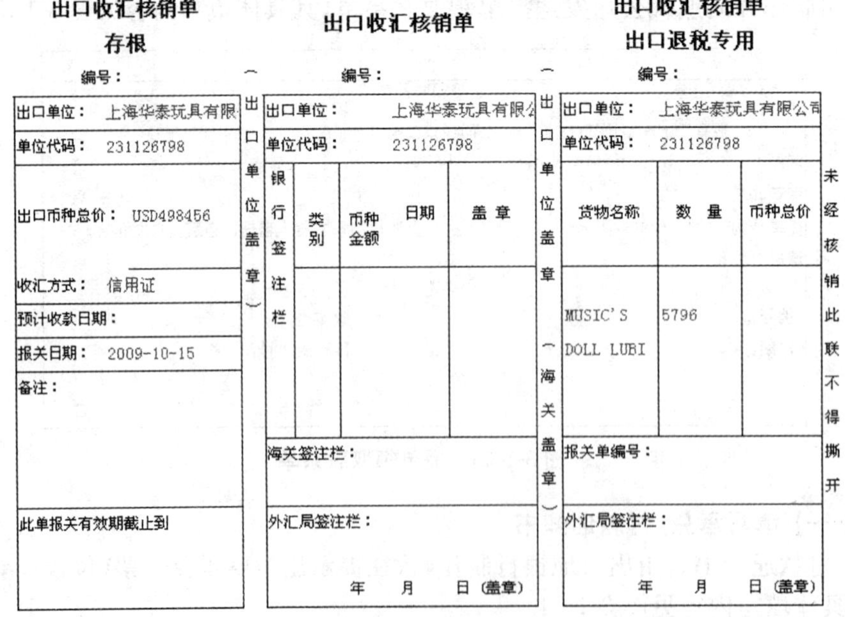

出口收汇核销单
存根
编号：

出口单位：	上海华泰玩具有限
单位代码：	231126798
出口币种总价：	USD498456
收汇方式：	信用证
预计收款日期：	
报关日期：	2009-10-15
备注：	
此单报关有效期截止到	

（出口单位盖章）

出口收汇核销单
编号：

出口单位：			上海华泰玩具有限公
单位代码：			231126798

银行签注栏	类别	币种金额	日期	盖章

海关签注栏：

外汇局签注栏：

年　月　日（盖章）

（出口单位盖章）（海关盖章）

出口收汇核销单
出口退税专用
编号：

出口单位：	上海华泰玩具有限公司	
单位代码：	231126798	
货物名称	数 量	币种总价
MUSIC'S DOLL LUBI	5796	

报关单编号：

外汇局签注栏：

年　月　日（盖章）

未经核销此联不得撕开

图 3-1-25　出口收汇核销单

步骤二：单证处理

单证模拟练习后，对于保存过的单据，可以进行【查看】、【修改】和【删除】的操作。

在单据列表中选择需要进行处理的单据，列表的右侧会显示已经填写过的单据和单据目前的状态，见图 3-1-26。

图 3-1-26 已填写单据列表

选择需要处理的单据，点击右方的【查看】，可以重新查看填写单据的内容。如果发现单据的内容填写存在问题，可以返回单据列表，选择【修改】。如果不需要该单据则可点击【删除】，删除后该单据在列表中则不能继续进行操作、处理。

☺ 任务拓展

美国客户——美华进出口有限公司，是国佳进出口有限公司合作多年的贸易伙伴。2000 年 12 月，美华公司传真一份制作女式上衣的指示书，并邮寄面料、色样及一件成衣样品给国佳公司，要求国佳于 2001 年 3 月 25 日前交货。双方经过多次磋商，于 12 月 26 日就 2 550 件女式全棉上衣以每件 USD12.80 价格达成交易，在上海签订合同。

2001 年 1 月 31 日国佳收到信用证；2001 年 2 月 1 日，国佳进出口有限公司与无锡季节制衣有限公司签订订购合同；2 月 5 日，服装厂正式投产；3 月 9 日，服装全部生产、包装完毕。国佳公司委托出口货代—上海源新国际货运代理有限公司，其接受委托后，要求国佳 3 月 16 日中午前把货物送往指定堆场。

案例基本资料：

我方外贸公司(卖方)：国佳进出口有限公司(GUOJIA CO.,LTD)

美国客户(买方)：美华进出口有限公司(MEIHUA CO.,LTD)

交易商品：LADIES COTTON BLAZER(女式全棉外衣)

成交方式:CIF　NEWYORK

付款方式:即期信用证(L/C AT SIGHT)

通知银行:中国银行上海分行(BANK OF CHINA,SHANGHAI)

出口口岸:中国上海(SHANGHAI,CHINA)　上海关区代码:2201

服装加工厂:无锡季节制衣有限公司

货运代理公司:上海源新国际货运代理有限公司

承运船公司:韩进海运有限公司　船名　HJOS　航次　074E

集装箱号码:HJCU56788678

信用证:

1. 开证行:中国银行纽约分行(BANK OF CHINA,NEWYORK)
2. 通知银行:中国银行上海分行(BANK OF CHINA,SHANGHAI)
3. 开证日期:2001-01-29
4. 不可撤销信用证号码:准考证号
5. 信用证有效时间与地点:2001-04-10,上海
6. 信用证申请人:MEIHUA CO.,LTD
7. 信用证受益人:GUOJIA CO.,LTD
8. 信用证金额:USD32 640.00
9. 商品描述:
10. SALES CONDITIONS:CIF NEWYORK
11. SALES CONTART NO.(合同号):准考证号　发票号:准考证号
12. PO NO.(订单号):10337
13. QTY(数量):2 550PCS(件)(201 箱(CARTON))箱尺寸;40×40×55　体积 17.5 m^3
14. GROSS WEIGHT 3 015 KGS　NET WEIGHT　2 010 KGS
15. 最后装船期:2001-03-25

出口货代委托:2001-03-09

出口报检日期:2001-03-13

出口投保日期:2001-03-16

出口报关日期:2001-03-16

装船船期:2001-03-20

结费日期:2001-03-22

结汇日期;2001-03-25

外汇核销日期:2001-04-20

出口退税日期:2001-04-25

买方付款赎单:2001-04-01

船舶抵达纽约:2001-04-04

进口货代委托:2001-04-01

进口报检日期:2001-04-06

进口报关日期:2001-04-06

提货日期:2001-04-10

结费日期:2001-04-12

HS 编码:6211329021

要求:根据提供的参考资料,正确填写相应的国际物流单证。

任务评价

考核项目	考核内容及要求	分值	学生自评（10%）	小组评分（20%）	教师评分（50%）	专家评价（20%）	实际得分
职业素养	具有团队合作精神	10					
	学习态度认真、尊重导师	10					
知识掌握情况	掌握 EDI 的概念及分类	10					
	掌握 EDI 在物流领域的应用	10					
	掌握国际物流单证的种类	10					
	掌握 EDI 应用系统结构与实现	10					
技能掌握情况	能够填写国际物流相关的各种单证	10					
	能够掌握各种单证的填写要点	10					
	能够独立对单证进行处理	20					
总分							

任务二 EDI 数据交换

任务目标

【知识目标】

1. 掌握 EDI 的特点；
2. 掌握 EDI 的作用和优势；
3. 掌握 EDI 的标准；
4. 掌握 EDI 的单证处理方式。

【技能目标】

1. 能够掌握 EDI 单证录入、转换和传送过程；
2. 能够独立完成 EDI 报文的生成和发送；
3. 能够独立完成企业调研报告，并对 EDI 有系统的认识。

任务发布

众所周知，电子商务是 21 世纪信息化社会和知识经济时代新的商业运作模式。EDI 则是电子商务的基础和组成部分，是企业对企业电子商务的基础，在国际贸易、海关、交通运输、政府和公用事业中有着广泛的应用。

为使学生深入了解 EDI 系统单据编制和处理的过程，以小组为单位到附近一家出口贸易或者有EDI系统的物流公司，参观学习企业应用EDI系统进行编制和处理单证的过程，并完成参观报告的撰写。

知识准备

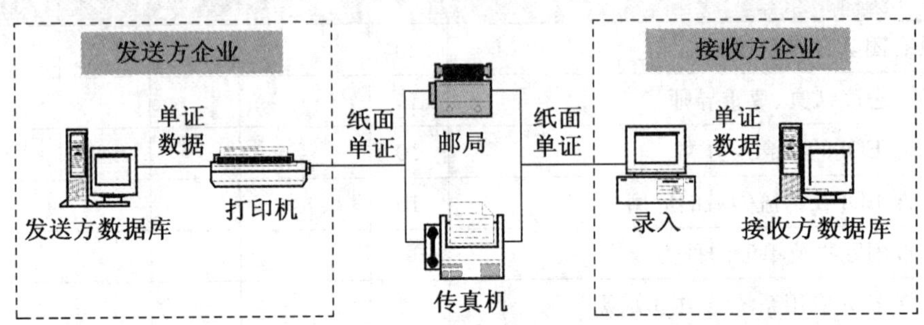

图3-2-1 手工条件下贸易单证的传递方式

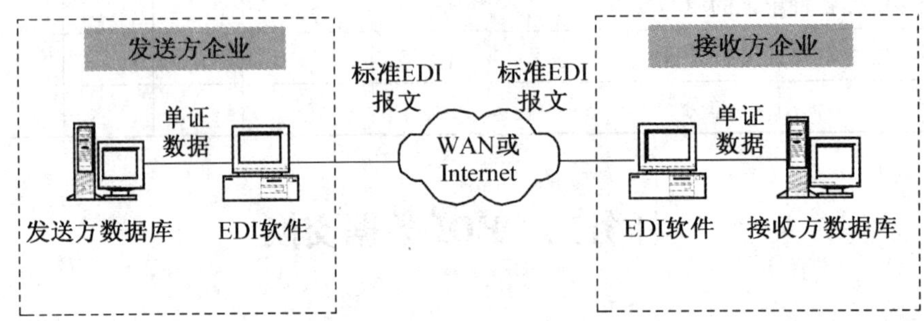

图3-2-2 EDI条件下贸易单证的传递方式

看到上面两幅图，你认为EDI条件下的贸易单证传递方式比之手工条件下的贸易传递方式有什么优势呢？

手工方式与EDI方式的比较具体如下：

(1) 在手工条件下进行贸易单证的传递，买卖双方之间重复输入的数据较多，因此容易产生差错，准确率低，劳动力消耗多及延时增加。

(2)采用EDI传递方式后，由于单证是通过数字方式传递的，因此效率和准备率都大大提升。但我们也要注意到一个新的挑战，由于缺乏验证的过程，因此在EDI中加强安全性、保证单证的真实可靠成为重要的问题。

一、EDI的作用和优势

EDI以其快捷、准确、安全、高效和低成本等特点得到了世界各国的重视。EDI将贸易过程的各个环节(如订货、生产、销售、运输和结算)有机地联系起来，通过与各有关部门、公司及单位进行必要的数据传输处理，即可完成包括报关、运输、银行、保险等部门的全部业务过程。EDI贸易过程通过内部网络自动进行，大大提高了贸易效率，同时也促进了纸张贸易向无纸贸易的转变。

EDI通过内部互连的数据通信使得企业不仅可与本网络内的业务伙伴通信，而且可以与其他网络中有关的业务伙伴进行通信，扩大了企业的业务范围，进而增加了企业的商业机会，提高了企业的市场竞争能力。在 EDI 中，贸易信息传输过程的电子化和自动化使信息的传输速度显著提高，大大减少了订单处理、备货发货以及制单结汇的时间。通过 EDI 与客户联网，企业可以对客户的询价等及时回复，密切了与贸易伙伴的联系，从而提高了对客户的服务水平。采用 EDI 后，企业可以加快货物流动的速度，从而可以使企业降低库存，加速资金周转。

EDI 显著的优势可为企业创造良好的经济效益，例如，美国通用汽车公司采用 EDI 后，每生产一辆汽车节约成本 250 美元，按其年产 500 万辆计算，一年就可以产生 12.5 亿美元的经济效益。该公司统计表明，由于采用了 EDI，其产品零售额上升了 60%，而库存从 30 天降至 6 天。日本东芝公司在使用 EDI 之后，每笔交易的文件处理费用仅为原来的 1/4。新加坡全国 EDI 网络建成后，通关时间由原来的 3～4 天缩短到只需 10～15 分钟，每年可节约 6 亿美元的文件处理费用。

二、EDI 的特点

（1）EDI 的使用对象是不同的组织之间，EDI 传输的企业间的报文是企业间信息交流的一种方式；

（2）EDI 所传送的资料是一般业务资料，如发票、订单等，而不是指一般性的通知；

（3）EDI 传输的报文是格式化的，是符合国际标准的，这是计算机能够自动处理报文的基本前提；

（4）EDI 使用的数据通信网络一般是增值网、专用网；

（5）数据传输由收送双方的计算机系统直接传送、交换资料，不需要人工介入操作；

（6）EDI 与传真或电子邮件的区别是：传真与电子邮件需要人工的阅读判断处理才能进入计算机系统。人工将资料重复输入计算机系统中，既浪费人力资源，也容易发生错误，而 EDI 不需要再将有关资料人工重复输入系统。

三、EDI 的标准

EDI 在发展过程中遇到的主要问题就是标准问题，就像人们用语言交流必须有一套语法规则一样，EDI 同样需要一套大家都能接受的标准，从而信息数据能够相互传递和交换。

在 20 世纪八十年代，世界上主要有两种 EDI 标准得到了广泛的认可和应用，分别是美国国家标准局授权标准委员会制定的 X12 标准和联合国组织制定的 EDI FACT 标准。进入 20 世纪九十年代后，美国开始决定从 X12 转向 EDI FACT 标准，EDI FACT 有就成了一个国际统一的 EDI 标准。

EDI FACT 标准是由一系列国际认可的用于电子数据交换的标准、规则和指南组成。该标准主要包括下列文件：

（1）各种指南与规则。

（2）EDI FACT 语法规则（ISO 9735）。

（3）EDI FACT 语法实施指南。

（4）EDI FACT 报文设计指南。

(5) 联合国贸易数据交换目录(UNTDID)。

四、EDI 的单证处理过程

EDI 的实现过程就是用户将相关数据从自己的计算机信息系统传送到有关交易方式的计算机信息系统的过程。该过程因用户应用系统以及外部通信环境的差异而不同。在有 EDI 增值服务的条件下,这个过程分为以下六个步骤:

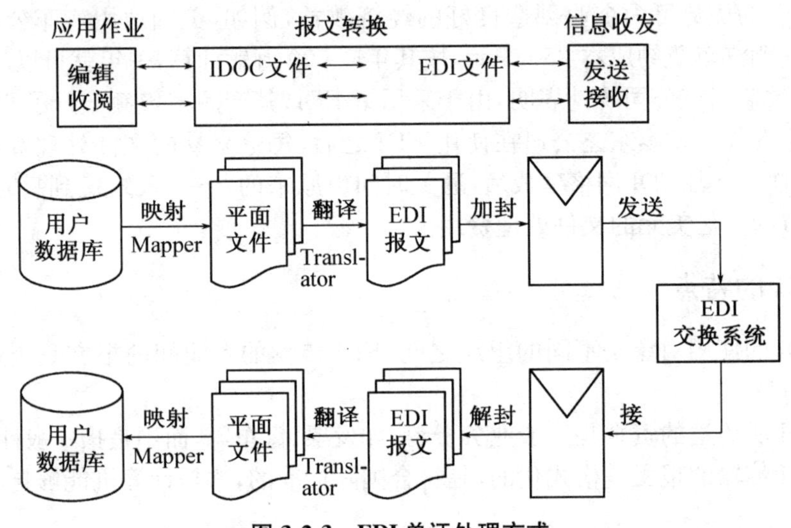

图 3-2-3 EDI 单证处理方式

(1) 发送方将要发送的数据从信息系统数据库提出,转换成 IDOC 文件。

(2) 发送方将 IDOC 文件翻译成标准 EDI 报文 IDOCS,并组成 EDI 文件。

(3) 发送方发送信件。

(4) 接收方从 EDI 信箱收取信件。

(5) 接收方将 EDI 信封拆开翻译成 IDOC 文件。

(6) 接收方将 IDOC 文件转换并送到信息系统进行处理。

☺ 任务实施

步骤一:确定参观学习的内容

主要了解企业在应用 EDI 系统中会涉及哪些企业? EDI 的报文生成和发送处理的过程? EDI 主要包括哪些模块?

步骤二:制订参观计划

根据参观的主要内容,确定参观的对象、地点、时间、方式,并确定要收集哪些相关资料并作好知识准备。

步骤三：参观外贸公司的EDI系统的单据处理过程

以小组为单位：根据班级情况，每组7～8人，设一名组长。企业参观时带上调研工具，比如笔记本和笔，情况允许的话可以带上照相机和录音笔。

1. 了解EDI单证录入、转换和传送过程

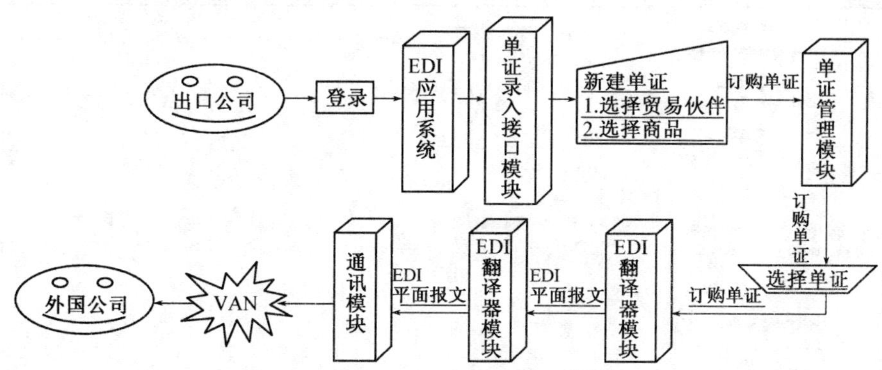

图 3-2-4　EDI单据处理过程

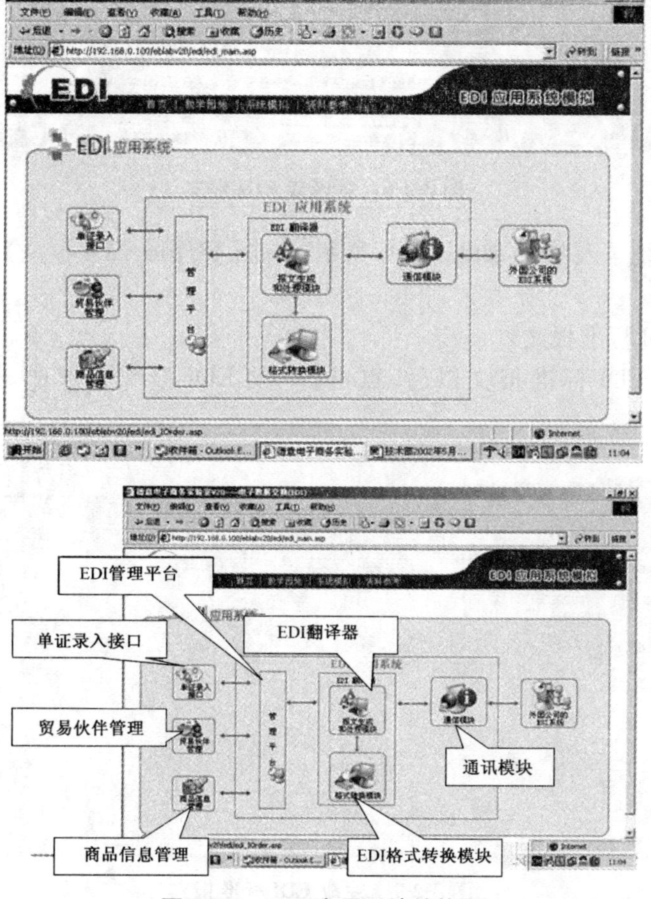

图 3-2-5　EDI应用系统结构图

2. 了解EDI报文的生成和发送过程

(1) 翻译成EDI报文

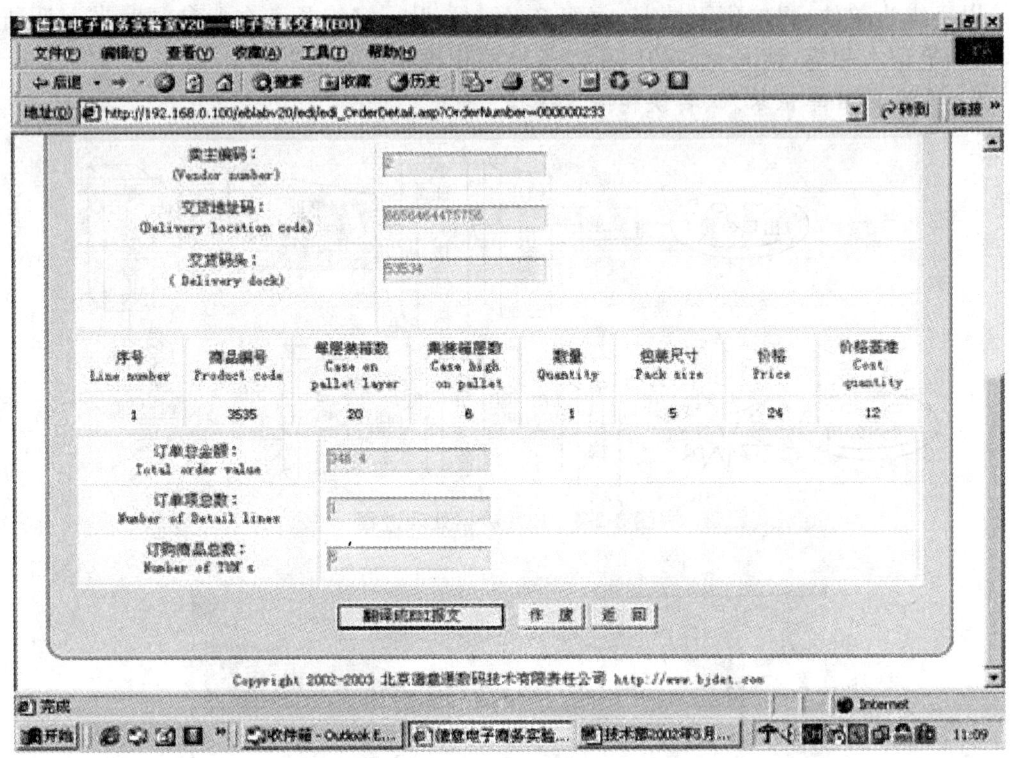

图 3-2-6 翻译成 EDI 报文

打开EDI系统录入单证，如图3-2-6所示，点击【翻译成EDI报文】按钮，将单证翻译成标准EDI报文。

(2) 生成EDI标准报文

单证翻译成EDI标准报文以后，点击【生成EDI报文】，形成EDI平面文件，如图3-2-7所示。

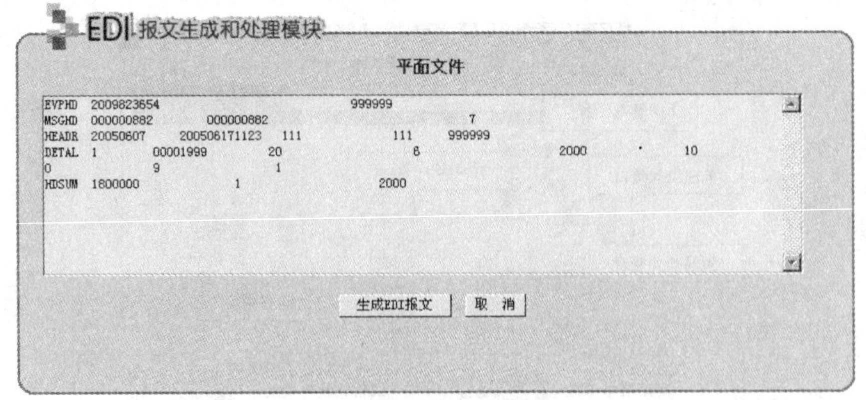

图 3-2-7 生成 EDI 标准报文

（3）发送报文

EDI 报文生成以后，点击【发送报文】，将报文发送到下家企业，如图 3-2-8 所示。

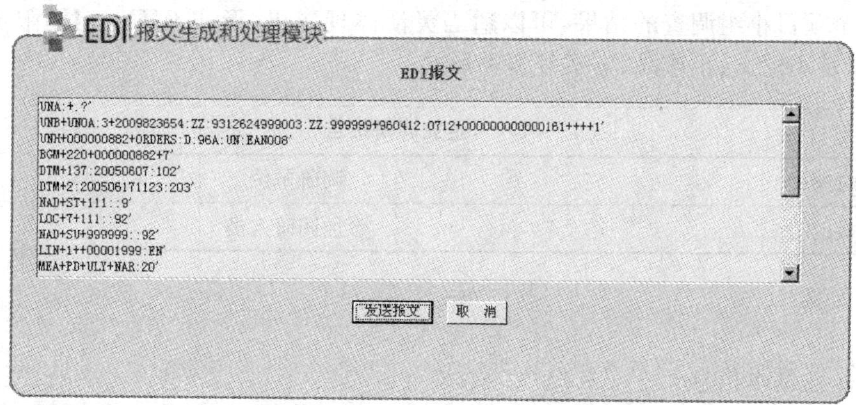

图 3-2-8　发送报文

（4）确认发送

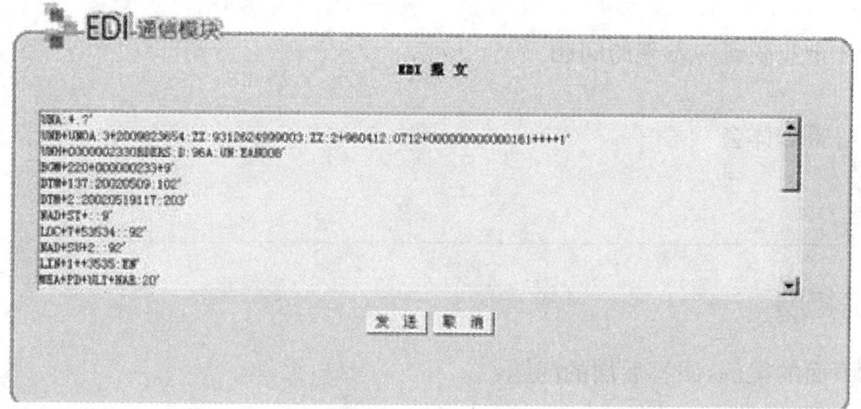

图 3-2-9　确认发送

点击【发送】按钮，EDI 报文开始发送。

（4）发送完成

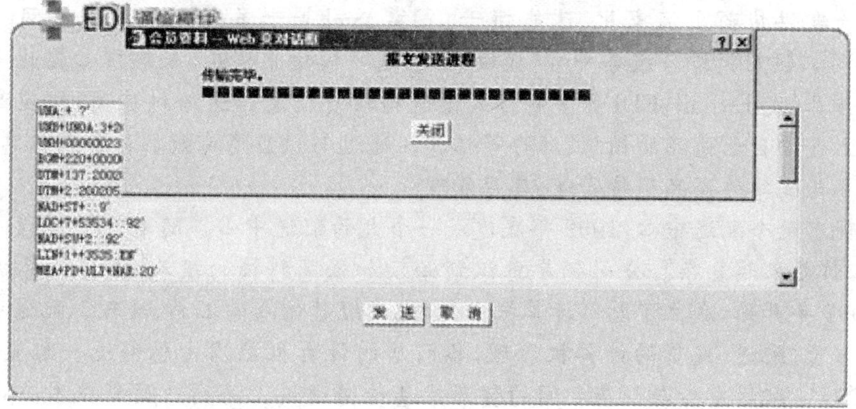

图 3-2-10　发送完成

步骤四：整理调研资料，撰写调研报告

对每个项目小组调查的结果，可以适当灵活体现成果，形式上不一定局限于调查报告，也可以是小论文、小作品、方案等多种形式。

×××企业调研报告

调研时间		调研单位	
调研目的		参加调研人员	

一、前言

二、企业基本信息

三、所参观企业的EDI系统的操作流程

四、在企业调研中发现的问题

五、心得和体会

☺ 任务拓展

阅读下面的案例，回答后面的问题：

联华超市“生命链”——EDI

1997年底，EDI自动订货系统在联华开始了全面建设。系统实施初期，由于前期准备工作比较充分，一切似乎都很顺利。EDI订货系统从1999年3月正式投入使用，首先联华与其长期供应商上海家化、达能饼干、雀巢公司等十多家之间实现联网。接着在2001年2月，“供应商综合服务平台”模块上线，这一模块上线后，采购中心在此平台上可通过自动传真、发E-mail、EDI等多种方式迅速将订货信息传递给供应商，供应商也可以到此平台上查询自己商品的销售、库存等信息。通过与供应商有效共享各项信息数据，供应商可以参与联华的商品销售管理、库存管理。

公司现有两个配送中心，1999年底建成一个大的配送中心。随着经营规模的越来越大，管理工作越来越复杂。公司领导意识到必须加强高科技的投入，搞好计算机网络应用。从1997年开始，成立了总部计算机中心，完成经营信息的汇总、处理。配送中心也完全实现了订货、配送、发货的计算机管理，各门店的计算机应用由总部统一配置、统一开发、统一管理。配送中心与门店之间的货源信息传递通过上海商业商新技术公司的商业增值网以文件方式(E-mail)完成。

每天中午12点钟，配送中心将商品的库存信息以文件的形式发送到增值网上，各门店计算机系统从自己的增值网信箱中取出库存信息，然后根据库存信息和自己门店的销售信息制作"要货单"。但由于要货单信息没有通过网上传输，而是从计算机中打印出来，通过传真的形式传送到配送中心，配送中心的计算机工作人员再将要货信息输入计算机系统。这样做的结果不仅导致了数据二次录入可能发生的错误和人力资源的浪费，也体现不出网络应用的价值和效益。

上海联华超市集团公司作为国家科委"九五"科技攻关项目"商业EDI系统开发与示范"的示范单位之一，从1998年3月开始，与北京商学院、杭州商学院、上海商业高新技术开发公司合作开发自己的EDI应用系统，这个EDI应用系统包括配送中心和供货厂家之间、总部与配送中心之间、配送中心与门店之间的标准格式的信息传递，信息通过上海商业增值网EDI服务中心完成。

采用EDI之后，配送中心直接根据各门店的销售情况和要货情况产生订货信息发送给供货厂家。供货厂家供货后，配送中心根据供货厂家的发货通知单直接去维护库存，向门店发布存货信息，这样做的结果，使得信息流在供应商、配送中心、门店之间流动，所有数据只有一个入口，保证了数据传递的及时、准确，降低了订货成本和库存费用。

在应用EDI之前，联华的一整套供货系统尚处于完全手工操作的状态。当大卖场、便利店、标准超市需要某种商品时，传递信息的方式只有两种：一是门店通过发传真的方式将所需物品的种类和数量传递给采购中心，然后采购中心按照收到传真的先后顺序，检查各类商品的仓储情况，确定所能发出货物的数目和种类，再通过传真反馈给各门店，最后完成发货工作；二是对于紧急或特殊商品，门店通过电话直接联系供货商，由供货商直接发货给各门店。

2002年11月，联华超市与光明乳业之间建立了自动要货系统。联华各门店在每天晚上12点之前汇总当天光明乳业的牛奶销售和库存信息，并在次日9点前将该数据传送至联华总部电子数据交换系统(EDI系统)，这些数据处理后在当天12点加载到光明乳业有效客户反映系统(ECR)。光明乳业收到数据后，根据天气、销售、促销指标等因素进行订单预测。经预测的订单产生后，该公司开始做发货准备，并将订单数据发送到联华总部电子数据交换系统，联华门店当日晚上9点前将收到收货信息，光明乳业在第三天上午6点半以前将所订的牛奶送到联华各门店。联华门店在收到货物后，除了在收货单据上签收外，还必须在当日中午12点之前将收货信息自动导入管理信息系统(MIS)。

自动订货系统的推行，使牛奶这一冷链商品在门店销售中既保证了鲜度又扩大了销售。同样的方式，"个性生鲜"的特点逐步在联华扎根生长。

[问题]

1. 上海联华超市集团为什么要应用EDI系统？

答案要点：

在应用EDI之前，联华的一整套供货系统尚处于完全手工操作的状态。当大卖场、便利店、标准超市需要某种商品时，传递信息的方式只有两种，这两种方式都存在各自的优缺点。

2. 应用EDI后给集团带来哪些优势？

答案要点：

采用 EDI 之后，配送中心直接根据各门店的销售情况和要货情况产生订货信息发送给供货厂家。供货厂家供货后，配送中心根据供货厂家的发货通知单直接去维护库存，向门店发布存货信息，这样做的结果，使得信息流在供应商、配送中心、门店之间流动，所有数据只有一个入口，保证了数据传递的及时、准确，降低了订货成本和库存费用。

任务评价

考核项目	考核内容及要求	分值	学生自评（10%）	小组评分（20%）	教师评分（50%）	专家评价（20%）	实际得分
职业素养	具有团队合作精神	10					
	学习态度认真、尊重导师	10					
知识掌握情况	掌握 EDI 的特点	10					
	掌握 EDI 的作用和优势	10					
	掌握 EDI 的标准	10					
	掌握企业中信息及数据的流转过程	10					
技能掌握情况	能够掌握 EDI 单证录入、转换和传送过程	10					
	能够独立完成 EDI 报文的生成和发送	10					
	能够独立完成企业调研报告，并对 EDI 有系统的认识	20					
总分							

【课后练习】

一、单选题

1. 关于 EDI，下列说法正确的是（　　）。

A. 使用 EDI 的是同一组织内的不同部门

B. 数据标准化、EDI 软件及硬件是构成 EDI 系统的三要素

C. 企业采用 EDI 技术可以降低纸张使用成本

D. EDI 只能在增值网络 VPN 上使用

2. 用电子数据文件来传输订单、发货票和各类通知的最知名的 EDI 系统是（　　）。

A. TDI　　B. EFT　　C. IQR　　D. CAD

3. EDI 表示（　　）。

A. 电子数据处理　　B. 电子数据交换

C. 电子订货系统　　D. 全球定位系统

4. EDI 网络传输的数据是（　　）。

A. 自由文件　B. 平面文件　C. 用户端格式　D. EDI 标准报文

5. EDI 是(　　)之间的数据传输。

A. 应用系统　B. 应用系统与个人

C. 个人与应用系统　D. 个人

6. EDI 应用系统硬件设备有(　　)、调制解调器(Modem)及电话线。

A. 计算机　B. 条码阅读器　C. RFID 阅读器　D. 视频接受天线

7. EDI 软件所涉及的基本功能有格式转换功能、(　　)、通信功能。

A. 图片识读　B. 翻译功能　C. 数据编辑功能　D. 数转模

8. EDI 租用电信部门通信线路的专用网络称为(　　)。

A. 专网　B. EDl 网　C. 增值网　D. 商用网

9. EDI 采用(　　)的格式,这也是与一般 E-mail 的区别。

A. 企业标准化　B. 无固定形式　C. 非格式化　D. 共同标准化

10. EDI 的数据元是已经被确认的用于标示、描述和价值表达的一个(　　)。

A. 数据值　B. 数据单元　C. 数据常量　D. 数字

二、多选题

1. 为了保证需求信息在供应链中畅通和准确性,要应用(　　)等集成一起。

A. 条码技术　B. 扫描技术　C. POS 系统　D. EDI

2. EDI 系统结构中包括(　　)。

A. 格式转换模块　B. 内部接口模块

C. 报文生成及处理模块　D. 用户接口模块

E. 通信模块

3. EDI 工作系统是由(　　)、(　　)和(　　)三要素构成的。

A. 数据标准化　B. EDI 软件及硬件

C. 通信网络　D. 传真　E. 电子邮件

4. EDI 的特点有(　　)。

A. 使用对象是不同的组织

B. 传送的资料是一般业务资料

C. 传输报文是格式化的,是符合国际标准的,这是报文的基本前提

D. 使用的数据通信网络一般是增值网、专用网

E. 数据传输由收送双方的计算机系统直接传送、交换资料,不需要人工介入操作

5. EDI 的优势包括(　　)。

A. 增加库存　B. 降低成本　C. 减少错误

D. 减少库存　E. 改善客户服务

6. EDI 信息编码的原则包括(　　)。

A. 唯一性　B. 可扩充性　C. 简明性和稳定性

D. 不稳定性　E. 易识别性和自检能力

7. EDI 的开发、应用就是通过计算机通信网络实现的,主要方式有(　　)。

A. Mail 方式　B. 点对点(PTP)方式

C. 多对多方式　　　　　D. 增值网(VAN)方式
E. MHS方式

8. EDI的工作方式的主要步骤为(　　)。
A. 借助代码进行计算机方式的信息检索和查询
B. 生产EDI平面文件
C. 翻译生产EDI标准格式文件
D. 通讯
E. EDI文件的接收和处理

9. 传统的EDI的局限性包括(　　)。
A. 通信问题　　B. 环境问题　　C. 费用问题
D. 安全问题　　E. 时间问题

10. EDI硬件由(　　)构成。
A. 计算机　　B. 电源　　C. 调制解调器
D. 翻译软件　　E. 通信线路

三、判断题

1. EDI传输的是企业间的报文,使用对象是相同的组织之间。(　　)
2. EDI采用的是专用增值网络,因此,VAN是一种新型的通信网络。(　　)
3. UN/EDIFACT协议与EDI有关。(　　)
4. EDI涉及各部门和各行业,它并非只是简单地在两个贸易伙伴之间的通信,也不只是自己业务部门之间的通信,而是必须把相应的业务例如海关、商检、金融、保险、交通运输部门联在一个EDI网络之内。(　　)
5. EDI是一套报文通信工具,它利用计算机的数据处理和通信功能,将交易双方彼此往来的文档转成标准格式,并通过通信网络传输给对方。(　　)

四、简答题

1. 简述EDI的工作方式。

项目四　物流地理信息分析及动态监控

任务一　物流地理信息分析

☺ 任务目标

【知识目标】

1. 掌握 GIS 的概念及分类；
2. 掌握 GIS 的构成；
3. 掌握 GIS 的功能框架及工作流程；
4. 掌握 GIS 在物流中是应用。

【技术目标】

1. 能够独立完成 TIN 的建立过程；
2. 能够在 Arc GIS 中建立 DEM、TIN；
3. 能够根据 DEM 或 TIN 计算坡度坡向的方法；
4. 能够应用 DEM 解决地学空间分析问题。

☺ 任务发布

地理信息系统(GIS)就是一种利用计算机对有关地理、空间位置的数据信息进行存储、处理、查询和显示的计算机支持系统。而 DEM 是对地形地貌的一种离散的数字表达，是对地面特征进行空间的一种描述的数字方法、途径，它的应用可遍及整个地学领域。

为使学生能更好地了解 GIS 软件的应用，江苏某学校组织了一次利用 GIS 软件进行地形分析的实验。以小组为单位利用 GIS 软件进行 TIN 及 DEM 的生成及应用实验，并在实验完成后提交实验报告。

☺ 知识准备

一、GIS 的概念及分类

(1) GIS 的概念

地理信息系统(Geographic Information System 或 Geo-Information system，GIS)有时又称为“地学信息系统”或“资源与环境信息系统”，是一种特定的十分重要的空间信息系统。它是在计算机硬、软件系统支持下，对整个或部分地球表层(包括大气层)空间中的有关地理分布数据进行采集、储存、管理、运算、分析、显示和描述的技术系统。

(2) GIS 的分类

1) 从提供的性能角度看 GIS 分类

- 空间管理型 GIS——大众型
- 空间分析型 GIS——传统型
- 空间决策型 GIS——决策型

2) 从系统开发角度看 GIS 的分类

- 最终用户用 GIS
- 专业人士用 GIS
- 软件开发者/系统集成者用 GIS

3) 从系统结构角度看 GIS 的分类

- 单机 GIS
- 网络 GIS

4) 从数据结构角度看 GIS 的分类

- 矢量数据结构 GIS
- 栅格数据结构 GIS
- 混合型数据结构

二、GIS 的构成

GIS 的应用系统由五个主要的元素构成:硬件、软件、数据、人员和方法。

(1) 硬件

硬件就是指操作 GIS 所需的一切计算机资源。如今,GIS 软件可以在很多类型的硬件上运行,从中央计算机服务器到桌面计算机,从单机到网络环境等。一个典型的 GIS 硬件系统除计算机外,还应包括数字化仪、扫描仪、绘图仪、磁带机等外部设备。根据硬件配置规模的不同可分为简单型、基本型和网络型。

图 4-1-1　GIS 的构成

(2) 软件

GIS 软件是指 GIS 运行所必需的各种程序,主要包括计算机系统软件和地理信息系统软件两部分。地理信息系统软件提供所需的存储、分析和显示地理信息的功能和工具。主要的软件部件有:输入和处理地理信息的工具——数据库管理系统;支持地理查询、分析和视觉化的工具;容易使用这些工具的图形用户界面(GUI)。

(3) 数据

一个 GIS 系统中最重要的部件就是数据。空间数据是 GIS 的操作对象,是现实世界经过模型抽象的实质性内容。一个 GIS 应用系统必须建立在准确合理的地理数据基础上。地理数据和相关的表格数据可以自己采集或者从商业数据提供者处购买。GIS 将空间数据和其他数据源的数据集成在一起，而且可以使用那些被大多数公司用来组织和保存数据的数据库管理系统来管理空间数据。

(4) 人员 GIS 技术

如果没有人来管理系统和制订计划并应用于实际问题，GIS 将没有什么价值。人员是地理信息系统中重要的构成要素。GIS 不同于一幅地图，它是一个动态的地理模型，仅有的系统软硬件和数据还不能构成完整的地理信息系统，需要人员进行系统组织、管理、维护和数据更新、系统扩充完善以及应用程序开发，并采用空间分析模型提取多种信息。因此，GIS 应用的关键是掌握实施 GIS 来解决现实问题的人员素质。GIS 的用户范围包括从设计和维护系统的技术专家，到那些使用该系统并完成工作的人员。一个 GIS 系统的运行班子应由项目负责人、信息技术专家、应用专业领域技术专家、若干程序员和操作员组成。

(5) 方法

成功的 GIS 系统，具有良好的设计计划和自己的实施规律，这些本身是规范和方法，而对每一个企业来说则是具体的、独特的操作实践。这里的方法主要是指空间信息的综合分析方法，即常说的应用模型。它是在对专业领域的具体对象与过程进行大量研究的基础上总结出的规律的表示。GIS 应用就是利用这些模型对大量空间数据进行分析综合来解决实际问题的，如基于 GIS 的矿产资源评价模型、灾害评价模型等。

三、GIS 的功能框架及工作流程

从横向上来看，其功能主要是在数据库中进行数据的存储与检索，并对这些信息进行编辑、查询、分析、可视化等展示与交互处理，最终实现制图。

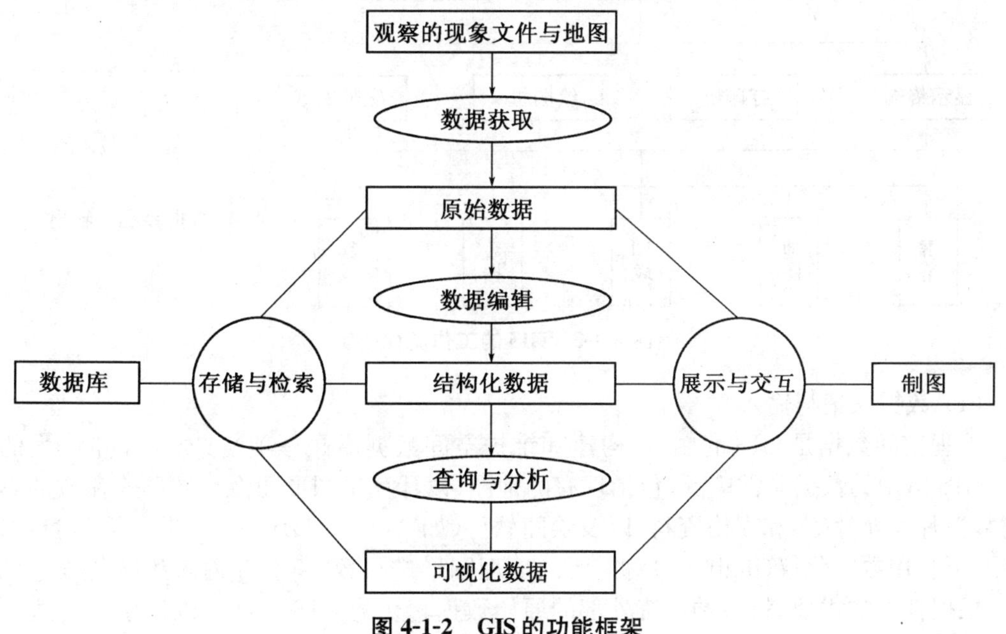

图 4-1-2　GIS 的功能框架

从纵向上来看，其功能主要是通过对现实的文件和地图进行观察，从而获得原始数据，并对这些原始数据进行编辑，使其变成结构化的数据，以方便后期的查询和分析，并转化成可视化的数据供用户使用。

与之相对应的，GIS的工作流程如图所示。一般来说，需要完成以下五个任务或过程：数据采集与输入、数据编辑与处理、数据存储与管理、空间统计与分析、数据显示与输出。

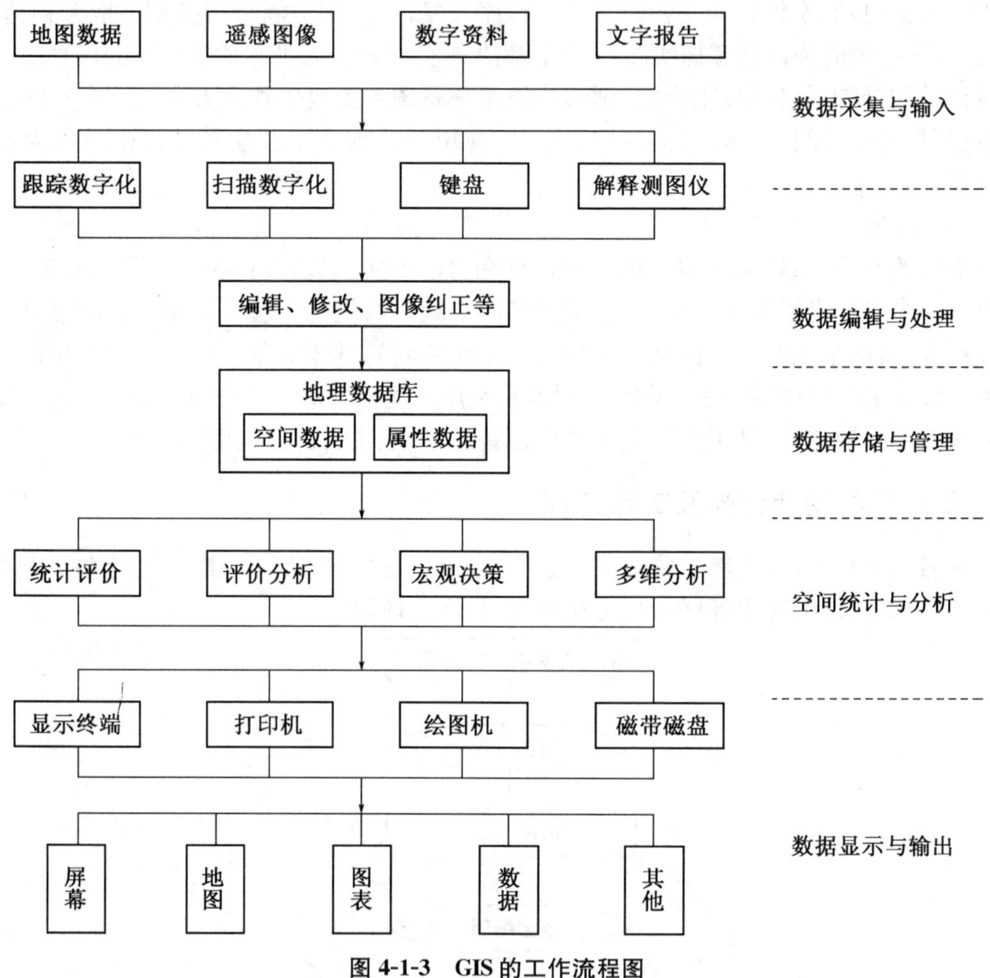

图 4-1-3　GIS的工作流程图

(1) 数据采集与输入

地理空间数据是GIS的血液，构建和维护空间数据库是一项复杂、工作量巨大的工程。GIS可用的数据非常广泛，包括现有的地图、以计算机图形图像文件形式存放的影像资料(卫片及航片等)和表格资料，以及绘图软件(如AutoCAD)绘制的图形等。对现有的地图，可利用数字化仪(digitizer)对需要的地理图形进行数字化，并输入相应的描述性信息。根据任务的需要，将各种系统外部的原始数据转化为GIS软件可以识别的格式并加以利用的过程称为数据采集。数据采集就是保证各层实体的地物要素按顺序转化为X、Y坐标及对应的代码输入到计算机中。通常数据采集的方式有以下几种：通过纸质地图的数字化获取数据；直接通过数字数据获取数据；通过 GPS 采集数据；直接获取坐标数据。数据输入的方法主要有图形数据输入（如管网图的输入）、栅格数据输入（如遥感图像的输入）、测量数据输入（如全球定位系统 GPS 数据的输入）和属性数据输入（如数字和文字的输入）。

(2) 数据编辑与处理

由于 GIS 中的数据类型多种多样，同一种类型数据的质量也可能有很大的差异。为了保证系统数据的规范和统一，建立满足用户需求的数据文件，现代的 GIS 技术提供了许多工具来编辑和处理系统数据。数据处理的任务和操作内容有数据变换、数据重构和数据抽取。

(3) 数据存储与管理

数据存储，即将数据以某种格式记录在计算机内部或外部存储介质上。数据管理一般直接利用商用关系数据库软件，如 Oracle、SQL Sever、Fox Base、Fox Pro 等进行管理。但是，当数据量很大而且是多个用户同时使用数据时，最好使用一个数据库管理系统(DBMS)来帮助存储、组织和管理空间数据。

(4) 空间统计与分析

空间统计与分析是 GIS 的核心，是 GIS 最重要和最具有魅力的功能。其以地理事物的空间位置和形态特征为基础，以空间数据与属性数据的综合运算（如数据格式转换、矢量数据叠合、栅格数据叠加、算术运算、关系运算、逻辑运算、函数运算等）为特征，提取与产生空间的信息。

(5) 数据显示与输出

GIS 并不以图形或图像文件的形式保存地图，而是存储着地图元件的空间信息数据库和描述性信息数据库。在显示数字地图时，GIS 能实时地访问空间信息数据库并读取其中的数据进行分析处理，然后在计算机屏幕上显示出相应的图形。数据显示是中间处理过程和最终结果的屏幕显示，通常以人机交互方式来选择显示的对象与形式。对于图形数据，根据要素的信息量和密集程度，可选择放大或缩小显示，还可以按自己的爱好对版面重新安排，如标题字体、字号、颜色，图例大小、位置，比例尺的样式、位置等，甚至还可以添加或删除某些成分。GIS 不仅可以输出全要素地图，还可以根据用户需要，分层输出各种专题图、各类统计图、图表及数据等。

地理信息系统输出产品的类型通常有地图、图像、统计图表等形式。

四、GIS 在物流中的应用

GIS 应用遍及金融、电信、交通、国土资源、电力、水利、农林、环境保护、地矿等国民经济领域。

GIS 在物流领域中的应用主要是利用 GIS 强大的地理数据功能来完善物流分析技术，合理调整物流路线和流量，合理设置仓储设施，科学调配运力，提高物流业的效率。目前已开发出了专门的物流分析软件用于物流分析。完整的 GIS 物流分析软件集成了车辆路线模型、最短路径模型、网络物流模型、分配集合模型和设施定位模型等。

1. 车辆路线模型

车辆路线模型用于研究解决在一个起始点、多个终点的货物运输中，如何降低物流作业费用，并保证服务质量的问题，包括决定使用多少辆车、每辆车的行驶路线等。

2. 网络物流模型

网络物流模型用于解决寻求最有效的分配货物路径问题，也就是物流网点布局问题，如将货物从 n 个仓库运到 m 个商店，每个商店都有固定的需求量，因此需要确定由哪个仓库提货送给哪个商店，使得运输代价最小。

3. 分配集合模型

分配集合模型可以根据各个要素的相似点把同一层上所有或部分要素分成几个组，用以解决确定服务范围和销售市场范围等问题，如某一公司要设立 x 个分销店，要求这些分销店要覆盖某一地区，而且要使每个分销店的顾客数目大致相等。

4. 设施定位模型

设施定位模型用于确定一个或多个设施的位置。在物流系统中，仓库和运输线共同组成了物流网络，仓库处于网络的节点上，节点决定着线路，如何根据供求的实际需要并结合经济效益的原则，在既定区域内设立多少仓库、每个仓库的位置、每个仓库的规模以及仓库之间的物流关系等，运用此模型均能很容易地得到解决。

我国将 GIS 运用于物流分析和物流研究中，目前还处于起步阶段。

☺ 任务实施

一、实验准备

软件准备：Arc GIS　Desktop 9. x—Arc Map(3D 分析模块)

实验数据：矢量图层：高程点 Elevpt_Clip. shp，高程 Elev_Clip. shp，边界 Boundary. shp，洱海 Erhai. shp

二、实验内容及步骤

步骤一：TIN 及 DEM 生成

1.1　有高程点、等高线矢量数据生成 TIN 转为 DEM

在 Arc Map 中新建一个地图文档

(1) 添加矢量数据：Elevpt_Clip、Elev_Clip、Boundary、Erhai(同时选中：在点击的同时按住 Shift)。

(2) 激活“3D Analyst”扩展模块(执行菜单命令[工具]>>[扩展]，在出现的对话框中选中 3D 分析模块)，在工具栏空白区域点右键打开[3D 分析]工具栏。

(3) 执行工具栏[3D 分析]中的菜单命令[3D 分析]>>[创建/修改 TIN]>>[从要素生成 TIN]。

(4) 在对话框[从要素生成 TIN 中]中定义每个图层的数据使用方式。

在[从要素生成 TIN 中]对话框中，在需要参与构造 TIN 的图层名称前的检查框上打上钩，指定每个图层中的一个字段作为高度源(Height Source)，设定三角网特征输入(Input as)方式。可以选定某一个值的字段作为属性信息(可以为 None)。在这里指定图层[Erhai]的参数:[三角网作为:]指定为[硬替换],其他图层参数使用默认值即可。

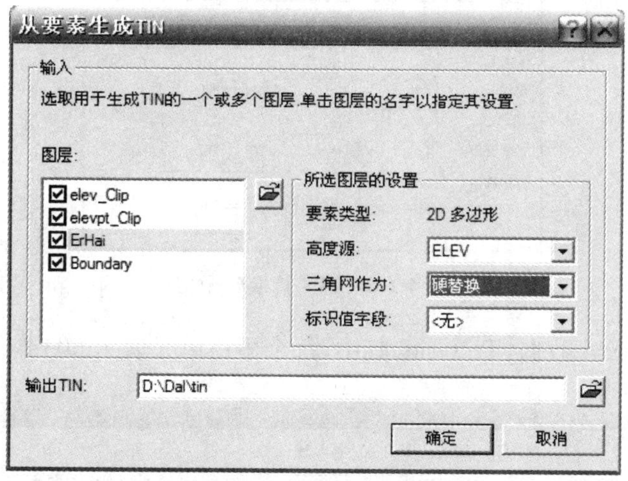

图 4-1-4　从要素生成 TIN

(5) 确定生成文件的名称及其路径,生成新的图层 tin,在 TOC(内容列表)中关闭除[TIN]和[Erhai]之外的其他图层的显示,设置 TIN 的图层(符号)得到如下的效果。

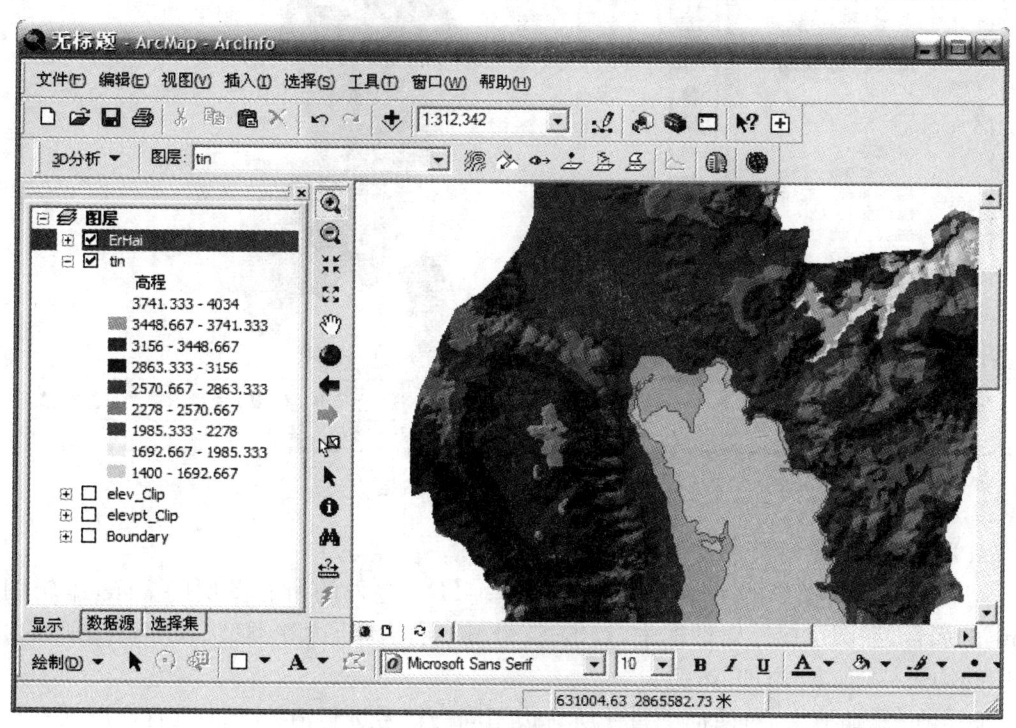

图 4-1-5　生成新图层 TIN

(6) 执行工具栏[3D 分析]中的命令[转换]>>[TIN 转换到栅格],指定相关参数—属性:[高程],像素大小:[50],输出栅格的位置和名称:[TinGrid]

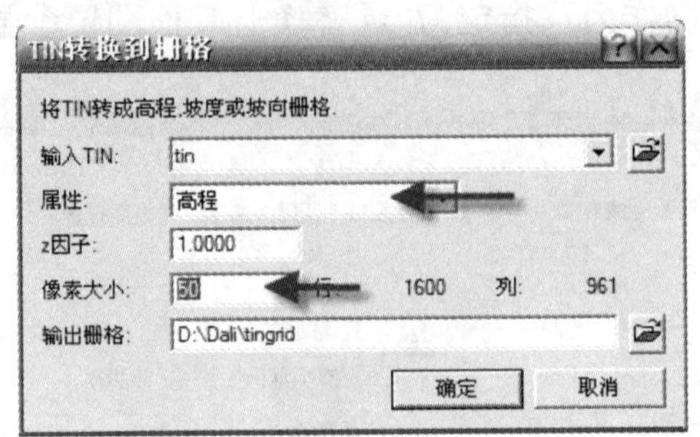

图 4-1-6 TIN 转换到栅格

确定后得到 DEM 数据:TinGrid,其中,每个栅格单元表示 50 m×50 m 的区域。

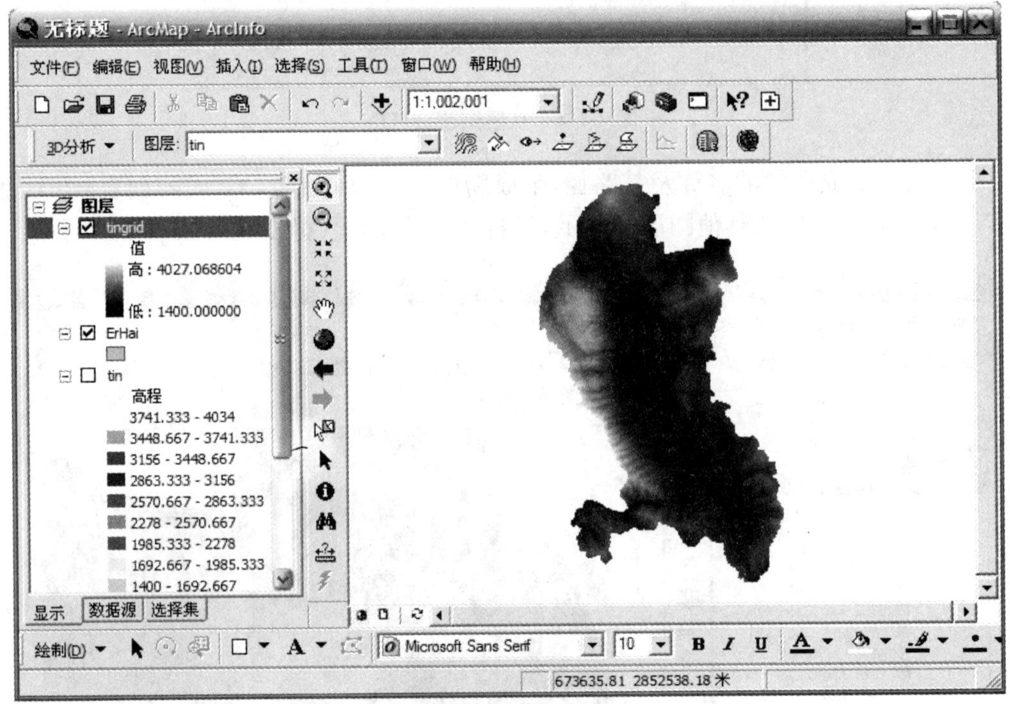

图 4-1-7 得到 DEM 数据

1.2 TIN 的显示及应用

(1) 在上一步操作的基础上进行,关闭除[TIN]之外的所有图层的显示,编辑图层[tin]的属性,在图层属性对话框中,点击[符号]选项页,将[边界类型]和[高程]前面检查框中的钩去掉;点击[添加]按钮。

(2) 在[添加渲染]对话框中,将[所有边用同一符号进行渲染]和[所有点用同一符号进行渲染]这两项添加到 TIN 的显示列表中。

(3) 将 TIN 图层局部放大,认真理解 TIN 的存储模式及显示方式。

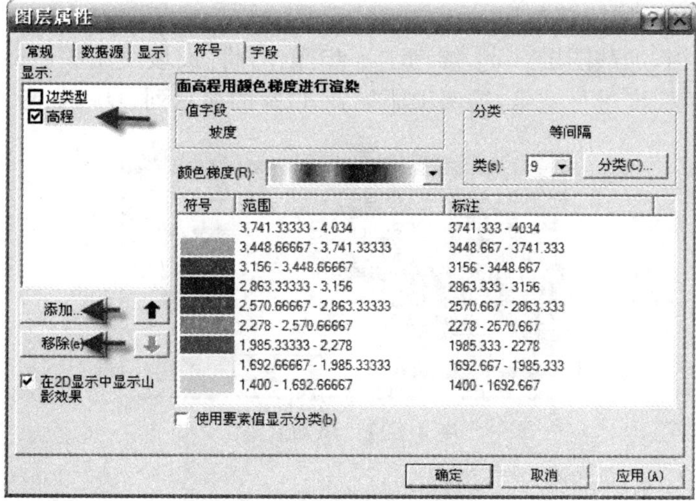

图 4-1-8 编辑 TIN 图层

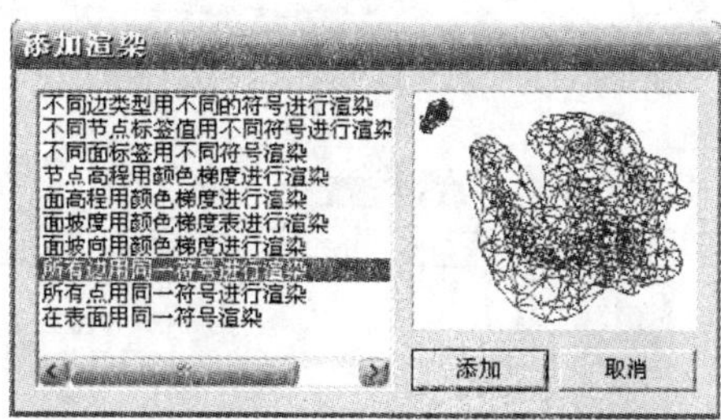

图 4-1-9 添加渲染

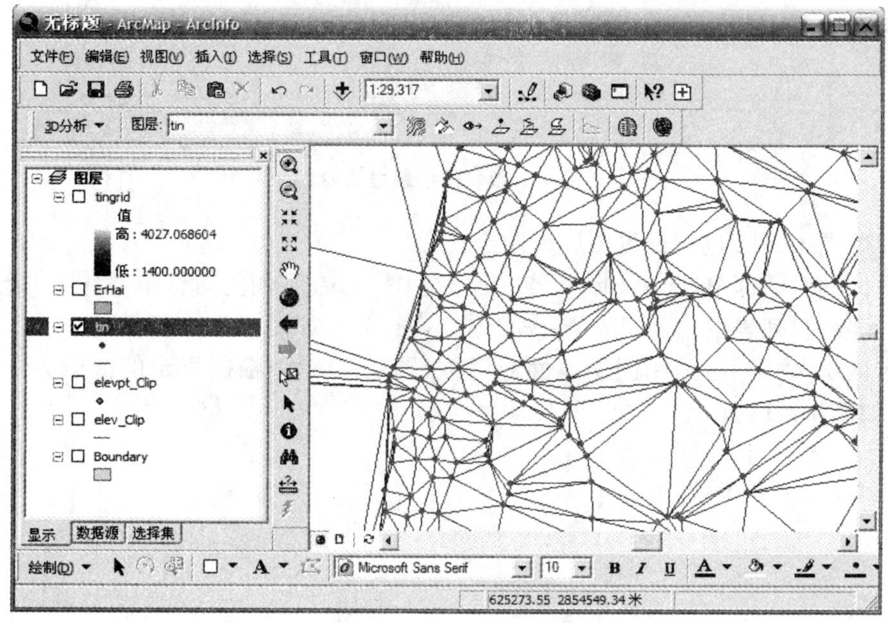

图 4-1-10 TIN 图层局部放大

(4) TIN 转换为坡度多边形。

新建地图文档,加载图层[tin],参考上一步操作,将[面坡度用颜色梯度表进行渲染]和[面坡向用颜色梯度进行渲染]这两项添加到 TIN 的显示列表中,如图 4-1-11 所示。

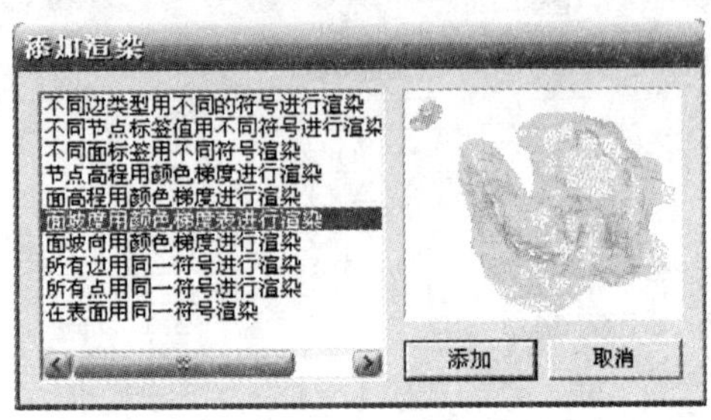

图 4-1-11　添加渲染

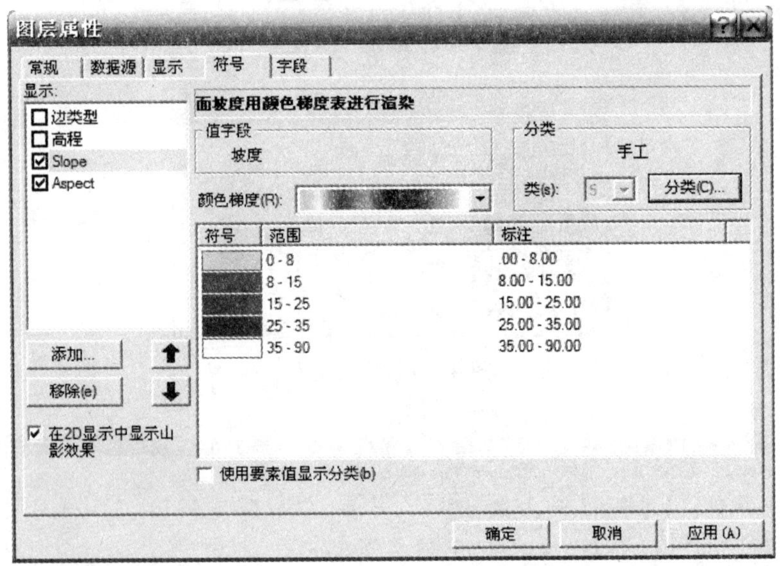

图 4-1-12　图层属性设置

请参照图 4-1-12 进行设置图层属性:

在上面的对话框中,选中 Slope,点击[分类]按钮,在下面的对框中,将[类]指定为 5,然后在[间隔值]列表中输入间隔值:[8,15,25,35,90],如图 4-1-13 所示。

点击两次[确定]后关闭图层属性对话框,图层[tin]将根据指定的渲染方式进行渲染,效果如图 4-1-14 所示。

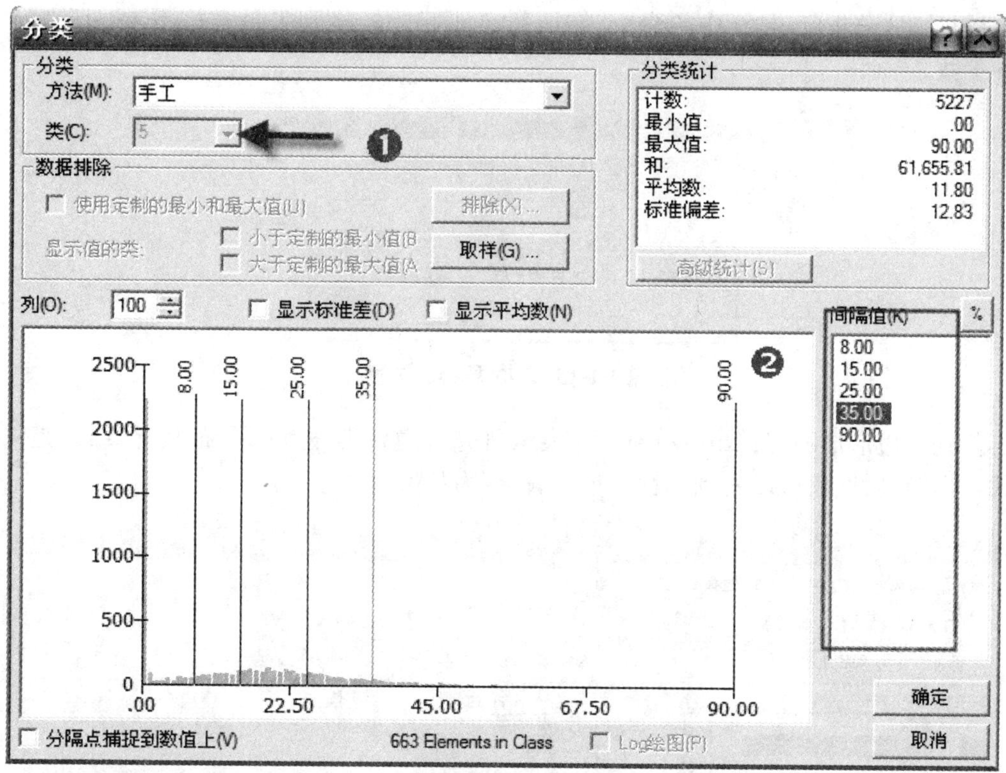

图 4-1-13　分类

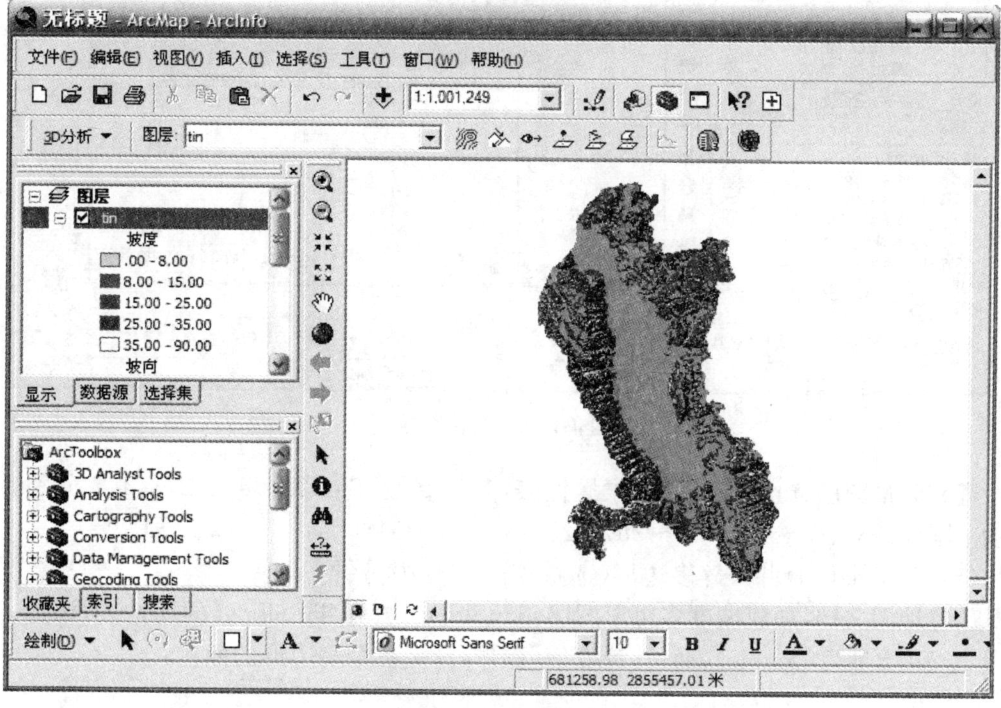

图 4-1-14　渲染效果

执行[3D分析]工具栏中的命令[转换]>>[TIN转换到矢量]，按图4-1-15所示指定各参数。

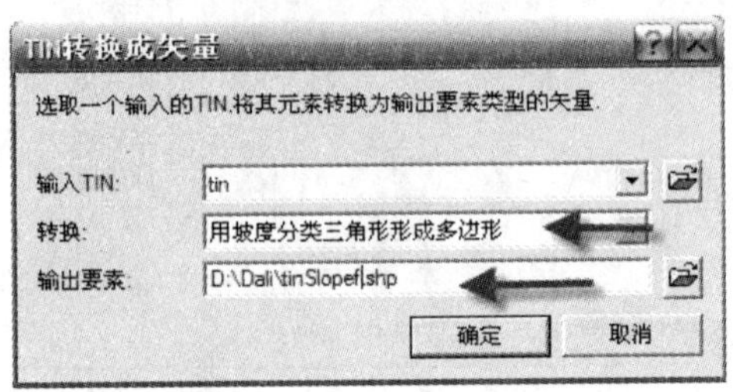

图4-1-15　TIN转换成矢量

得到多边形形图层：[tinSlopef]，它表示研究区内各类坡度的分布状况，结果是矢量格式，打开其属性表可以看到属性[SlopeCode]为数值[1,2,3,4,5]。

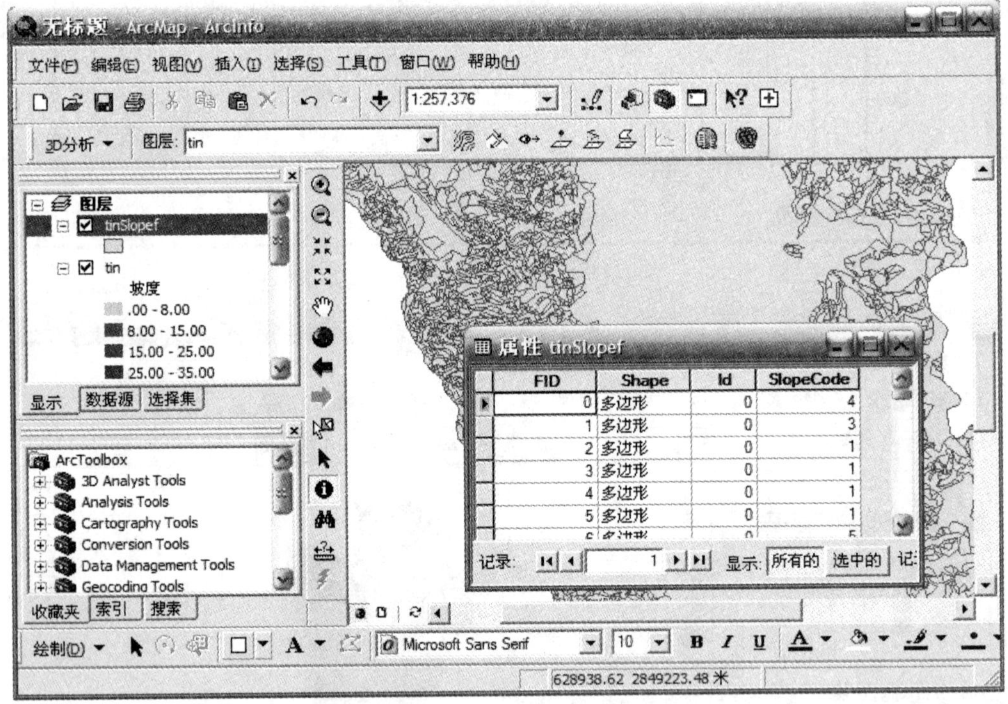

图4-1-16　属性查看

查看矢量图层：tinSlopef中要素属性表，其中属性[SlopeCode]1,2,3,4,5分别表示坡度范围(0～8)、(8～15)、(15～25)、(25～35)、(>35)

(5) Eliminate合并破碎多边形(选做，需要8～10分钟)。

新建地图文档，加载坡度多边形图层：TinSlopef，打开TinSlopef的属性表，添加一个字段Area(类型为Double)，通过[计算值]操作，计算各个多边形的面积：

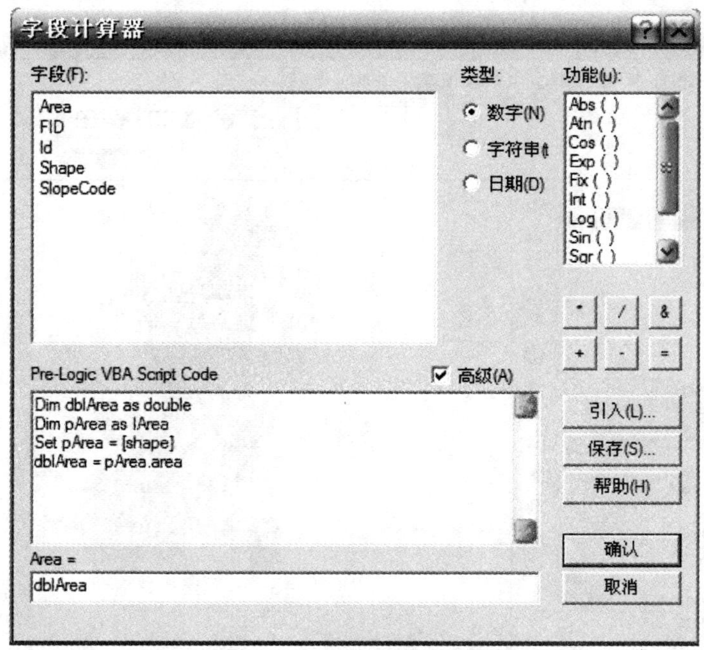

图 4-1-17　字段计算器

选中高级，输入 VBA 代码到[Pre-Logic VBA Script Code]，输入变量[dblArea]到[Area=]下的输入框中。[Pre-Logic VBA Script Code]框中代码如下：

```
dim dblArea as double
dim pArea as IArea
set pArea=[Shape]
dblArea=pArea. Area
```

以下的操作将会把面积小于10 000平方米的多边形合并到周围与之有最长公共边的多边形中：

执行菜单命令[选择]>>[通过属性选择]，查询"Area"<=10 000(平方米)的图斑。

被选中的多边形以高亮方式显示，这些小的图斑将会被合并到与之相邻且有最大公共边的多边形中。当然也可以选择合并到相邻的面积最大的多边形中。

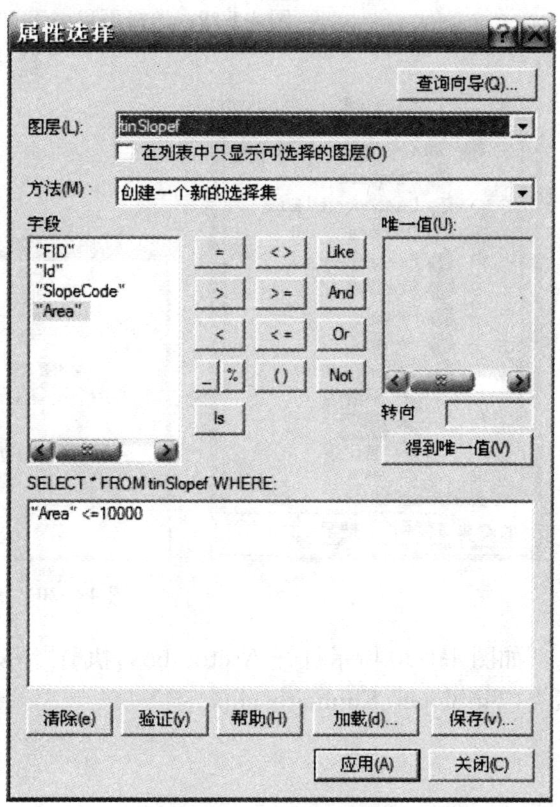

图 4-1-18　属性选择

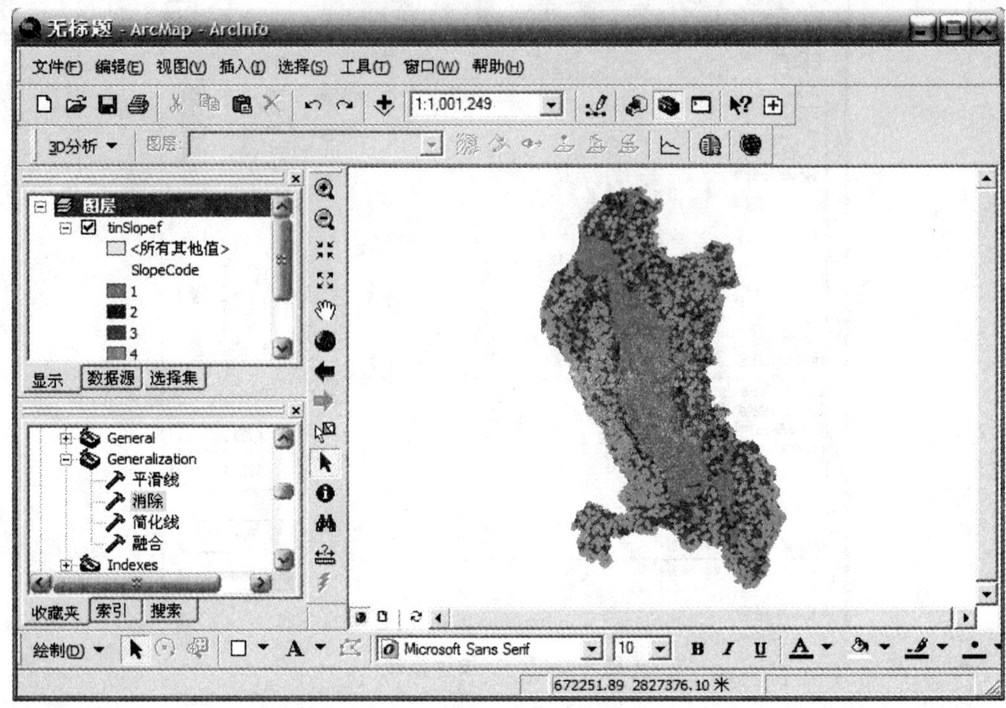

图 4-1-19 选择面积小于 10 000 平方米的图斑

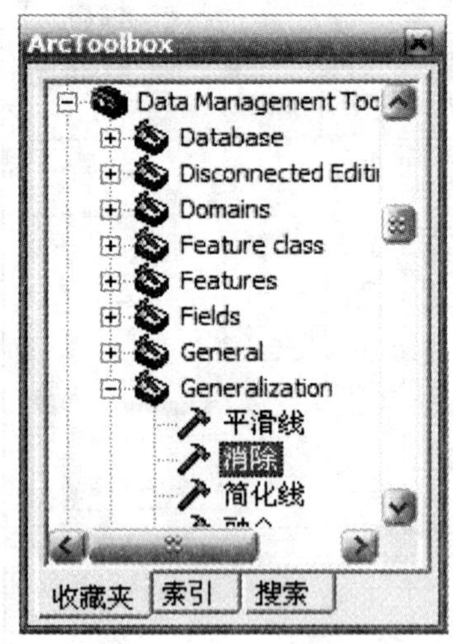

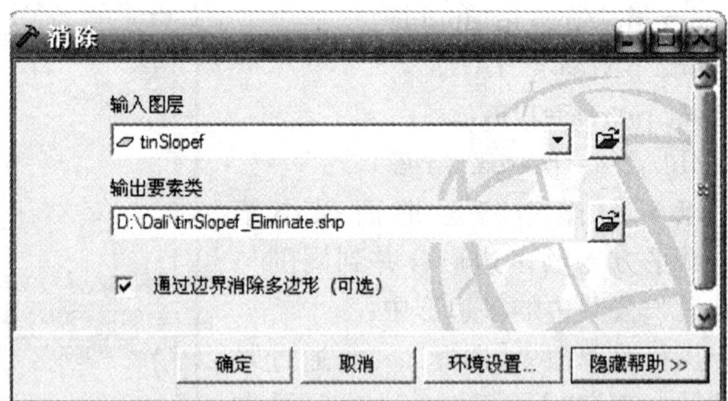

图 4-1-20 消除

如图 4-1-20 所示打开 Arctoolbox，执行[消除]命令，指定输入图层：tinSlopef，输出要素类：TinSlopef_Elminate. shp

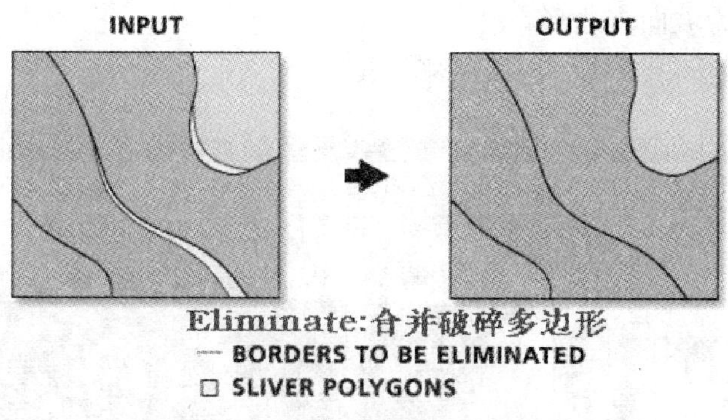

图 4-1-21　合并破碎多边形操作原理

将地图适当放大，比较原始图层：tinSlopef 与合并后的图层：tinSlopef_Eliminate

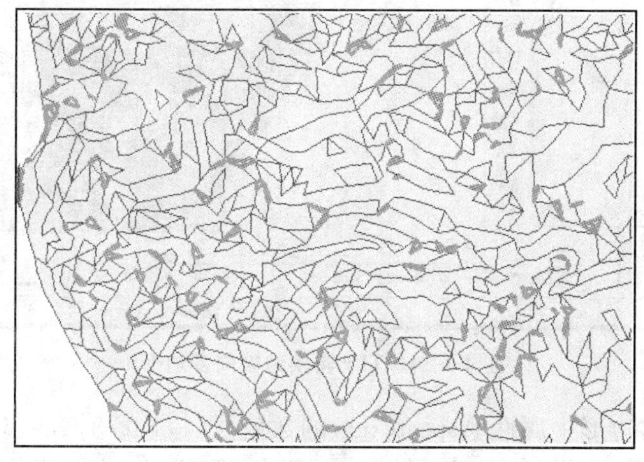

图 4-1-22　原始多边形

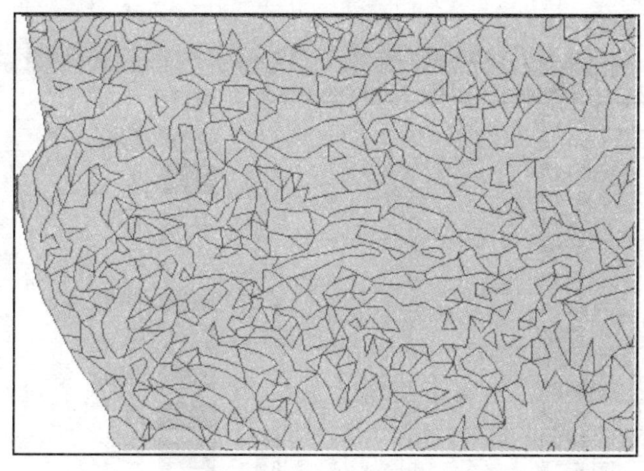

图 4-1-23　合并后多边形

选中的（面积＜＝10 000 m^2）多边形被合并到与之相邻的面积最大的多边形中。

(6) TIN 转换为坡向多边形。

参照以上第(4)步,得到坡向多边形图层。

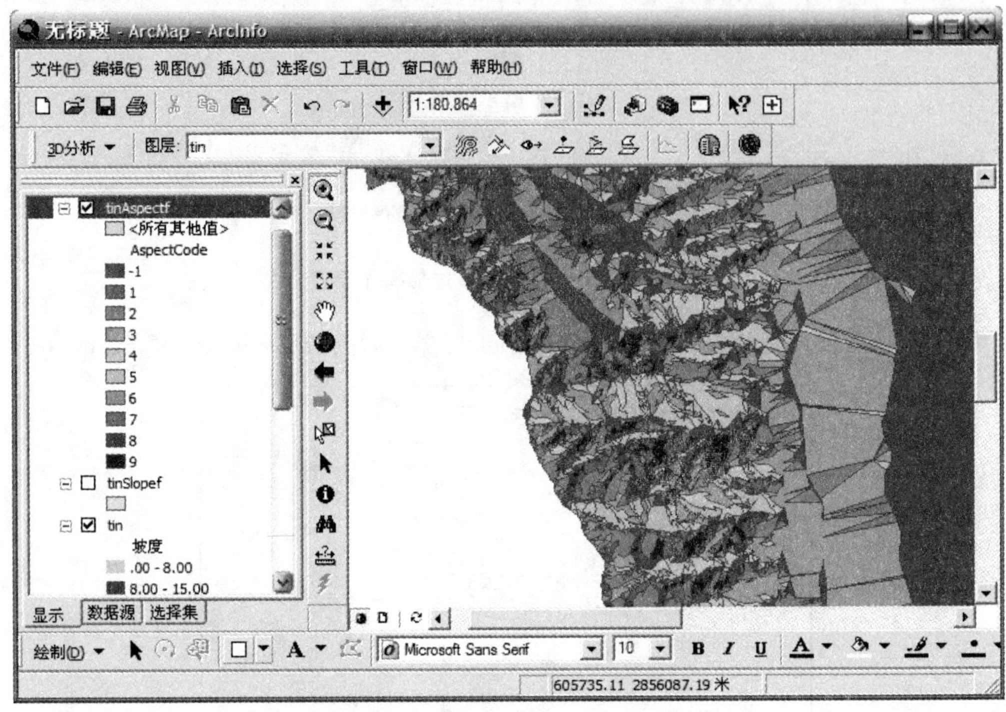

图 4-1-24 TIN 转换为坡向多边形

得到的坡向多边形中属性 AspectCode 的数值(-1,1,2,3,4,5,6,7,8,9)分别表示当前图斑的坡向(平坦、北、东北、东、东南、南、西南、西、西北、北),其中 1,9 是相同的可以合并为 1。

属性 tinAspectf

FID	Shape	Id	AspectCode
0	多边形	0	5
1	多边形	0	8
2	多边形	0	-1
3	多边形	0	-1
4	多边形	0	-1
5	多边形	0	-1
6	多边形	0	8
7	多边形	0	8
8	多边形	0	2
9	多边形	0	7
10	多边形	0	8
11	多边形	0	-1
12	多边形	0	5
13	多边形	0	8
14	多边形	0	8

坡向

平坦 -1
北
东北
东
东南
南
西南
西
西北
北 9

记录: 1 显示: 所有的 选中的 记录 (0 out of 21766 选中的.)

图 4-1-25 属性

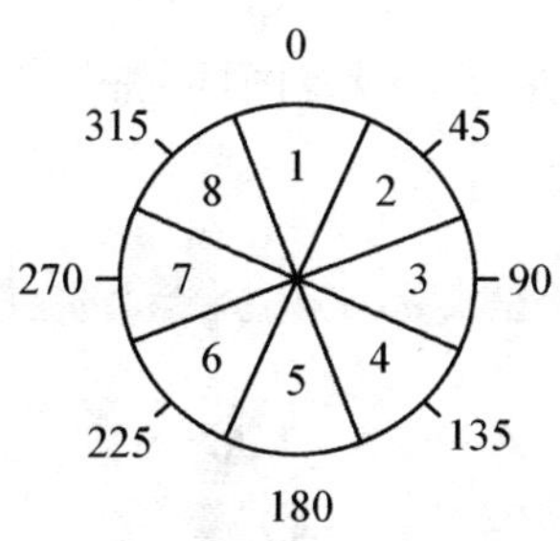

符号	范围	标注
	0 - 22.5	北
	22.5 - 67.5	东北
	67.5 - 112.5	东
	112.5 - 157.5	东南
	157.5 - 202.5	南
	202.5 - 247.5	西南
	247.5 - 292.5	西
	292.5 - 337.5	西北
	337.5 - 360	北

图 4-1-26　属性值

步骤二：应用 DEM

2.1　坡度：Slope

(1) 新建地图文档，加载[1.1(6)]中得到的 DEM 数据：TINGrid

(2) 加载 3D 分析扩展模块，打开[3D 分析]工具栏，执行菜单命令[3D 分析]>>[表面分析]>>[坡度]，参照右图所示，指定各参数。

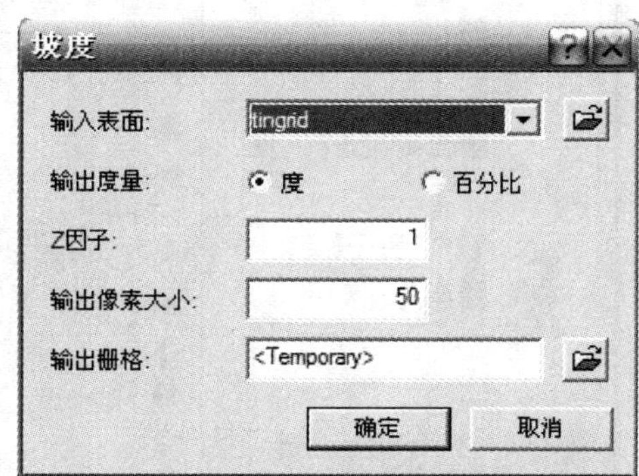

图 4-1-27　坡度

(3) 得到坡度栅格 slope of TinGrid：

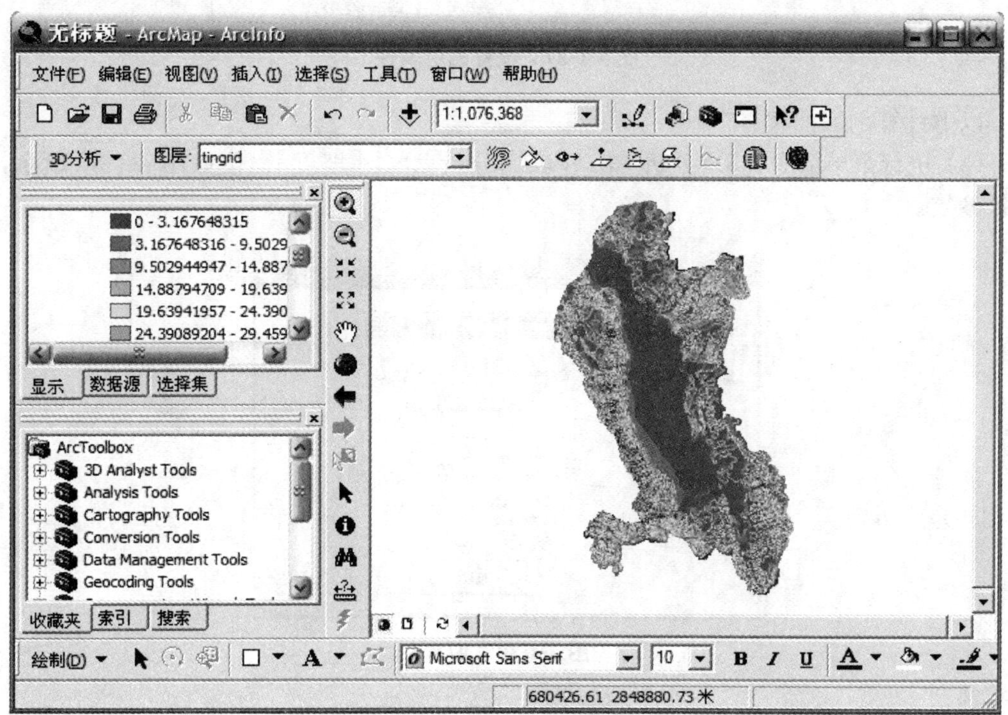

图 4-1-28　坡度栅格

坡度栅格中,栅格单元的值在[0～90]变化。

(4) 右键点击图层[Slope of tingrid],执行[属性命令],设置图层[符号],重新调整坡度分级(参考[1.2(4)]中的步骤进行分类)。

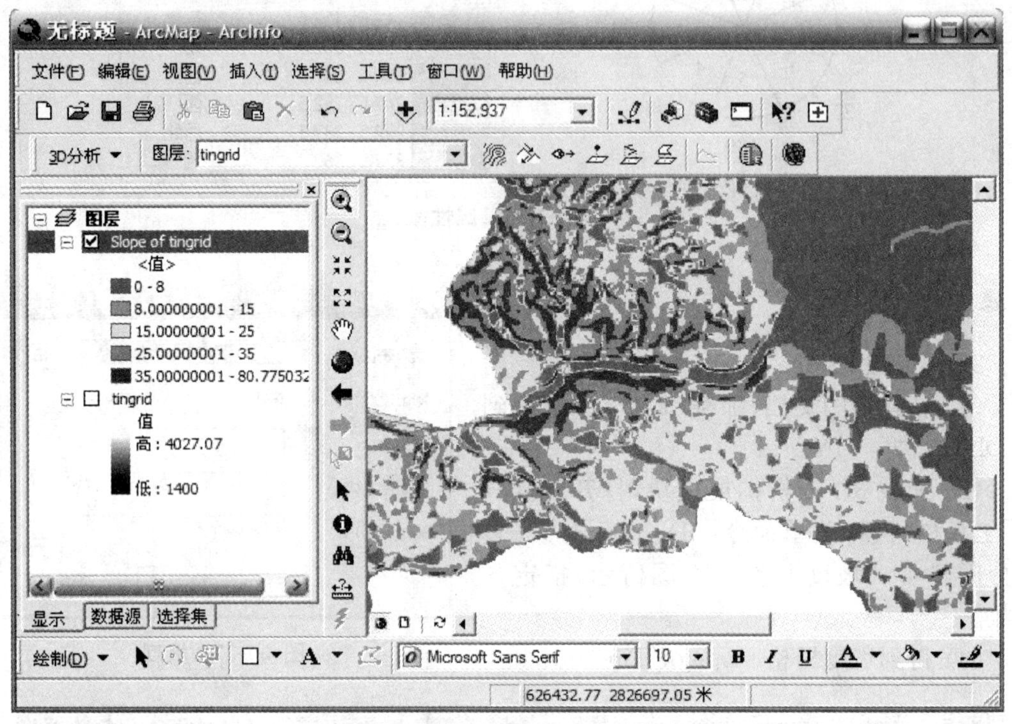

图 4-1-29 设置图层属性

以下计算剖面曲率:

(5) 执行菜单命令:[3D 分析]>>[表面分析]>>[坡度]。按如图 4-1-30 所示,指定各参数:

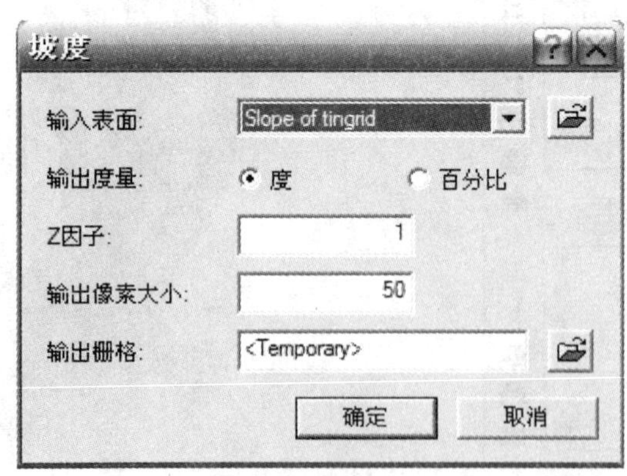

图 4-1-30 坡度

（6）得到剖面曲率栅格：[Slope of Slope of tingrid]

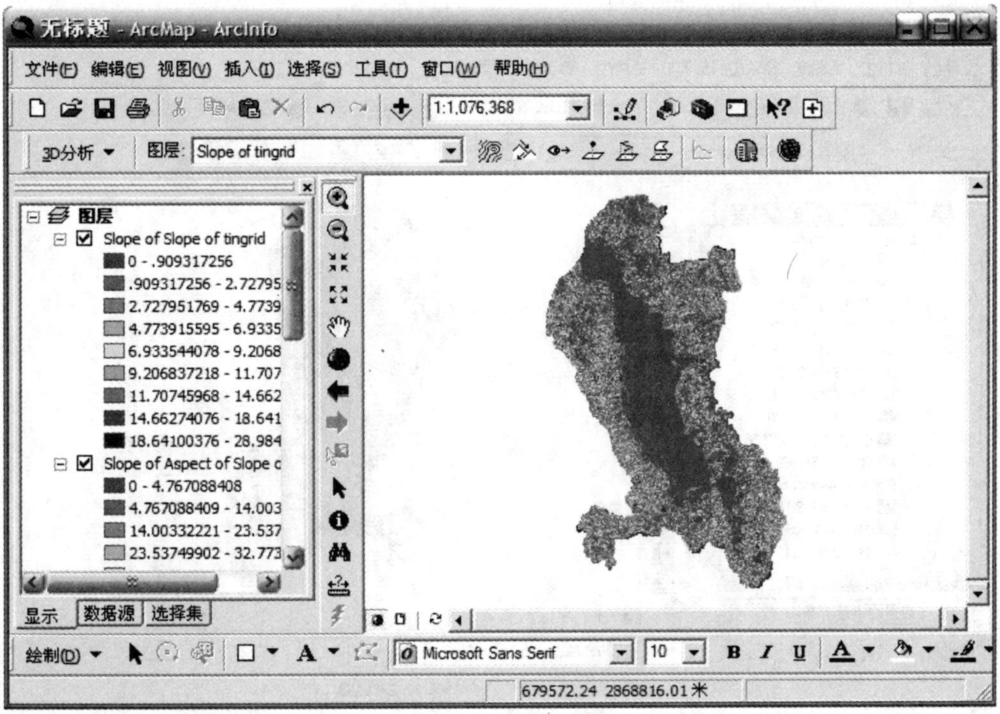

图 4-1-31　剖面栅格曲率

2.2　坡向：Aspect

（1）在上一步的基础上进行，关闭[Slope of tingrid]的显示。

（2）执行菜单命令：[3D 分析]＞＞[表面分析]＞＞[坡向]，按图 4-1-32 所示，指定各参数：

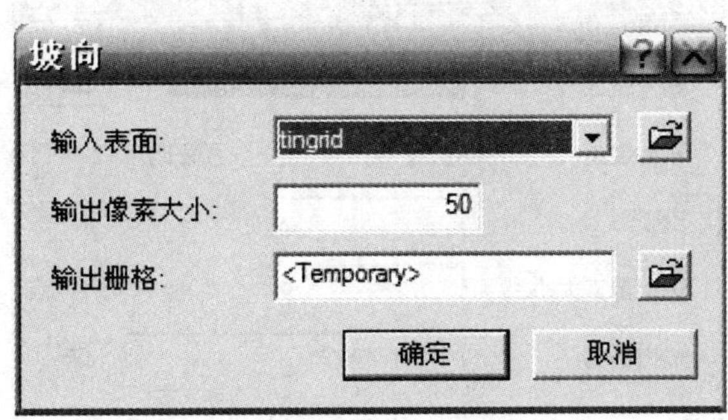

图 4-1-32　坡向

(3) 得到坡向栅格:[Aspect of tingrid]

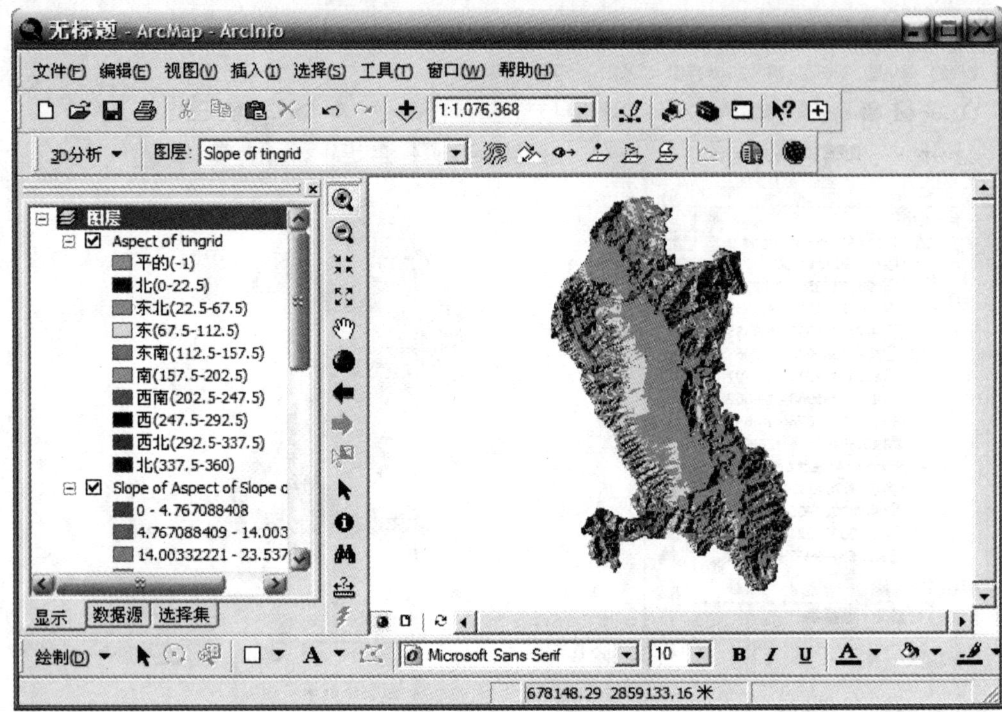

图 4-1-33　坡向栅格

以下计算平面曲率:

(4) 执行菜单命令:[3D分析]>>[表面分析]>>[坡度],按图 4-1-34 所示指定各参数:

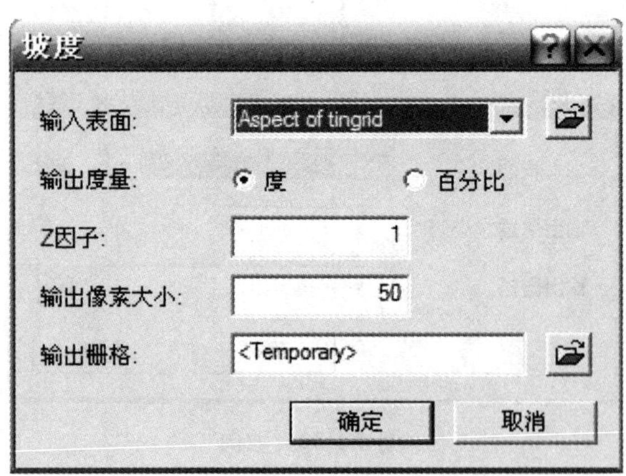

图 4-1-34　坡度

(5) 生成平面曲率栅格:[Slope of Aspect of tingrid]

图 4-1-35　生成平面曲率栅格

2.3　提取等高线

(1) 新建地图文档,加载 DEM 数据:[tingrid]。〔在执行以下操作时确保,3D 分析扩展模块已激活〕

打开 Arctoolbox,执行命令:[3D Analyst Tools]>>[Raster Surface]>>[等高线],按图 4-1-36 所示指定各参数。

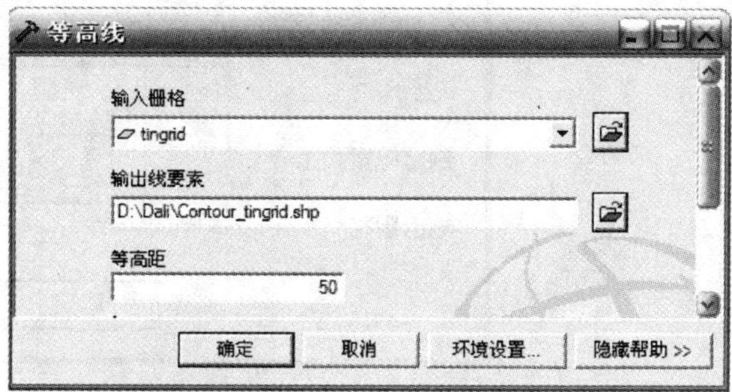

图 4-1-36　指定等高线参数

(2) 生成等高线矢量图层:Contour_tingrid

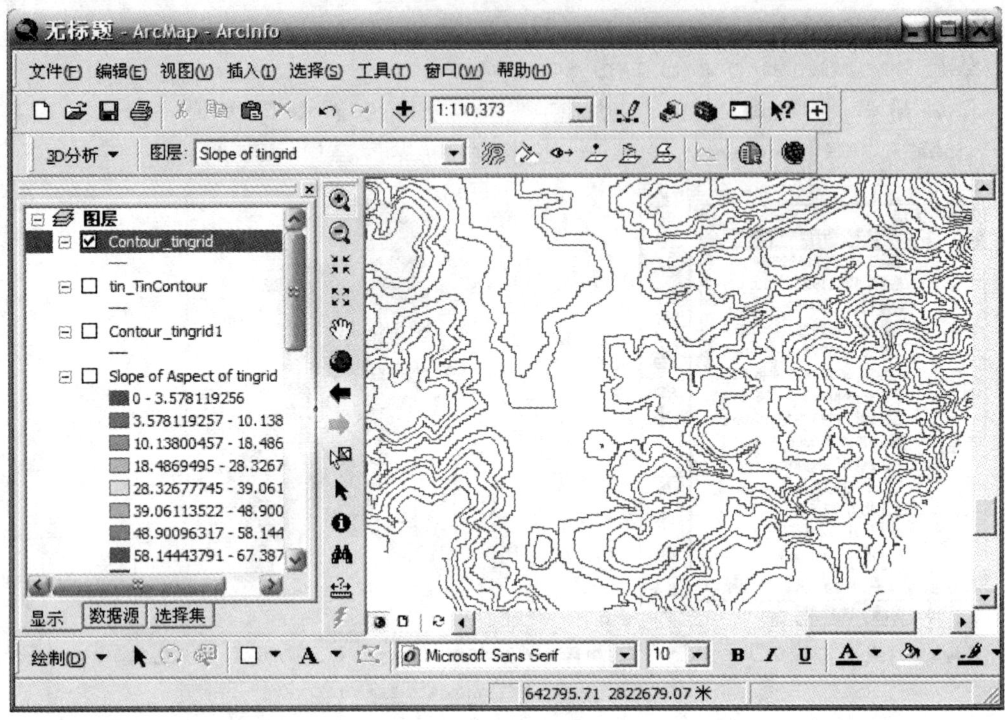

图 4-1-37 等高线矢量图

2.4 计算地形表面的阴影图

(1) 在上一步基础上进行,打开[3D分析]工具栏。

(2) 执行菜单命令:[3D分析]>>[表面分析]>>[山影],按图 4-1-38 所示指定各参数:

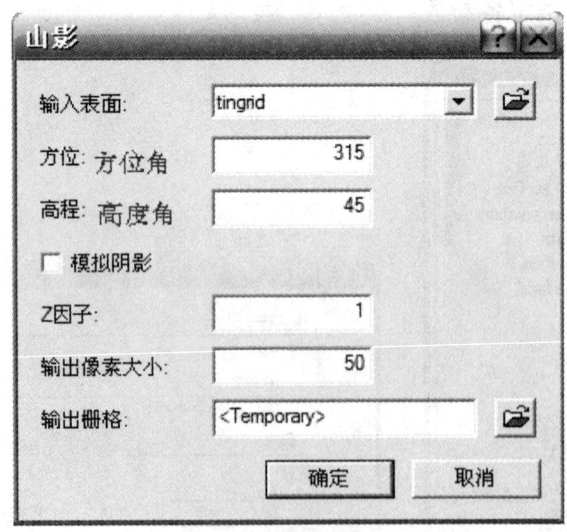

图 4-1-38 山影参数设置

(3) 生成地表阴影栅格:[Hillshade of tin Grid]

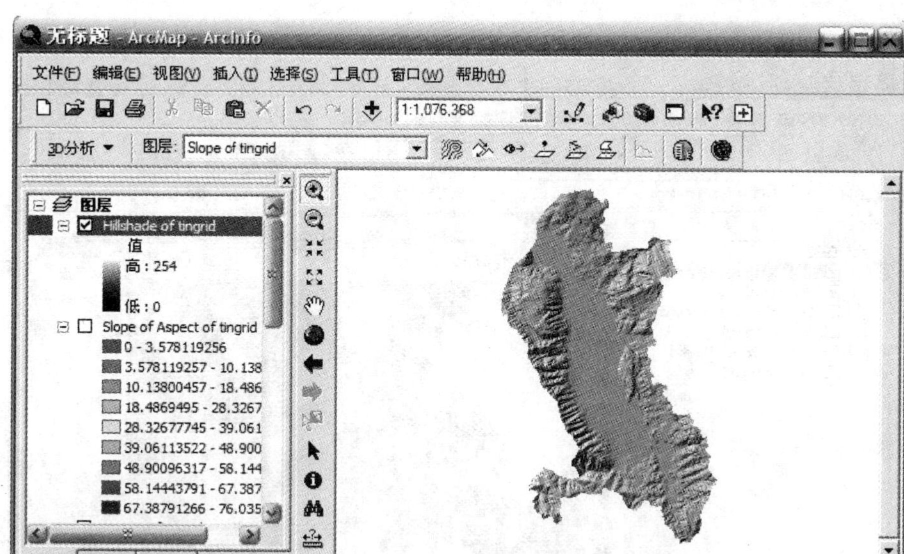

图 4-1-39　地表阴影栅格

(4) DEM 渲染:

如图 4-1-41 所示,关闭除[tingrid]和[Hillshade of tingrid]以外所有图层的显示,并将[tingrid]置于[Hillshade of tirngrid]之上,右键点击[tingrid],在出现的右键菜单中执行[属性],在[图层属性]对话框中,参照图 4-1-40 所示设置[符号]选项页中颜色。

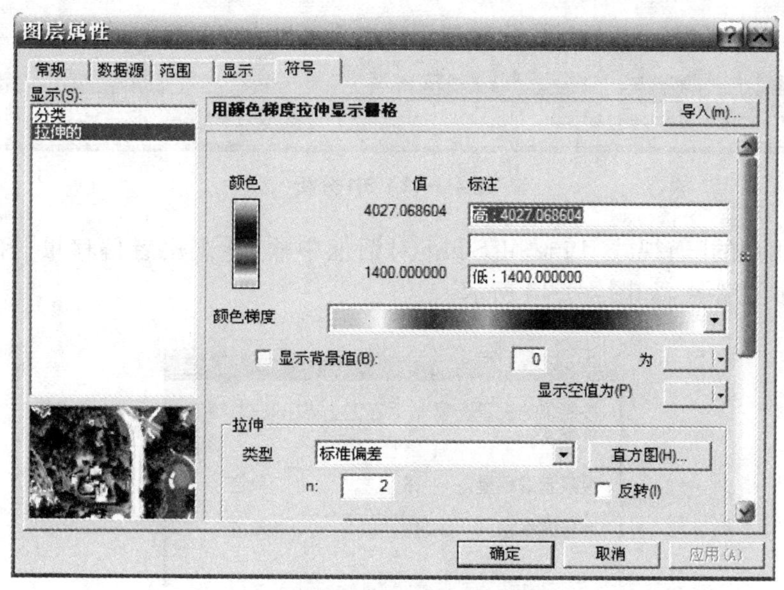

图 4-1-40　图层属性

打开工具栏[效果]，如图 4-1-41 所示，设置栅格图层[tingrid]的透明度为：[40%]左右。

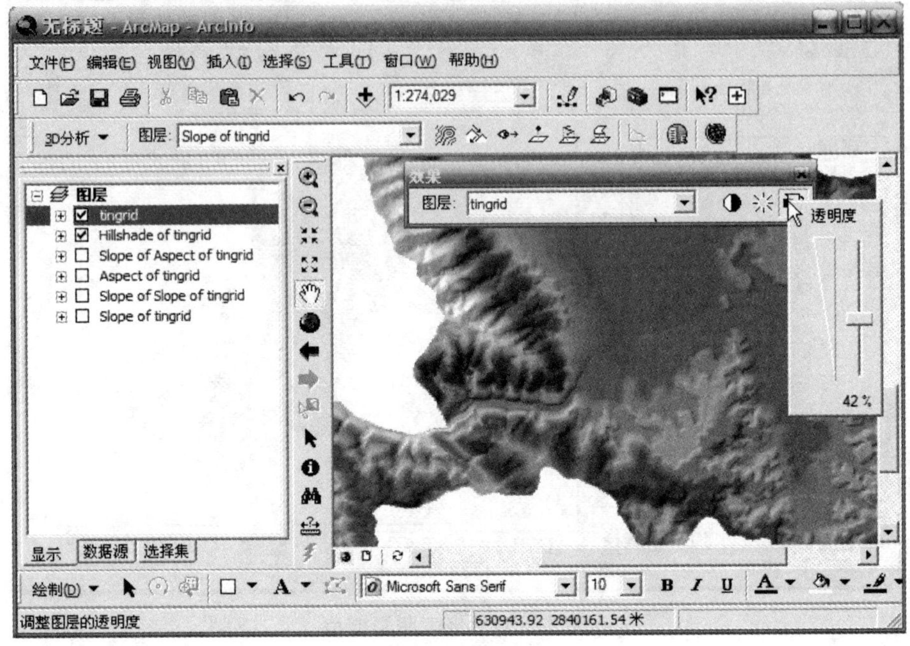

图 4-1-41　设置图层栅格属性

2.5　可视性分析

A. 通视性分析

(1) 在上一步的基础上进行，打开[3D 分析]工具栏，从工具栏选择[通视线](Line of sight)工具：

图 4-1-42　3D 分析

(2) 在出现的[通视线]Line of Sight 对话框中输入[观察者偏移量]和[目标偏移量]，即距地面的距离，如图 4-1-43 所示：

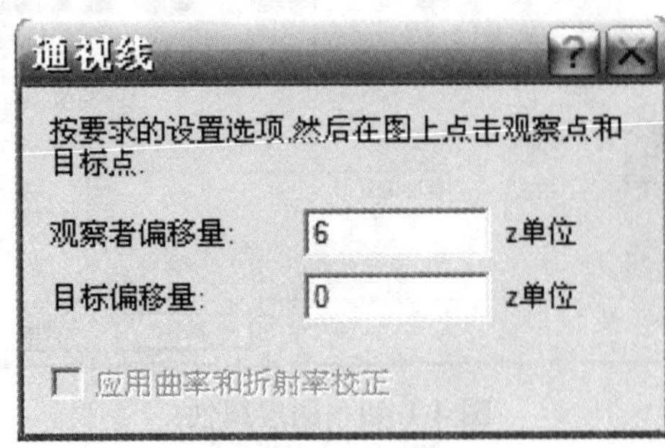

图 4-1-43　通视线

在地图显示区中从某点[A]沿不同方向绘制多条直线，可以得到观察点[A]到不同目标点的通视性，如图 4-1-44 所示。

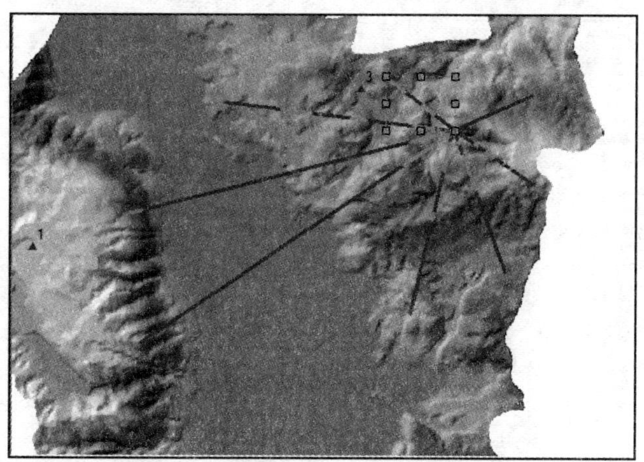

图 4-1-44　通视性

绿色线段表示可视的部分，红色线段表示不可见部分。

B. 可视区分析：移动发射基站信号覆盖分析

(1) 在上一步基础上进行，在内容列表区[TOC]中关闭除[tingrid]之外的所有图层，加载移动基站数据一矢量图层：[移动基站. shp]

(2) 在[3D 分析]工具栏中，执行菜单命令：[3D 分析]>>[表面分析]>>[视域]，按图 4-1-45 所示指定各参数：

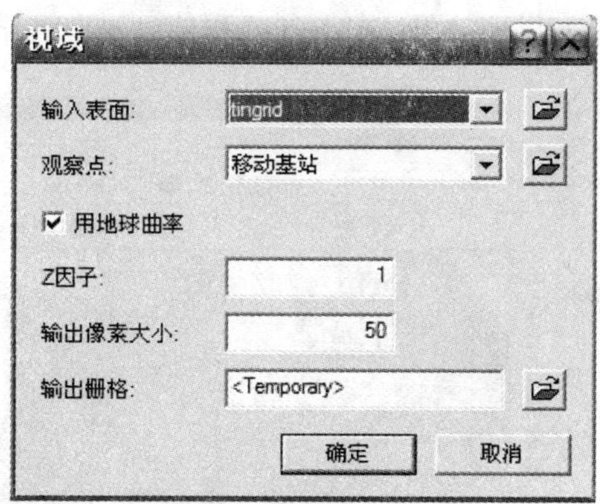

图 4-1-45　视域

(3) 生成可视区栅格：[ViewShed of 移动基站]

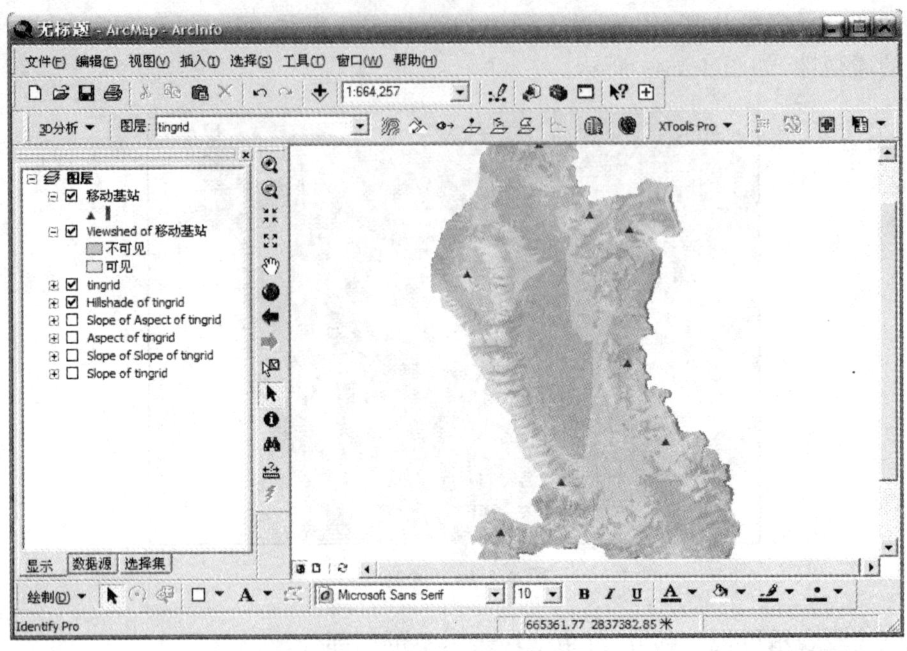

图 4-1-46 可视区栅格

其中,绿色表示现有发射基站信号已覆盖的区域,淡红色表示无法接收到手机信号的区域。

2.6 地形剖面

(1) 在上一步基础上进行,打开[3D 分析]工具栏,点击[插入线]工具,跟踪一条线段,这条线段可以从 DEM:[TINGRID]中得到高程值。

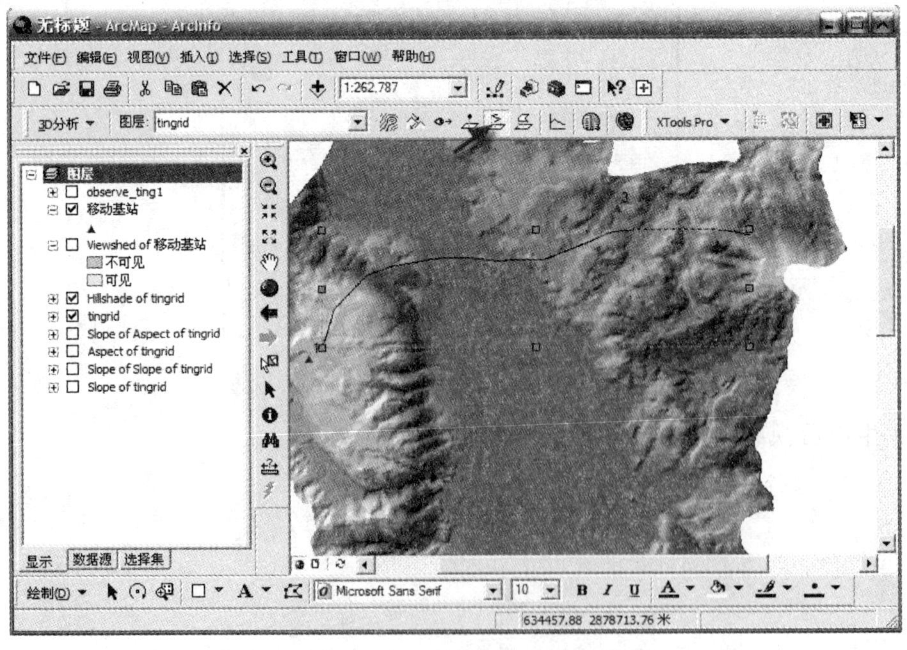

图 4-1-47 地形剖面高程值

(2) 点击[创建剖面图]按钮，得到上一步所生成的3D线段的剖面图：

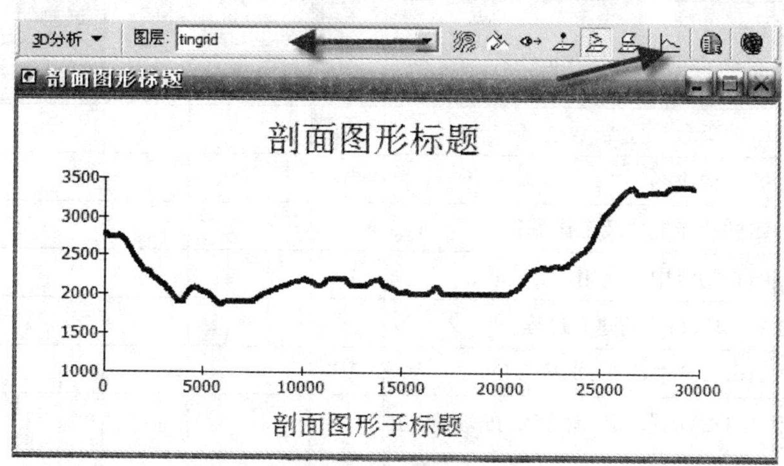

图 4-1-48　剖面图形子标题

步骤三：实验报告要求

分析并理解实验过程，将所做工作做出书面报告并打印，内容包括原理、过程、结果。

任务拓展

小丁担任物流公司的信息技术部经理，对物流信息技术非常了解，现在发达国家的许多物流公司正积极准备进入中国，而小丁所在的物流公司信息化水平还很低。公司如果不迅速提高物流信息化水平，在同国外先进物流公司竞争中，最终可能会被淘汰。GIS技术现在被许多国外物流公司采用，并产生积极影响，小丁正准备给公司老总写报告介绍GIS，以期待在公司开展GIS的应用工作。

问题：

(1) 什么是GIS？它为什么让小丁如此期待？

(2) GIS技术的应用能够给企业带来怎样的优势？

任务评价

考核项目	考核内容及要求	分值	学生自评(10%)	小组评分(20%)	教师评分(50%)	专家评价(20%)	实际得分
职业素养	具有团队合作精神	10					
	学习态度认真、尊重导师	10					

（续表）

考核项目	考核内容及要求	分值	学生自评（10%）	小组评分（20%）	教师评分（50%）	专家评价（20%）	实际得分
知识掌握情况	掌握 GIS 的概念及分类	10					
	掌握 GIS 的构成	10					
	掌握 GIS 的功能框架及工作流程	10					
	掌握 GIS 在物流中是应用	10					
技能掌握情况	能够独立完成 TIN 的建立过程	10					
	能够在 Arc GIS 中建立 DEM、TIN	10					
	能够根据 DEM 或 TIN 计算坡度坡向的方法	10					
	能够应用 DEM 解决地学空间分析问题	10					
总分							

任务二　物流过程动态监控

任务目标

【知识目标】

1. 掌握 GPS 的概念及特点；
2. 掌握 GPS 的组成；
3. 掌握 GPS 技术在物流领域的应用。

【技术目标】

1. 能够掌握几种 GPS 的接线；
2. 能够选择合适的 GPS 设备；
3. 能够正确安装并设置 GPS 设备。

任务发布

五一假期结束以后同学们聚在一起谈论在五一发生的有趣的事情，小李就向大家说他五一的时候全家开车去南京旅游，在他们家轿车里，前面有一小块液晶显示器显示路线，而且到了路口，还有悦耳的声音提醒向左拐还是向右拐，小李得意洋洋地说这是 GPS，这东西特别好用，有了它，去陌生的地方，都不用问路了。小张对这个 GPS 很好奇，就问小李这个 GPS 如何安装调试？这下可把小李问住了。

以小组为单位，从网络或其他渠道搜集资料，了解 GPS 安装的方法。

知识准备

一、GPS的概念及特点

1. GPS的概念

GPS是英文Global Positioning System(全球定位系统)的简称。GPS起始于1958年美国军方的一个项目,1964年投入使用。20世纪70年代,美国陆海空三军联合研制了新一代卫星定位系统GPS,主要目的是为陆海空三大领域提供实时、全天候和全球性的导航服务,并用于情报收集、核爆监测和应急通信等一些军事目的。经过20余年的研究实验,耗资300亿美元,到1994年,全球覆盖率高达98%的24颗GPS卫星已布设完成。

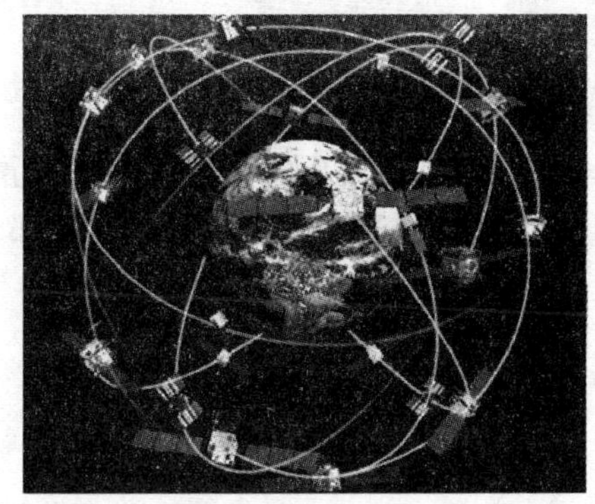

图4-2-1

2. GPS的特点

GPS系统的特点:高精度、全天候、高效率、多功能、操作简便、应用广泛等。

(1) 定位精度高

应用实践已经证明,GPS相对定位精度在50 km以内可达10^{-6},100～500 km可达10^{-7},1 000 km可达10^{-9}。在300～1 500 m工程精密定位中,1小时以上观测的其平面位置误差小于1 mm,与ME-5000电磁波测距仪测定得边长比较,其边长较差最大为0.5 mm,校差中误差为0.3 mm。

(2) 观测时间短

随着GPS系统的不断完善、软件的不断更新,目前,20 km以内相对静态定位仅需15～20分钟;快速静态相对定位测量时,当每个流动站与基准站相距15 km以内时,流动站观测时间只需1～2分钟,然后可随时定位,每站观测只需几秒钟。

(3) 测站间无须通视

GPS测量不要求测站之间互相通视,只需测站上空开阔即可,因此可节省大量的造标费用。由于无需点间通视,点位位置可根据需要,可稀可密,使选点工作甚为灵活,也可省去经典大地网中的传算点、过渡点的测量工作。

(4) 可提供三维坐标

经典大地测量对平面与高程采用不同方法分别施测。GPS可同时精确测定测站点的三维坐标。目前，GPS 水准可满足四等水准测量的精度。

(5) 操作简便

随着 GPS 接收机不断改进，自动化程度越来越高，有的已达“傻瓜化”的程度；接收机的体积越来越小，重量越来越轻，极大地减轻测量工作者的工作紧张程度和劳动强度，使野外工作变得轻松愉快。

(6) 全天候作业

目前 GPS 观测可在 24 小时内的任何时间进行，不受阴天黑夜、起雾刮风、下雨下雪等气候的影响。

(7) 功能多、应用广

GPS 系统不仅可用于测量、导航，还可用于测速、测时。测速的精度可达 0.1 m/s，测时的精度可达几十毫微秒。其应用领域不断扩大。

二、GPS 的组成

GPS 系统是以全球 24 颗定位人造卫星为基础，向全球各地全天候地提供三维位置、三维速度等信息的一种无电导航定位系。它由空间部分、地面控制部分和用户设备部分等三部分组成，如图 4-2-2 所示。

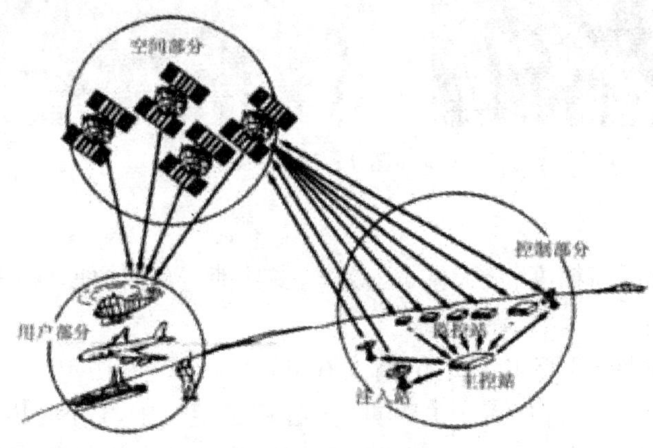

图 4-2-2　GPS 系统的组成

1. 空间卫星部分

GPS 空间部分有 21 颗工作卫星和 3 颗备用卫星组成，这些卫星均匀地分布在等间隔的 6 个近似圆形的轨道面上，轨道高度为 2.02 万千米，卫星运行周期为 11 小时 58 分。因此，在地球上或近地，空间上任何一点、任何时间，至少能观测到 4 颗卫星，为各类用户提供连续三维位置、三维速度和精确时间信息，实施全球、全天候连续导航定位。

2. 地面控制部分

地面控制系统由监测站(Monitor Station)、主控制站(Master Monitor Station)、地面天线(Ground Antenna)所组成，主控制站位于美国科罗拉多州春田市(Colorado Spring)。地面控制站负责收集由卫星传回之讯息，并计算卫星＝星历、相对距离、大气校正等数据。

3. 用户设备部分

用户设备部分即GPS信号接收机。其主要功能是能够捕获到按一定卫星截止角所选择的待测卫星,并跟踪这些卫星的运行。当接收机捕获到跟踪的卫星信号后,就可测量出接收天线至卫星的伪距离和距离的变化率,解调出卫星轨道参数等数据。根据这些数据,接收机中的微处理计算机就可按定位解算方法进行定位计算,计算出用户所在地理位置的经纬度、高度、速度、时间等信息。接收机硬件和机内软件及GPS数据的后处理软件包构成完整的GPS用户设备。GPS接收机的结构分为天线单元和接收单元两部分。接收机一般采用机内和机外两种直流电源。设置机内电源的目的在于更换外电源时不断连续观测。在用机外电源时机内电池自动充电。关机后,机内电池为RAM存储器供电,以防止数据丢失。目前,各种类型的接收机体积越来越小,重量越来越轻,便于野外观测使用。其次则为使用者接收器,现有单频与双频两种,但由于价格因素,一般使用者所购买多为单频接收器。

图4-2-3 GPS接收机

三、GPS技术在物流领域的应用

1. 物流系统的GPS技术需求

物流系统的GPS技术需求体现在以下几个方面:

(1) 运单信息化需求

配送和快递企业客户来自各行各业,运单的流量大、变动性强,且不同类型货物的运输时间、路线等的要求也不一样,加大了运单管理的难度。

(2) 车辆调度监控需求

实现车辆的调度跟踪、发送调度指令、报告调度数据、通过电子地图实时跟踪车辆位置等。

(3) 人员定位需求

发件和收件双方都能即时了解接件货物、配送人员的所在位置,有效地调度人员和车辆,提高服务的可靠性。

(4) 调度、导航的需求

目的地的变动性和任务的临时性要求路线和人员的最优化,使快递车辆及人员能在最短的时间内到达目的地,最大限度地节约资源,降低运营成本。

(5) 开放性的需求

物流信息化管理包括快递运输管理系统、ERP、财务管理系统等一系列的管理业务,所以快递运输管理系统必须具备很好的开放性及开放的接口。

2. GPS技术在现代物流中的应用

GPS全球定位系统不仅能够提供物流配送和动态调度功能，还可以提供货物跟踪、车辆优选、路线优选、紧急救援、预约服务、军事物流等功能。

(1) 物流配送

GPS对车辆的状态信息以及客户的位置信息快递、准确地反映给物流系统，由特定区域的配送中心统一、合理地对该区域内所有车辆做出快速地调度。这样便大幅度地提高了物流车辆的利用率，减少了空载车辆的数量和空载时间，从而减少物流公司的运营成本，提高物流公司的效率和市场竞争能力，同时增强物流配送的适应能力和应变能力。

(2) 动态调度

运输企业可进行车辆待命计划管理。操作人员通过在途信息的反馈，车辆未返回车队之前即做好待命计划。提前下达运输任务，减少等待时间，加快车辆周转，以提高重载率，减少空车时间和空车距离，充分利用运输工具的运能，提前预设车辆信息及精确的抵达时间，用户根据情况合理安排回程配货，为运输车辆排解后顾之忧。

(3) 货物跟踪

通过GPS和电子地图系统，可以实时了解车辆位置和货物状况，真正实现在线监控，避免以往在货物发出后难以知情的被动局面，提高货物的安全性。

(4) 车辆优选

查出在锁定范围内可供调用的车辆，根据系统预先设定的条件判断车辆中哪些是可调用的，然后根据最优化原则，在可能被调用的车辆中选择一辆最合适的车辆。

(5) 路线优选

地理分析功能可以快速地为驾驶人员选择合理的物流路线，以及这条路线的一些信息，所有可供调度的车辆不用区分本地或是异地，都可以统一调度。配送货物目的地的位置和配送中心的地理数据结合后，产生的路线将是整体的最优路线。

(6) 报警救援

当发生故障和一些意外的情况时，GPS系统可以及时地反映发生事故的地点，调度中心会尽可能地采取相应的措施来挽回和降低损失，增加运输的安全和应变能力。GPS系统的投入使用，使过去制约运输公司发展的一系列问题迎刃而解，可以使物流公司降低运输成本，并在加强车辆安全管理、推动货物运输有效运转方面发挥了重要作用。

(7) 军事物流

全球卫星定位系统首先是因为军事目的而建立的，在军事物流如后勤装备的保障等方面相当普遍。

任务实施

(一) 几种型号的 GPS 的接线

1. 悦达起亚

厂家:起亚　　　　　　型号:狮跑			
功能	线色		位置
转向灯	黄	黄	左门框线束
脚刹	红		左门框线束
设防检测	绿		主门线束
撤防检测	蓝		主门线束
遥控开门	蓝		主门线束
遥控锁门	绿		主门线束
油泵	蓝		右门框线束
门灯	棕		左 A 柱(四个门)
音响喇叭	黄	黑	主门线束(双绞线)
ACC 开检测	红		方向盘下方
电源正/负			
主机安装位置	仪表台中部		
撤防检测类型	检测转向灯		
备注	负触发		

厂家:起亚　　　　型号:福瑞迪			
功能	线色		位置
转向灯	蓝	黄	左门框线束
脚刹	白		左门框线束(较大)
设防检测	灰		主门线束
撤防检测	绿		主门线束
遥控开门	黄		主门线束
遥控锁门	绿		主门线束
油泵	绿		左门框线束
门灯	灰底橙条		左门框线束
音响喇叭	白	黑	主门线束(双绞线)
ACC 开检测			

电源正/负	白(较大)		
主机安装位置			
撤防检测类型	检测转向灯		
备注	负触发		

2. 东风本田

厂家:东风本田　　型号:思域			
功能	线色		位置
转向灯	棕	蓝	左门框线束
脚刹	浅绿		左门框线束
设防检测	黄		主门线束
撤防检测	蓝		主门线束
遥控开门	自定义		主门组合开关插座
遥控锁门	浅绿		主门组合开关插座
油泵	绿/白		左门框线束
门灯	粉红		左A柱
音响喇叭	淡绿	粉红	主门线束(双绞线)
ACC开检测			
电源正/负			
主机安装位置	驾驶座下		
撤防检测类型	检测转向灯		
备注	车门、尾箱或引擎盖未关好,不能撤防		

厂家:东风本田　　型号:CR-V			
功能	线色		位置
转向灯	橙色单银点	棕色单银点	左门框线束
脚刹	浅绿双银点		左门框线束
设防检测	粉红		主门线束
撤防检测	灰		主门线束
遥控开门	灰		主门线束(正电回路)
遥控锁门	粉红		
油泵	绿色双银点		三角板
门灯	紫		多功能控制盒

音响喇叭	淡绿	深绿	主门线束（双绞线）
ACC 开检测	蓝色（粗）		多功能控制盒
电源正/负	白（粗）	黑底银点	中央电器盒
主机安装位置	驾驶座下		
撤防检测类型	检测转向灯		
备注			

3. 一汽大众

厂家：一汽大众　　型号：高尔夫			
功能	线色		位置
转向灯	黑底白条	黑底绿条	左门框线束/右门框线束
脚刹	黑底红条	左门框线束/ 原车具备	
设防检测	黄	主门锁芯线束	
撤防检测	紫	主门锁芯线束	
遥控开门	绿底白条		主门线束 （双电位，接电源负极锁）
遥控锁门	绿底白条		
油泵	红		后座下油箱护盖下方
门灯	红底蓝条		左 A 柱
音响喇叭	棕底绿条	棕底蓝条	主门线束
ACC 开检测	黑底紫条		左门框线束
电源正/负	红底黑条	棕色	左门框线束（注：大众系 列负电都是棕色）
主机安装位置	仪表台左部或座椅下方		
撤防检测类型	检测转向灯		
备注	大众系列都需要电阻，现在车型都为 200 欧电阻		

厂家：一汽大众　　型号：速腾			
功能	线色		位置
转向灯	黑白	黑绿	门框线束
脚刹			
设防检测	紫		锁芯线束
撤防检测	黄		锁芯线束
遥控开门	绿白（加 200 欧电阻）		锁芯线束

遥控锁门	绿白		锁芯线束
油泵	蓝白带红条		右门框线束
门灯	红色带蓝条		A柱
音响喇叭	棕蓝	棕绿	主门线束
ACC开检测	黄黑		保险盒后方
电源正/负	红蓝	棕色	主门框
主机安装位置	主驾驶座下		
撤防检测类型	转向灯		
备注	大众系列都需要电阻，现在车型都为200欧电阻		

(二) 车载GPS安装

1. 车载台准备

(1) 通过祚沅电子，注册用户信息，获取车台分配ID号。用户登录信息(手机号码)。

(2) 通过配置软件，写入相关中心参数，包括协议类型、中心号码、IP地址、端口号、ID号、接入号；也可通过短信方式设置。

(3) 车台安装天线、插卡上电；通过网站查询测试车台是否上线定位，工作正常。

2. 工具准备

(1) 完成参数设置，并测试正常的车台一套。

(2) SIM卡一张(开通GPRS业务，CMNET接入方式)。

(3) 大口、小口十字、一字螺丝刀一套。

(4) 扎带若干。

(5) 电工绝缘黑色胶布一卷。

(6) 测试笔一根(测量汽车电源，类似电笔)。

(7) 魔术贴。

3. 安装步骤

第一步：观察车辆仪表盘情况

寻找具体安装位置，如图4-2-3所示，为隐蔽安装，估计大体安装位置在仪表盘下、保险盒处。注意要将汽车熄火，后面除了检测汽车相关信号线之外，安装过程中，应全程熄火。

图4-2-3 寻找位置

第二步：拆卸侧挡板及保险盖板

使用螺丝刀，拆除仪表盘侧挡板(黑色)，拆除保险盖板(浅色)，注意上面的螺丝要拧掉，才能操作。

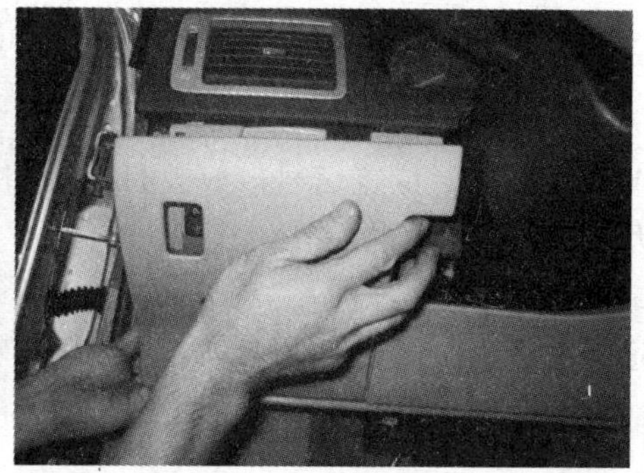

图 4-2-4　拆除侧挡板和保险盖板

第三步：主电源检测确认

（1）检查汽车保险位置（图 4-2-5 所示的一排红色、绿色保险丝）。

（2）使用测试电笔，将电笔夹子夹在汽车的搭铁上，逐一测试保险丝。

（3）当测试某个保险丝在点火、熄火状态下都可以点亮电笔，即可以确定该处为汽车常电接口。

第四步：点火线检测确认

（1）和主电源寻找相同的步骤。

（2）检测发现，某个保险丝在熄火时电笔灭，而启动车辆后电笔亮，即为汽车点火线接入点。

（3）注意应多次测试以确定。

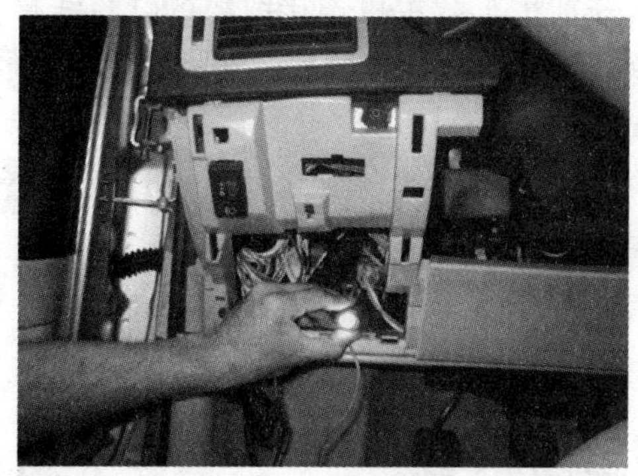

图 4-2-5　确认主电源

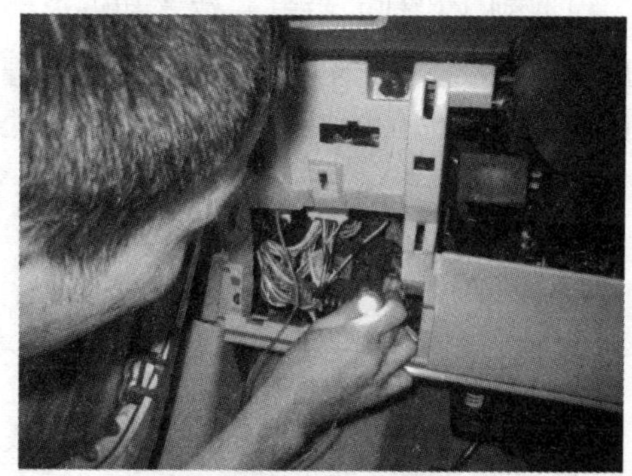

图 4-2-6　确认点火线

第五步：安装紧急按钮

紧急按钮安装较为简单，不需要接入汽车相关信号，在方向盘下找一个合适不易发现的位置，贴上即可，注意粘贴位置处可能有蜡，需清除，或重新找位置，紧急按钮后端接入车载线的橙色接口，并用绝缘胶布包裹接头。

第六步：确定天线位置并安装

GSM 天线：

应确保所放置位置信号较好，可以将手机放在所选位置测试信号状态。选好位置后，撕掉天线 T 头上的膜，粘在位置上。

GPS 天线：

应确保所选位置上方无金属遮挡物，如果所选位置材料为铁，可以直接将天线吸在上面，黑面朝上，如为其他材料，则使用双面贴粘牢。

图 4-2-7 紧急按钮

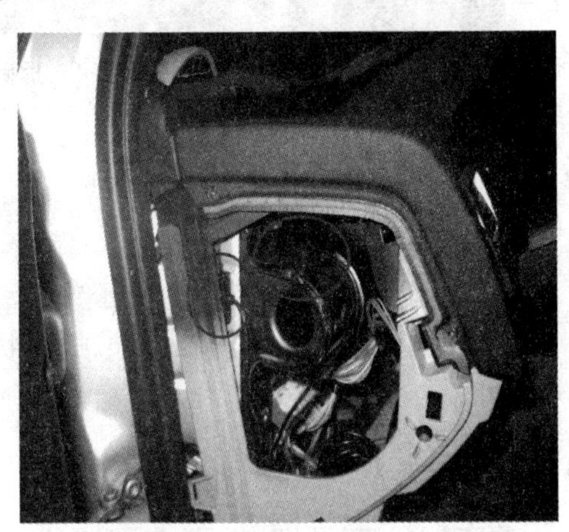

图 4-2-8 安装天线

第七步：安装汽车电源点火线

根据刚才找到的主电源位置和点火线位置，分别将车载主机连接线缆的红色线接入主电源保险丝上(将保险丝拔除，线头多缠几圈到保险丝腿上，然后再将保险丝插回，看看紧固程度)，将棕色线接入点火线保险丝上。

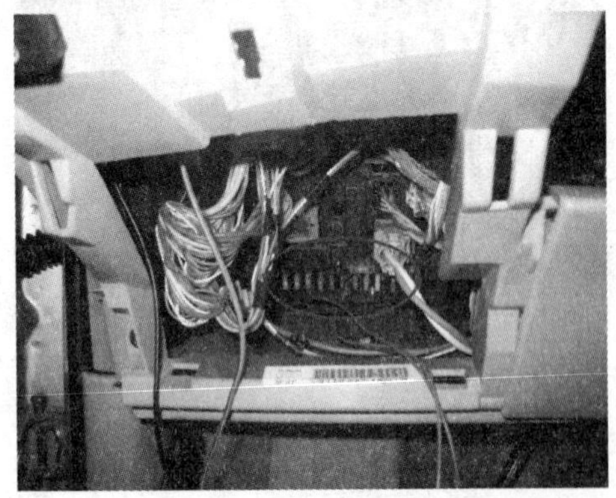

图 4-2-9 安装汽车电源点火线

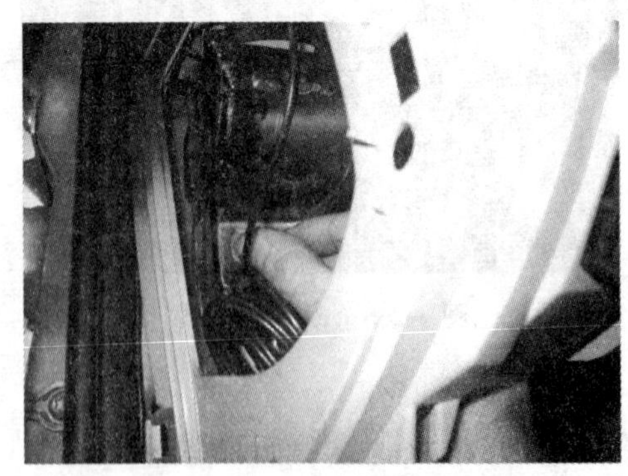

图 4-2-10 安装汽车电源地线

第八步：安装汽车电源地线

就近寻找一个汽车的搭铁，拧开螺丝后，将车载连接线缆的黑色线缠在螺丝上，再将螺丝拧上，确保连接牢固。

第九步：安装车台

（1）将车台盖打开，安装上 SIM 卡。

（2）拨动电池开关至 ON 挡（如果不用电池可以不开启）。

（3）封上后盖。

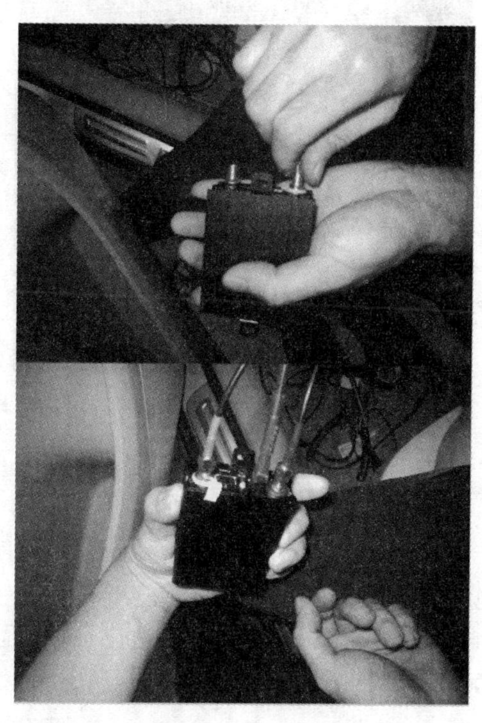

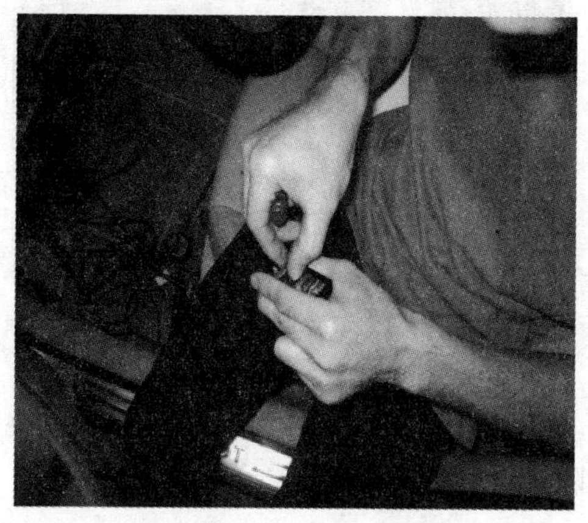

图 4-2-11　安装 SIM 卡

图 4-2-12　安装天线

第十步：安装连接线

天线安装：

将 GSM 天线安装在黑色接头上；

将 GPS 天线安装在粉色接头上。

主线缆安装：

将车载主机线缆插头插入主机的 CAR 口中。

第十一步：上电测试

等待指示灯开始闪烁后，观察绿色和红色指示灯闪烁情况：

(1) 红色指示灯开始一秒钟闪烁一下,表示 GPS 已经定位。

(2) 绿色指示灯开始一秒钟连闪三下,表示 GPS 中心连接正常。

(3) 以上两个灯全部正常后,联系运营中心,确定车辆是否已经上线,并定位位置为装车所在位置。

图 4-2-13 上电测试

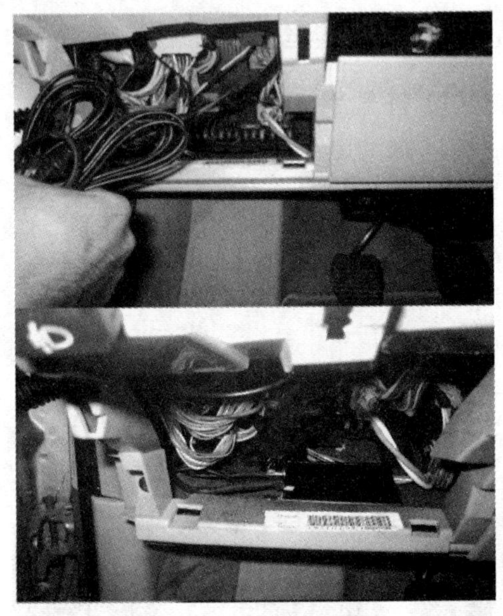

图 4-2-14 固定主机

第十二步:规范走线,固定主机

(1) 由于使用的线缆均为 2 米左右,所以安装后,会有多余的线缆,用扎带扎好,缠裹绝缘胶带,并能用扎带固定在某个固定点上。

(2) 在空隙处,找一个合适位置,放置主机,在主机下方贴上魔术贴或双面胶,粘在所选位置处,注意主机要尽量和汽车内部线缆、保险等电气设施隔离。

第十三步:还原汽车封盖仔细检查

还原汽车封盖仔细检查,无隐患后,将汽车侧挡板和前保险盒挡板重新安装,复原。

第十四步:清理车辆内部

汽车恢复原状后,对车厢内进行清理工作,将安装产生的线头、射频帽等小杂质清理出车厢。对于安装产生不清洁的地方,进行擦拭。

检查无误后,填写安装登记表,并请客户签字确认,收拾工具后撤离。

任务拓展

凯立德移动导航系统是一种运行于车载导航仪、便携式导航仪和智能手机等移动智能设备上的应用软件系统,它是利用 GPS 卫星信号接收器将移动智能设备位置进行精确自主定位，并显示在导航电子地图上，用户设定目的地后，系统会自动计算出一条最佳路径，同时在行进过程中会有自动语音提示，帮助用户安全、快捷地到达目的地。通过本系统还可以查询各类生活资讯。

以小组为单位通过网络查询或者实地调研等方法，了解怎样利用凯立德 GPS 进行路径的设置及查看周边手册。将收集到的资料整理整合，做成课件在课堂上展示你们小组搜集的过程及搜集到的成果。

任务评价

考核项目	考核内容及要求	分值	学生自评（10%）	小组评分（20%）	教师评分（50%）	专家评价（20%）	实际得分
职业素养	具有团队合作精神	10					
	学习态度认真、尊重导师	10					
知识掌握情况	掌握 GPS 的概念及特点	10					
	掌握 GPS 的组成	20					
	掌握 GPS 技术在物流领域的应用	10					
技能掌握情况	能够掌握几种 GPS 的接线	10					
	能够选择合适的 GPS 设备	10					
	能够正确安装并设置 GPS 设备	20					
总分							

【课后练习】

一、单选题

1. 全球卫星定位系统也称为（　　）技术。

A. EDI　　B. CAD　　C. GIS　　D. GPS

2. 地理信息系统主要是由四个部分组成，即计算机硬件系统、计算机软件系统、地理空间数据和人员。其核心部分是（　　）。

A. 计算机硬件系统系统　　B. 计算机软件系统

C. 计算机软硬件系统　　D. 地理空间数据和人员

3. GIS 中数据的（　　）是一种非常耗时、耗精力的交互处理工作。

A. 编辑　　B. 输入　　C. 输出　　D. 采集

4. 我国的 GPS 系统由（　　）颗卫星组成了完整的卫星导航定位系统，确保全天候、全天时提供卫星导航信息。

A. 一　　B. 二　　C. 三　　D. 四

5. （　　）是一种基于计算机的工具，它可以对在地球上存在的东西和发生的事件进行成图和分析。

A. GPS　　B. EDI　　C. RFID　　D. GIS

6. (　　)是地理信息系统的核心研究内容之一。

A. 数据输入　　B. 空间分析　　C. 地理数据存储　　D. 数据采集

7. GPS系统中真正确定位置的是(　　)。

A. 空间卫星系统　　B. 地面监控系统　　C. 用户接受系统　　D. 信息传输系统

8. 一般来说,GPS接收机硬件的组成部分有主机、天线和(　　)。

A. 网络　　B. 软件　　C. 电源　　D. 系统

9. 下列系统中,属于GPS组成部分的是(　　)。

A. 地面监控系统　　B. 地理信息系统　　C. 地面导引系统　　D. 全球定位系统

10. 计算机描述空间实体的两种最基本的方式是栅格数据结构和(　　)。

A. 矢量数据结构　　B. 二进制数据结构

C. ASCII码数据　　D. 十进制数据结构

二、多选题

1. 目前物流行业中所使用的关键信息技术包括(　　)等。

A. EDI　　B. GPS　　C. GIS　　D. RFID　　E. 托盘

2. 地理信息系统按内容、功能和作用可分为小组(　　)地理信息系统。

A. 工具型　　B. 应用型　　C. 平台型　　D. 功能型　　E. 综合型

3. 现代物流中的GIS主要应用在(　　)等方面。

A. 运输路线的选择

B. 仓库位置的选择

C. 仓库的库存量控制

D. 合理装卸策略

E. 运输车辆的调度

4. 全球定位系统具有全能性、全球性、全天候、连续性和实时性的(　　)等功能。

A. 导航　　B. 定位　　C. 定时　　D. 报时　　E. 运输

5. GPS卫星的地面监控部分目前主要由分布在全球的若干个跟踪站所组成的监控系统构成。根据其作用的不同,这些跟踪站又补分为(　　)。

A. 主控站　　B. 次控站　　C. 监控站　　D. 注入站　　E. 输出站

6. 3G物流配送系统一般由多个车载台和1个监控中心两大部分组成,车载台由(　　)组成。

A. GPS接收机　　B. GPS发送机　　C. GPS控制机系统

D. GMS通信系统　　E. GIS导航系统

7. GPS接收机按接收机通道数分(　　)。

A. 多通道GPS接收机

B. 序贯通道接收机

C. 多路复用通道接收机

D. 姿态测量型接收机

E. 导航型接收机

8. GPS卫星信号是由(　　)组成的。

A. 载波　　B. 空间数据分析　　C. 测距码

D. 导航电文　　E. 地理数据信息

9. GPS测量中的误差按来源不同可以分为(　　)。

A. 与传播路径有关的误差　　B. 与卫星有关的误差

C. 与接收设备有关的误差　　D. 与测站环境有关的误差

10. 通常GPS由(　　)组成。

A. 空间卫星部分　　B. 基准站　　C. 地面控制部分

D. 用户设备部分　　E. 流动站

三、判断题

1. 车辆监控不属于GPS的应用。　(　　)

2. 三维导航是GPS的首要功能。　(　　)

3. 在用GPS信号导航定位时,为了计算GPS用户的三维坐标,必须观测4颗GPS卫星的位置。　(　　)

4. GIS中最常用的数据组织方式为矢量模型和栅格模型。在栅格模型中,用点、线、面表达世界。　(　　)

5. 在GPS定位过程中,存在着的各种误差均可采用一定方法得到消除。　(　　)

四、简答题

1. 简述GPS系统的特点。

2. 简述GIS及GPS的概念。

项目五　物流作业信息化管理

任务一　仓储作业管理与分析

任务目标

【知识目标】

1. 掌握仓储作业的活动以及仓储作业的流程；
2. 掌握仓储作业管理的作用；
3. 掌握仓储作业管理的主要内容；
4. 熟识仓储管理信息系统。

【技能目标】

1. 能够掌握仓储作业的作业活动，并能够绘制仓储作业流程图；
2. 能够掌握仓储作业管理的主要内容；
3. 能够掌握仓储作业的流程并能够根据实际情况完成仓储作业。

任务发布

成都家家乐仓储配送中心是一家集货物的储存、保养、配送等为客户提供一体化服务的物流公司。小明是家家乐仓储配送中心的实习生，小明进入公司已经将近两个月了，公司决定对小明进行考核，需要实习生小明负责安排，公司其他人员负责协助，完成货物的入库、盘点、出库作业流程。

任务一：入库作业操作，入库的具体商品信息见表 5-1-1。

表 5-1-1　入库通知单

编号：2014071609

客户名称		兴华电子贸易有限公司		仓库		1 号库	
客户编号		WM0401508		仓库地址		成都市双流区芳香大道东路 11 号	
入库方式		送货		送货日期		2014.7.12　9:00	
编号	货号	货品名称	型号	单位	数量	包装	备注
1	3568022	DELL 机箱	220s	箱	100	纸箱	
2	3568156	DELL 液晶显示屏	E2209W	箱	100	纸箱	
3	3568512	DELL 键盘	U22	箱	12	12 盒/箱	
4	3568225	DELL 鼠标	XN967	箱	20	20 盒/箱	

任务二：盘点作业。成都家家乐仓储配送中心执行月盘制度，盘点时间为每个月的14号和15号两天。成都家家乐准备在2013年7月14日到7月15日进行年中仓库盘点，小明被安排完成这次的货物盘点工作。

任务三：出库作业。出库货物信息见表5-1-2。

表5-1-2 出库通知单

客户名称：兴华电子贸易公司

出库时间：2014.8.9

编号	货号	货品名称	型号	单位	数量	包装	备注
1	3568022	DELL 机箱	220s	箱	100	纸箱	
2	3568156	DELL 液晶显示屏	E2209W	箱	100	纸箱	
3	3568512	DELL 键盘	U22	箱	12	10盒/箱	
4	3568225	DELL 鼠标	XN967	箱	20	20盒/箱	

审核： 记账： 提货人： 制单：

知识准备

一、仓储作业活动

仓储作业活动一般包括：入库作业、盘点作业、出库作业以及补货作业等。

1. 入库作业

仓储部门按照存货方的要求合理组织人力、物力等资源，按照入库作业程序，认真履行入库作业各环节的职责，及时完成入库任务的工作过程。入库作业流程如图5-1-1所示。

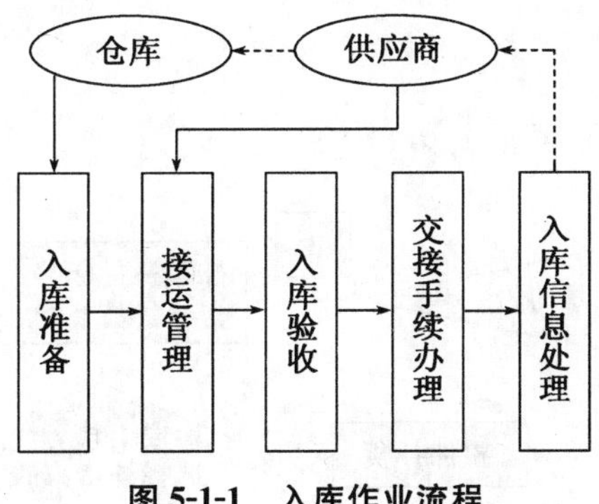

图5-1-1 入库作业流程

2. 盘点作业

仓储部门定期对在库的物品进行账目和数量上的清点作业。这种作业活动称之为盘点作业，盘点作业流程如图5-1-2所示。

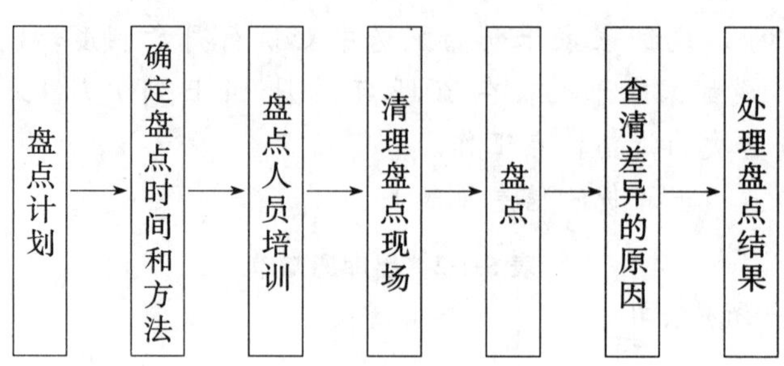

图 5-1-2　盘点作业流程

3. 出库作业

出库作业是指仓库根据业务部门或存货单位开出的商品出库凭证(提货单、调拨单)，按其所列商品名称、规格、型号、数量等项目，组织商品出库一系列工作的总称。出库作业流程如图 5-1-3 所示。

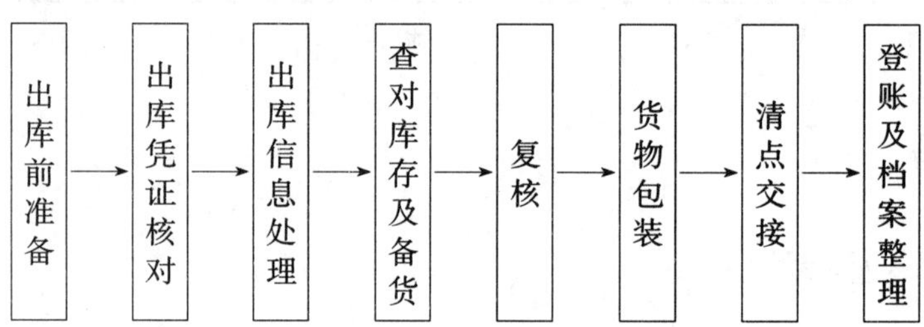

图 5-1-3　出库作业流程

4. 补货作业

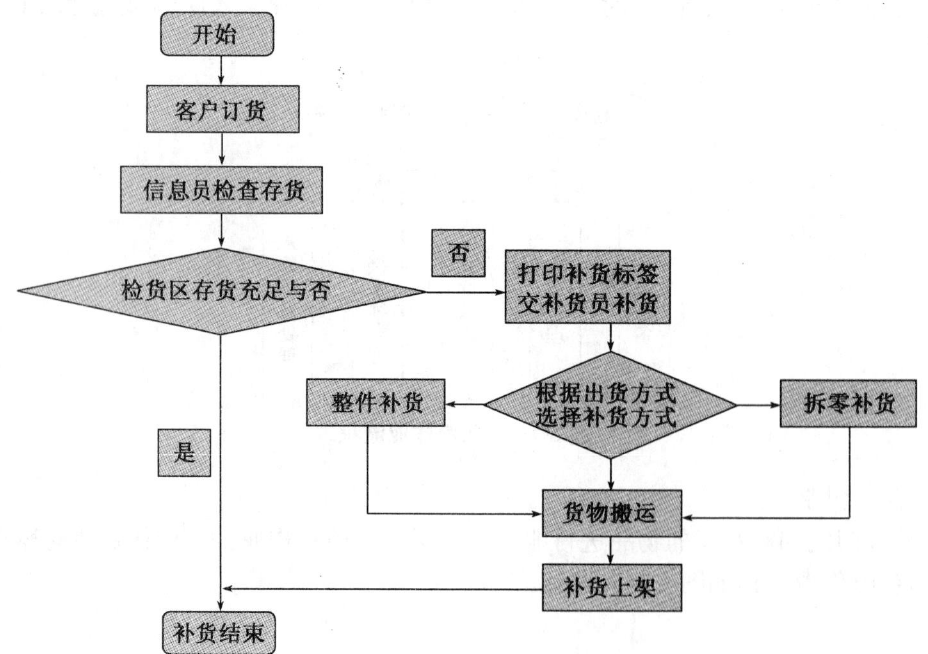

图 5-1-4　补货作业流程

二、仓储作业管理的意义

仓储作业管理就是对仓储业务如收发、结存等活动的计划、执行和控制。

（1）仓储作业管理是保证社会再生产过程顺利进行的重要条件。

（2）仓储作业管理是物流管理的有机组成部分。

（3）仓储作业管理是保持储存物料原有的使用价值、减少消耗、促进节约降低成本的重要手段。

（4）仓储作业管理有利于合理库存，加速资金周转，提高企业经济效益。

（5）现代生产企业中，仓储是集中反映工厂各种物流活动状况的集中场所，清晰准确的报表等信息记载，为企业的生产经营活动提供了便利的信息来源。

三、仓储作业管理的主要内容

仓储管理的主要内容包括一个完整的仓储活动，具体如表 5-1-3 所示：

表 5-1-3　仓储管理的内容

仓储管理内容	内容描述
仓库的选址于建筑	主要包括仓库的选址原则、仓库建筑面积的确定、库内运输道路与作业的布置等
仓库机械作业的选择与配置	主要包括如何根据仓库作业特点和所储存货物种类以及其物理、化学特性，选择机械装备以及应配备的数量，如何对这些机械进行管理等
仓库的业务管理	主要包括如何组织货物入库前的验收如何存放入库货物，如何对在库货物进行保管养护、发放出库等
仓库的库存管理	主要包括如何根据企业生产的需求状况和销售状况，储存合理数量的货物，既不因为储存过少引起生产或销售中断造成的损失，又不因为储存过多占用过多的流动资金等
仓库的组织管理	主要包括货源的组织、仓储计划、仓储业务、货物包装、货物养护、仓储成本核算、仓储经济效益分析、仓储货物的保税类型、保税制度和政策、保税货物的海关监管、申请保税仓库的一般程序等
仓库的信息技术	主要包括仓库管理中信息化的应用以及仓储管理信息系统的建立和维护等问题，此外，仓储业务考核、新技术新方法在仓库管理中的运用、仓库安全与消防等，都是仓储管理所涉及内容

四、仓库管理系统（WMS）概述

1. 仓库管理系统的概念

WMS 是仓库管理系统（Warehouse Management System）的缩写，仓库管理系统是通过入库业务、出库业务、仓库调拨、库存调拨和虚仓管理等功能，综合批次管理、物料对应、库存盘点、质检管理、虚仓管理和即时库存管理等功能综合运用的管理系统，有效控制并跟踪仓库业务的物流和成本管理全过程，实现完善的企业仓储信息管理。该系统可以独立执行库存操作，与其他系统的单据和凭证等结合使用，可提供更为完整、全面的企业业务流程和财务管理信息。

2. 仓库管理系统的基本功能特点

由计算机控制的仓库管理系统的目的是独立实现仓储管理各种功能，如收货、在正确的地点存货、存货管理、定单处理、分拣和配送控制等。WMS 将关注的焦点集中于对仓储执行的优化和有效管理，同时延伸到运输配送计划以及和上下游供应商客户的信息交互，以有效提高仓储企业、配送中心和生产企业的仓库的执行效率和生产率，降低成本，提高企业客户的满意度，从而提升企业的核心竞争力。

WMS 一般具有以下几个功能模块：管理单独订单处理及库存控制、基本信息管理、货物流管理、信息报表、收货管理、拣选管理、盘点管理、移库管理、打印管理和后台服务系统。

WMS 可通过后台服务程序实现同一客户不同订单的合并和订单分配，并对基于 PTL、RF、纸箱标签方式的上架、拣选、补货、盘点、移库等操作进行统一调度和下达指令，并实时接收来自 PTL、RF 和终端 PC 的反馈数据。整个软件业务系统与企业仓库物流管理各环节吻合，实现了对库存商品管理实时、有效的控制。

任务实施

步骤一：入库作业流程

老师安排班级学生分组，5 个人一组，分别负责实习生小明与公司信息处理员张倩、理货员曹晶、叉车操作员杨波、验收员王瑞的工作。

(1) 入库前的准备

为保证验收工作及时、准确地完成，提高验收效率，减少劳动消耗，李宁在接到入库通知后，首先根据到货商品的特性，做好验收前的准备工作：调集人员(由王瑞负责验收工作的组织)、器具和设备，打印凭证，确定储位等，如图 5-1-5 所示。

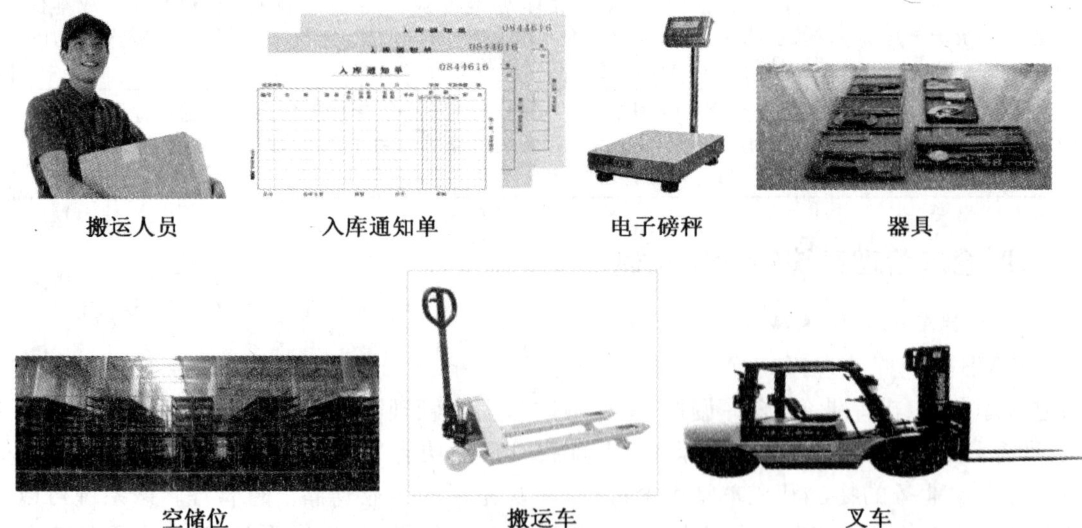

图 5-1-5　验收准备工作内容

(2) 接运货物

小明安排接货人员接运货物,并填写货运记录。

(3) 验收货物

首先,核对单证,在货物到达后,王瑞核对货运司机提交的送货单和入库通知单,确认货物名称、规格、数量和包装等内容是否一致。

接着,检查货物。在单据核对无误后,作为验收人员,王瑞应重点注意以下几个问题:

① 检查货物的外包装是否有破损、污损等;封箱标志是否完整等。

② 有特殊检验要求的货物会有"倾斜"、"冲击"等专用检验标志,必须认真检验这些标志是否发生了变化。

③ 如果合同中明确规定需要抽检或开箱检查的货物,必须按照规定抽验或开箱检查,以确认货物的品种、规格、生产日期、质量等是否符合要求。

检查无误后,填写验收单(示例如表 5-1-4 所示)。

表 5-1-4　验收单

记录号:

货品名称	DELL 鼠标/XN967	到货数量	20	抽检数量	5
到货日期	2014 年 7 月 16 日		检验日期	2014 年 7 月 16 日	
供应商			运单号		
检验情况				备注	
1. 外包装检查	完好				
2. 外包装规格检查	完好				
3. 拆箱货品检查	完好				
4. 货品质量检查	完好				
				实际数量:20	
检验结论:☑合格　□让步接收　□拒收 品检员:王瑞　批准人:小明					

(4) 办理入库手续

① 登账

小明根据入库单,填写手工台账,台账的格式可以根据入库货物的特点与管理的需要酌情设计,一般要包括以下内容:

- 时间;
- 入库单号;
- 货物名称、数量、规格型号、包装等;
- 存放货位号、结存数量等;
- 货主名称;

• 提货时间、出库号、出库数量等；
• 其他预留内容。

表 5-1-5　手工台账

<table>
<tr><td colspan="7" rowspan="3">货物入库明细账卡</td><td colspan="2">卡号</td><td colspan="2"></td></tr>
<tr><td colspan="2">货主名称</td><td colspan="2">兴华电子贸易公司</td></tr>
<tr><td colspan="2">货位</td><td colspan="2">（要填）</td></tr>
<tr><td>品名</td><td>DELL 机箱</td><td>规格型号</td><td colspan="8">220s</td></tr>
<tr><td>计量单位</td><td>箱</td><td>供应商单位</td><td colspan="8"></td></tr>
<tr><td>应收数量</td><td>100</td><td>送货单位</td><td colspan="8">山水货运公司</td></tr>
<tr><td>实收数量</td><td>100</td><td>包装情况</td><td colspan="8">纸箱、完好</td></tr>
<tr><td colspan="3">2009 年</td><td colspan="2">入库数量</td><td colspan="2">出库数量</td><td colspan="2">结存数量</td><td rowspan="2">备注</td><td rowspan="6">物验收情况</td></tr>
<tr><td>月　日</td><td>收发凭证号</td><td>摘　要</td><td>件数</td><td></td><td>件数</td><td></td><td>件数</td><td></td></tr>
<tr><td>7 月 16 日</td><td>（要填）</td><td>入库</td><td>100</td><td></td><td></td><td></td><td>100</td><td></td><td></td></tr>
<tr><td></td><td></td><td></td><td></td><td></td><td></td><td></td><td></td><td></td><td></td></tr>
<tr><td></td><td></td><td></td><td></td><td></td><td></td><td></td><td></td><td></td><td></td></tr>
<tr><td></td><td></td><td></td><td></td><td></td><td></td><td></td><td></td><td></td><td></td></tr>
</table>

② 立货卡

小明将货物名称、规格、数量或出入状态等内容填入货卡上，货卡又称料卡、货盘，插放在货物下方的货物支架上或摆放在货垛正面的明显位置。货卡如表 5-1-6 所示。

表 5-1-6　货卡

货物名称：　　　　　　　　　　规格：　　　　　　　　单位：

<table>
<tr><td colspan="2">年</td><td rowspan="2">摘　　要</td><td rowspan="2">收入
数量</td><td rowspan="2">发出
数量</td><td rowspan="2">结存
数量</td></tr>
<tr><td>月</td><td>日</td></tr>
<tr><td></td><td></td><td></td><td></td><td></td><td></td></tr>
<tr><td></td><td></td><td></td><td></td><td></td><td></td></tr>
<tr><td></td><td></td><td></td><td></td><td></td><td></td></tr>
<tr><td></td><td></td><td></td><td></td><td></td><td></td></tr>
</table>

③ 建档案

将货物的入库通知单、送货单、验收单、入库单等相应单证、各种技术资料以及未来保管期间操作记录、发货单等原件或复印件存入档案，应一物一档。

④ 签单证

仓库管理小明签署入库单交兴华公司留存。

表 5-1-7　入库单

入 库 单

作业计划单号
0000000000023316

成都家家乐　配货中心　1号库　仓库　　应收总数：232.0　实收总数：

客户名称：兴华电子贸易有限公司　客户编号:WM0401508　客户指令号：　日期：

产品名称	条形码	规格	单位	应收数量	实收数量	货位号	批号	备注
DELL机箱	9787798975703	1*1	箱	100				
DELL键盘	9787798975705	1*1	箱	12				
DELL鼠标	9787798975706	1*1	箱	20				
DELL液晶显示屏	9787798975704	1*1	箱	100				

承运单位：____________

保管员：__________　体积（或重量）：__________　司机签字：____________

制单人：__________　集装箱号：__________　证件号码：____________

入库日期：__________　铅封号：__________　车号：____________

盖章：__________　运单号：__________　联系电话：____________

步骤二：盘点作业流程

(1) 确定盘点范围

小明主要负责托盘区电器货架的盘点作业。盘点的主要物品是海尔对开门 641 升超大容积冰箱和联想笔记本电脑 Y480。

(2) 盘点前准备事项

① 小明先将盘点所需的用具，预先准备妥当，然后去账目组拿到盘点所需表格即盘点单(见表 5-1-8)、盘点结果单(见表 5-1-9)。

表 5-1-8 盘点单

<table>
<tr><td colspan="11">盘点单</td></tr>
<tr><td colspan="6">盘点日期：　　年　　月　　日</td><td></td><td colspan="4">页数：第一页，共一页</td></tr>
<tr><td rowspan="2">序号</td><td rowspan="2">储位编码</td><td rowspan="2">物品名称</td><td rowspan="2">条形码</td><td rowspan="2">产品规格</td><td rowspan="2">单位</td><td colspan="2">初盘数量</td><td colspan="2">复盘数量</td><td rowspan="2">备注</td></tr>
<tr><td>正品</td><td>次品</td><td>正品</td><td>次品</td></tr>
<tr><td></td><td></td><td></td><td></td><td></td><td></td><td></td><td></td><td></td><td></td><td></td></tr>
<tr><td></td><td></td><td></td><td></td><td></td><td></td><td></td><td></td><td></td><td></td><td></td></tr>
<tr><td></td><td></td><td></td><td></td><td></td><td></td><td></td><td></td><td></td><td></td><td></td></tr>
<tr><td></td><td></td><td></td><td></td><td></td><td></td><td></td><td></td><td></td><td></td><td></td></tr>
<tr><td></td><td></td><td></td><td></td><td></td><td></td><td></td><td></td><td></td><td></td><td></td></tr>
<tr><td></td><td></td><td></td><td></td><td></td><td></td><td></td><td></td><td></td><td></td><td></td></tr>
<tr><td></td><td></td><td></td><td></td><td></td><td></td><td></td><td></td><td></td><td></td><td></td></tr>
<tr><td colspan="3">初盘员：</td><td></td><td colspan="7">复盘员：</td></tr>
</table>

表 5-1-9 盘点结果单

<table>
<tr><td colspan="7">盘点结果单</td></tr>
<tr><td colspan="7">库房名称：　　区名称：
盘点类型：　　任务单号：　　盘点日期：</td></tr>
<tr><td>储存编码</td><td>货品名称</td><td>货品条形码</td><td>单位</td><td>库存数量</td><td>实盘数量</td><td>盈亏数量</td></tr>
<tr><td></td><td></td><td></td><td></td><td></td><td></td><td></td></tr>
<tr><td></td><td></td><td></td><td></td><td></td><td></td><td></td></tr>
<tr><td></td><td></td><td></td><td></td><td></td><td></td><td></td></tr>
<tr><td></td><td></td><td></td><td></td><td></td><td></td><td></td></tr>
<tr><td></td><td></td><td></td><td></td><td></td><td></td><td></td></tr>
<tr><td colspan="7">制单人：　　仓管员：</td></tr>
</table>

② 小明安排操作员张三对物资进行码放，应力求整齐、集中、分类，并置标示牌。

③ 物资码放完毕后，操作员李四将各项物资卡依编号顺序，事先准备妥当，以备盘点。

④ 账目组将系统账目核对完毕，将“库存明细表”交给小明，如表 5-1-10 所示。

表 5-1-10　库存明细表

电子仓库物料库存明细表																																							
产品名称	规格型号	单价/元	单位	上月库存数	日期	1	2	3	4	5	6	7	8	9	10	11	12	13	14	15	16	17	18	19	20	21	22	23	24	25	26	27	28	29	30	31	总金额	入，出库总数	库存数量
海尔对开门641升超大容积冰箱	BCD-641WASH	10	箱	100	入								20																								100	20	6
		10	箱		出	10				20				15				30				15						24									940	94	
联想笔记本电脑Y480	Y480	5	箱	100	入	50						50									100									30							1150	230	250
		5	箱		出				30							30									20												400	80	

⑤ 由小明查看盘点期间是否有收到但未办妥入账手续的物资，若有应另行分别存放，并予以标示。

⑥ 冻结库存，准备盘点。

(3) 实施盘点

① 由操作员小明进行盘点，由账目组的小李进行复核，接着小明填写盘点单(见表 5-1-11)

② 账目组收取盘点清单。

③ 小李对比库存账目，比较差异，没有发现差异情况，完成盘点。

表 5-1-11　盘点单

盘点单										
盘点日期：　　年　　月　　日						页数：第一页，共一页				
序号	储位编码	物品名称	条形码	产品规格	单位	初盘数量		复盘数量		备注
						正品	次品	正品	次品	
1	A00001	—	—							
2	A00002	海尔对开门 641 升超大容积冰箱	6942509701009	1×1	箱	2	0			
3	A00003	海尔对开门 641 升超大容积冰箱	6942509701009	1×1	箱	2	0			
4	A00004	海尔对开门 641 升超大容积冰箱	6942509701009	1×1	箱	1	0			
5	B00001	—	—							
6	B00002	联想笔记本电脑 Y480	6939902019821	1×1	箱	30	0			
7	B00003	联想笔记本电脑 Y480	6939902019821	1×1	箱	30	0			
8	B00004	联想笔记本电脑 Y480	6939902019821	1×1	箱	30	0			
9	B00005	联想笔记本电脑 Y480	6939902019821	1×1	箱	10	0			
10	B00101	联想笔记本电脑 Y480	6939902019821	1×1	箱	20	0			
11	B00102	联想笔记本电脑 Y480	6939902019821	1×1	箱	30	0			
12	B00103	联想笔记本电脑 Y480	6939902019821	1×1	箱	30	0			
13	B00104	联想笔记本电脑 Y480	6939902019821	1×1	箱	30	0			
14	B00105	联想笔记本电脑 Y480	6939902019821	1×1	箱	30	0			
初盘员：小明				复盘员：						

备注:盘点开始至工作终了期间,盘点人员均接受监盘人李丽监督。

(4) 编写盘点报告

盘点结束后,小李应根据审核后的"盘点表"编制"盘点结果单"见表 5-1-12,报送计划组后,转报部长审批。

表 5-1-12　盘点结果单

盘点结果单						
库房名称: 电子仓库　区名称:电器类货架区 盘点类型:月盘　任务单号:00000000010088　盘点日期:2013-07-14						
储位编码	货品名称	货品条形码	单位	账面数量	实盘数量	盈亏数量
A00001	…	…	…	…	…	…
A00002	海尔对开门 641 升超大容积冰箱	69425097011009	箱	2	2	0
A00003	海尔对开门 641 升超大容积冰箱	69425097011009	箱	2	2	0
A00004	海尔对开门 641 升超大容积冰箱	69425097011009	箱	2	1	−1
B00001	…	…	…	…	…	…
B00002	联想笔记本电脑 Y480	6939902019821	箱	30	30	0
B00003	联想笔记本电脑 Y480	6939902019821	箱	30	30	0
B00004	联想笔记本电脑 Y480	6939902019821	箱	30	30	0
B00005	联想笔记本电脑 Y480	6939902019821	箱	10	10	0
B00101	联想笔记本电脑 Y480	6939902019821	箱	30	20	−10
B00102	联想笔记本电脑 Y480	6939902019821	箱	30	30	0
B00103	联想笔记本电脑 Y480	6939902019821	箱	30	30	0
B00104	联想笔记本电脑 Y480	6939902019821	箱	30	30	0
B00105	联想笔记本电脑 Y480	6939902019821	箱	30	30	0
制单人:小李　仓管员:小明						

步骤三:出库作业流程

(1) 出库作业准备

① 小明准备好需要的出库订单以及货物出库作业计划。打印出库单,如表 5-1-13 所示。

表 5-1-13　出库单

作业计划单号：000000001375

成都家家乐仓储中心 1 号仓库　　□正常出库　　□退换货

客户名称：兴化电子贸易有限公司　　客户指令：1106810021　　发货通知单号：　　开单日期：

收货单位名称：　　应发总数：132.0　　实发总数：

联系人：　　联系电话：

产品名称	产品编号	规格	单位	应发数量	实发数量	货位号	批号	备注
DELL 机箱	6901010481015		箱	100				
DELL 液晶显示屏	6901010481022		箱	100				
DELL 键盘	6901010481039		箱	12				
DELL 鼠标	6901010481046		箱	20				

注意事项：出库前"三不三核五检查"。

商品出库要及时准确，杜绝差错，做到一次性完成任务，使用户满意。因此，商品出库必须根据货主开出的"提货单"或"商品调拨通知单"等正式出库凭证进行，严禁无单或白条发货。在作业过程中要严格执行规章制度，具体要求是"三不三核五检查"，见图 5-1-6。

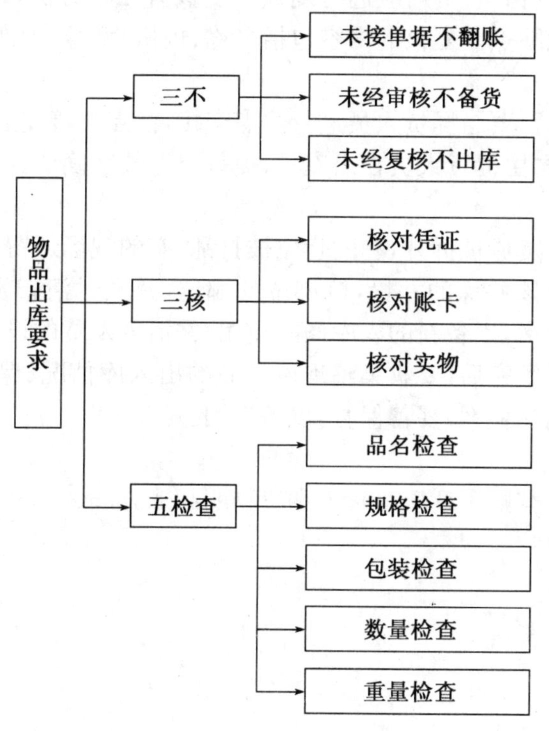

图 5-1-6　三步三核五检查

（2）出库交接作业

① 核对凭证

提货人员将提货单交与仓管员，仓管员核对提货单表 5-1-14 与库内出库单表 5-1-13 的货物名称规格、数量、包装等信息内容是否一致，核对无误后，仓管员安排货品出库。

表 5-1-14　提货单

提货单位：兴华电子贸易公司　　提货单号：

提货仓库：成都仓储中心　　仓库地址：

提货方式：　自提　　开单日期：　　年　　月　　日

编号	货号	货品名称	型号	单位	数量	包装	备注
1	3568022	DELL 机箱	220s	箱	100	纸箱	
2	3568156	DELL 液晶显示屏	E2209W	箱	100	纸箱	
3	3568512	DELL 键盘	U22	箱	50	10 盒/箱	
4	3568225	DELL 鼠标	XN967	箱	20	20 盒/箱	

主管：　　财务：　　提货人：　　制单：

② 备货

利用手持终端进行货位查找，利用叉车完成相应货品的拣取，并集中到发货区。

③ 复核

为避免出库商品出错，备货后应进行复核。复核有三种方法，即专人复核、保管员互核和自我复核，各有优缺点。复核的内容包括名称、规格、型号、批次、数量、单价等项目。

④ 清点交接

出库商品经复核后，要与提货人员进行清点交接，清点交接完成后由保管员在出库单上填写数量，并签字；再由提货人员在出库单、提货单上签字确认。

⑤ 清理现场

商品出库后，有的货垛被拆开，有的货位被打乱，有的现场还留有垃圾、杂物。保管员应根据储存规划要求，该并垛的并垛，该挪位的挪位，并及时清扫发货现场，保持清洁整齐，腾出新的货位和库房，以备新的入库商品使用；并清查发货的设备和工具有无丢失、损坏等。同时，一批商品发完后，要收集整理该商品的出入库情况、保管保养情况及盈亏数据等情况，然后存入商品档案，妥善保管，以备查用。

⑥ 登账

保管员办理销卡、登账手续填写货卡和货物明细账，如表 5-1-15 所示：

表 5-1-15 货卡

货物名称： 规格： 单位：

年		摘要	收入数量	发出数量	结存数量
月	日				

表 5-1-16 货物明细账

<table>
<tr><td colspan="8" rowspan="3">货物入库明细账卡</td><td colspan="2">卡号</td><td></td></tr>
<tr><td colspan="2">货主名称</td><td></td></tr>
<tr><td colspan="2">货位</td><td></td></tr>
<tr><td>品名</td><td></td><td>规格型号</td><td colspan="8"></td></tr>
<tr><td>计量单位</td><td></td><td>供应商单位</td><td colspan="8"></td></tr>
<tr><td>应收数量</td><td></td><td>送货单位</td><td colspan="8"></td></tr>
<tr><td>实收数量</td><td></td><td>包装情况</td><td colspan="8"></td></tr>
<tr><td colspan="3">年</td><td colspan="2">入库数量</td><td colspan="2">出库数量</td><td colspan="2">结存数量</td><td rowspan="2">备注</td><td rowspan="6">货物验收情况</td></tr>
<tr><td>月 日</td><td>收发凭证号</td><td>摘 要</td><td>件数</td><td></td><td>件数</td><td></td><td>件数</td><td></td></tr>
<tr><td></td><td></td><td></td><td></td><td></td><td></td><td></td><td></td><td></td><td></td></tr>
<tr><td></td><td></td><td></td><td></td><td></td><td></td><td></td><td></td><td></td><td></td></tr>
<tr><td></td><td></td><td></td><td></td><td></td><td></td><td></td><td></td><td></td><td></td></tr>
<tr><td></td><td></td><td></td><td></td><td></td><td></td><td></td><td></td><td></td><td></td></tr>
</table>

任务拓展

2014 年 5 月 16 日上午，南京方达物流公司接到客户南京恒信电器的入库作业任务，将有五批货物在 5 月 17 日上午 9:00 送抵安吉 1 号仓库，进行入库作业处理，具体入库的货物、数量等信息如表 5-1-17 所示：

表 5-1-17 入库通知单

<table>
<tr><td colspan="4">入库通知单
编号:2014051609</td></tr>
<tr><td>客户名称</td><td>南京恒信电器</td><td>仓库</td><td>安吉 1 号</td></tr>
<tr><td>客户编号</td><td>HX-009326</td><td>仓库地址</td><td>南京市香川路 560 号</td></tr>
</table>

（续表）

入库方式		送货			送货日期		2014.5.17　09:00		
批次	货物	型号	条码	单位	应收数量	实收数量	包装规格	货位号	备注
12009	海尔冰箱	BCD225	9787880701203	箱	20		1500 mm×550 mm×600 mm		
12009	美的微波炉	MM721A	9787508614502	箱	36		250 mm×180 mm×220 mm		
12009	长虹液晶电视	LED50B	9787538557138	箱	20		1250 mm×800 mm×300 mm		
12009	奔腾电磁炉	CG2184	6933410993515	箱	35		400 mm×350 mm×250 mm		
12009	格力空调室内机	KFR35W	6247120000225	箱	40		850 mm×300 mm×200 mm		
仓管员(签字)：					送货人(签字)：				

请你完成这批货物的入库作业。

任务评价

考核项目	考核内容及要求	分值	学生自评(10%)	小组评分(20%)	教师评分(50%)	专家评价(20%)	实际得分
职业素养	具有团队合作精神	10					
	学习态度认真、尊重导师	10					
知识掌握情况	掌握仓储作业的活动	10					
	掌握仓储作业管理的作用	10					
	掌握仓储作业管理的主要内容	10					
	掌握仓储作业的流程	10					
技能掌握情况	能够明白仓储作业的作业活动	10					
	能够绘制仓储作业流程图	10					
	能够掌握仓储作业管理的主要内容	10					
	能够掌握仓储作业的流程并能够根据实际情况完成仓储作业	10					
总分							

任务二　仓储管理系统业务案例实训

（一）环境准备

教学方法		任务驱动教学法、讨论教学法
教学手段		小组讨论、多媒体教学
教学环境	硬件环境	学生机房、纸、笔
	软件环境	网络资源、office软件、仓储管理系统
组织形式		集体讨论、小组合作、PPT成果展示描述：以小组学习为主，任务驱动法贯穿教学全过程
建议课时		8课时

（二）任务发布

李明是上海运达仓储配送中心地球1号库的仓管员，负责对货物的入库、盘点和出库作业管理。李明接到了货物的入库、盘点和出库指令。

请以小组为单位，结合仓储管理系统帮助李明完成仓储作业中的入库、盘点和出库作业。入库单和出库单信息如下所示。

任务一：入库作业操作，入库的具体商品信息见表5-2-1。

表5-2-1

客户名称	北京乐美科技					库房	地球1号		
入库方式	送货					订单来源	Email		
批次	货品	型号	条码	数量	单位	包装规格	产品规格	托盘货品量	储区储位
12002	虎牌保温杯	MSC-B05Z	9787798966879	110	箱	700 mm×300 mm×220 mm	1×1	20	托盘货架区

任务二：盘点作业，要求其对托盘货架区进行盲盘，并对库存差异进行盈亏调整。

任务三：出库作业，生成货物出库的信息处理，具体的货物出库信息见表5-2-2。

表5-2-2

仓库名称：地球1号					2012年8月10日		
采购订单号		201208100007					
客户指令号		20120810007		订单来源	E-mail		
客户名称		北京乐美科技有限公司		质量	正品		
出库方式		自提		出库类型	正常		
序号	货品编号	名称	单位	包装规格(mm)	申请数量	实发数量	备注
1	9787885273153	平底锅	箱	480×320×200	30		
合　计					30		

(三) 任务操作

(1) 入库作业操作

步骤一:入库订单处理

李明接到需要入库的具体信息后,进行客户的订单处理,生成入库作业计划传递给仓库,由仓管员打印入库通知单,进行后续的入库作业任务。

李明登录到仓储管理系统中,对订单进行处理,进入到【订单管理】系统中,根据任务的要求,新增入库订单,分别对订单信息、订单入库信息及订单货品进行维护,如下图所示。

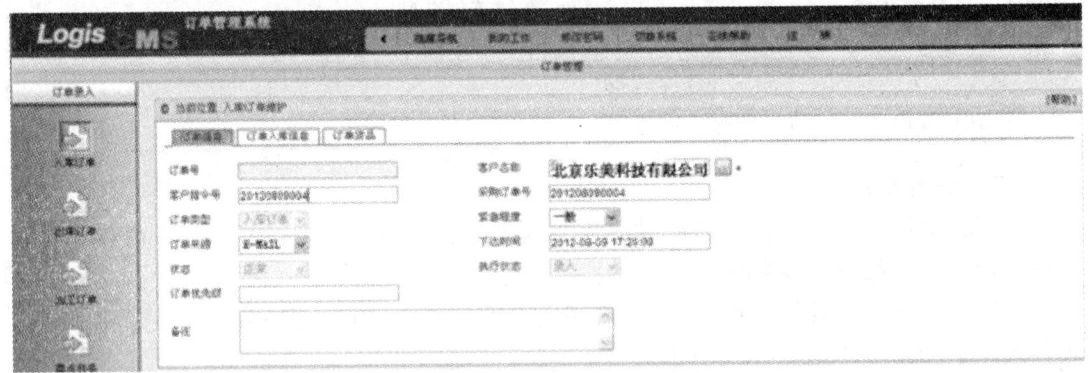

图 5-2-1 订单信息

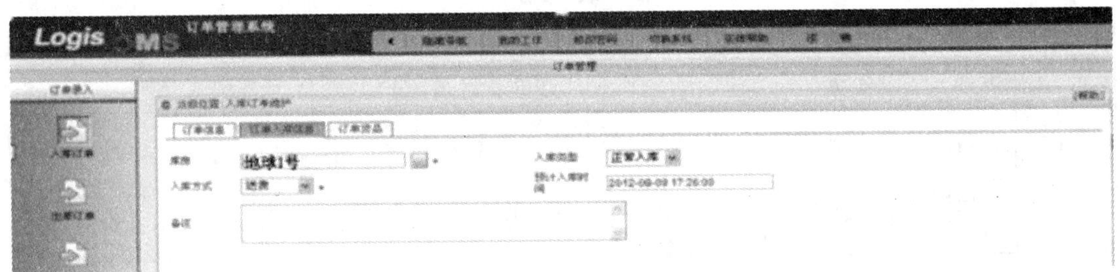

图 5-2-2 订单入库信息

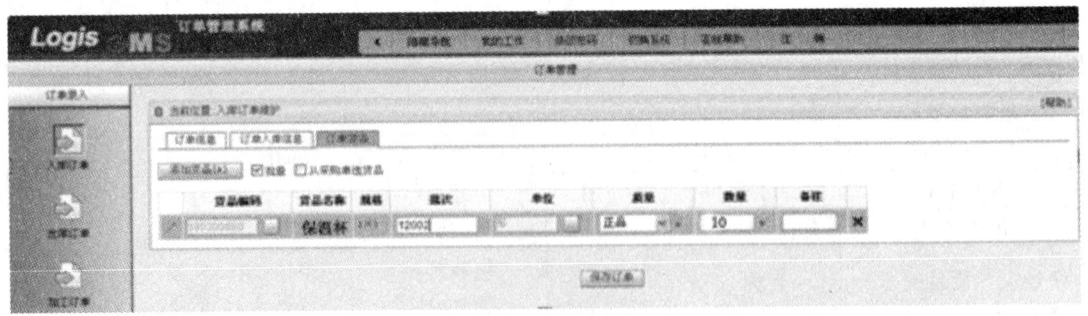

图 5-2-3 货品信息

在上述界面中,保存订单并生成作业计划,打印出入库单,以备入库交接时使用。入库单的打印在【仓储管理】系统中【入库作业】的【入库预处理】模块下进行。

步骤二:入库交接处理

打印好入库单后,小莉以仓管员的身份与送货员进行货物的验收。确认货品的质量、数量、类别等是否符合,确认入库,并在入库单上签字确认。

步骤三:入库货品整理

李明在完成入库交接后,将入库的货品堆码到托盘上,进行入库理货操作。堆码时要注意:堆码的高度不要超高;要将货品的条码朝外摆放,便于手持扫描。货品在托盘上理货完成后,利用手持终端进行组托作业。

李明使用指定的用户名和密码登录到手持终端系统,并选择指定的库房,如图 5-2-4 所示。

登录手持终端系统后,进入其应用操作的主界面,如图 5-2-5 所示,选择【入库作业】—【入库理货】。

图 5-2-4　手持终端登录界面

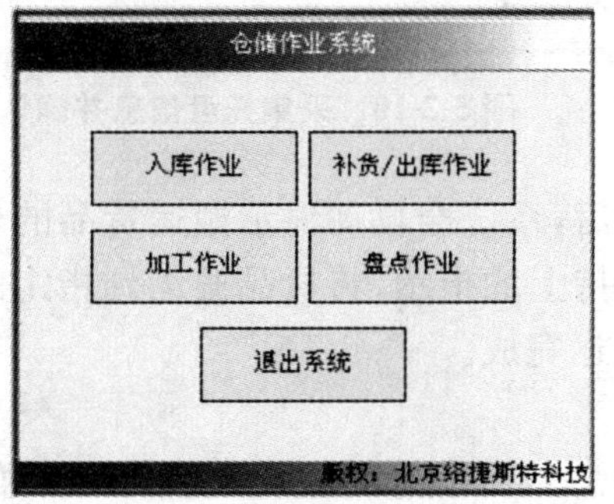

图 5-2-5　手持终端主功能界面

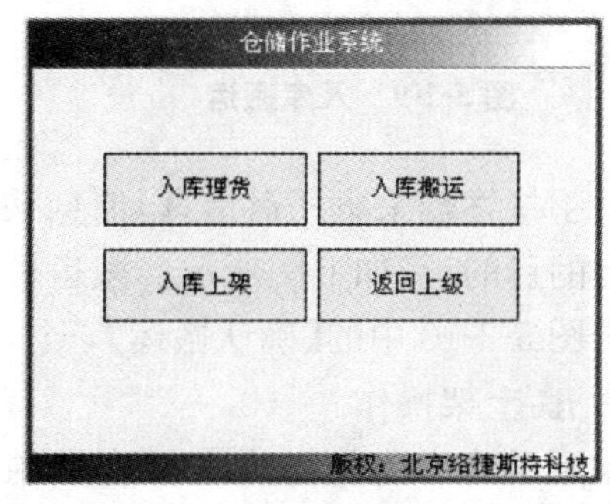

图 5-2-6　入库操作功能界面

点击【入库理货】,可以看到手持终端接收的入库订单,点击相应订单所对应的【理货】按钮,可以利用手持终端采集货品条码信息,系统会自动提示此货物的入库目标储存区域,再利用手持系统扫描托盘标签,如下图所示。

当前操作:入库理货
货品条码
托盘标签
货品名称 –
规格 –
批号
实收数量　余:
建议数量:
保存结果
作业已理货:0托盘
货品编码　货品名称　计划数量
980800880　保温杯　20箱

图 5-2-7　手持入库操作界面

当前操作:入库理货
货品条码 9787798966882
托盘标签 8000000000005
货品名称 保温杯
规格 1×1
批号
实收数量 20 余:20
建议数量:20
保存结果 去往[托盘货架区]
作业已理货:0托盘
货品编码　货品名称　计划数量
980800880　保温杯　20箱

图 5-2-8　货品、托盘条码扫描

手持终端扫描过托盘的编码后，会将货品名称、规格、实收数量的信息显示出来，用户只需核对实收数量与订单入库数量是否一致即可。点击【保存结果】，至此理货完成。

步骤四：入库搬运

小莉现在以搬运员的身份，利用手持终端获取搬运的区域信息。在手持终端功能界面中，选择【入库作业】—【入库搬运】。点击【入库搬运】，进入如图 5-2-9 所示的界面。

当前操作：搬运操作
客户：默认客户

托盘标签	
货品名称	-
数量	-
到达地点	-

返回 主菜单 退出系统
8000000000005 保温杯

图 5-2-9 入库搬运

当前操作：搬运操作
客户：默认客户

托盘标签	8000000000005
货品名称	保温杯
数量	20
到达地点	托盘货架交接区
	确认搬运

返回 主菜单 退出系统
8000000000005 保温杯

图 5-2-10 采集托盘信息并确认

利用手持终端采集托盘信息，信息采集成功后，系统会自动显示搬运货品的名称、数量及搬运的目的地，如上图所示。搬运员按照手持上的指示，将货品搬运到指定的地点，然后点击图 5-2-10 中的【确认搬运】，至此货品搬运完成。

步骤五：上架操作

登录到手持终端获得待上架货品的储位信息。在手持的主功能界面找到【入库上架】，点击进入，可以看到待上架的货品信息，扫描采集托盘标签信息，信息采集成功后，系统会自动显示出货品的存储目标储位，如图 5-2-11 所示。

当前操作：入库上架

托盘标签	8000000000005
名称	保温杯
规格	1×1
批号	12002
数量	20
储位标签	C01076- B00100

托盘货架区B00100 确认上架
返回 主菜单 退出系统
8000000000005 保温杯

图 5-2-11 确认上架

图 5-2-12 上架完成

根据提示的储位信息，找到储位，利用手持终端扫描储位的标签信息，再点击【上架完成】，并将托盘货物放到货架储位上。

货品理货、入库上架操作完成后，需要对整个入库作业进行反馈处理，确认整个入库操作完成。选择【入库作业】—【入库理货】进入到入库理货界面，如图 5-2-13 所示。

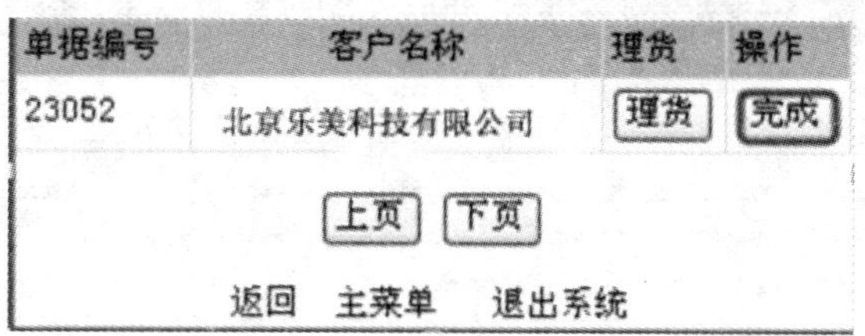

图 5-2-13　理货完成

点击【完成】，至此入库的操作就全部完成了。

(2) 盘点作业操作

步骤一：盘点作业计划生成

小莉接到盘点的作业指令后，在仓储管理系统中，生成盘点作业计划，并打印空的盘点作业单，同时将盘点单和作业计划传递给仓储作业部门。

在【仓储管理】系统中，选择【盘点管理】，进入到盘点作业的列表中，选择【新增】盘点任务，填写盘点的库房、储位、负责人等信息。根据任务要求，选择盘点类型为：按区域盘；填写盘点区域为：托盘货架区，具体的信息，见图 5-2-14。

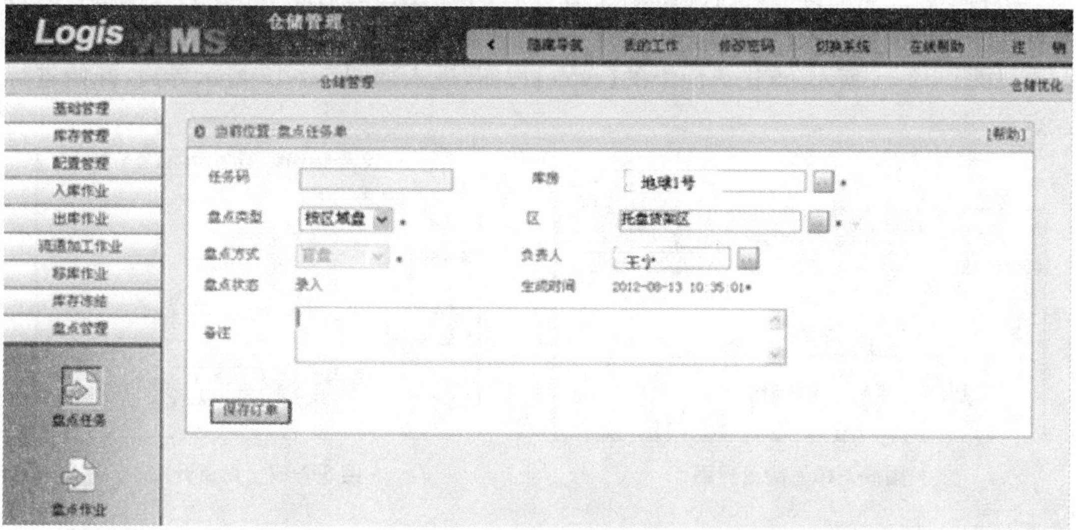

Logis MS　仓储管理
隐藏导航　我的工作　修改密码　切换系统　在线帮助　注销
仓储管理　仓储优化
基础管理　库存管理　配置管理　入库作业　出库作业　流通加工作业　移库作业　库存冻结　盘点管理
盘点任务　盘点作业
当前位置：盘点任务单　[帮助]
任务码　库房 地球1号
盘点类型 按区域盘　区 托盘货架区
盘点方式 盲盘　负责人 王宁
盘点状态 录入　生成时间 2012-08-13 10:35:01
备注
保存订单

图 5-2-14　新建盘点单

其中盘点方式默认为盲盘。所谓盲盘：针对每次盘点，信息员打印盘点表，不包括产品数量，交给至少两名盘点人员进行盘点，将盘点数量填写在空白处，盘点后由二人共同签字确认数量的盘点方法。

订单填写无误后，点击下方的【保存订单】按钮，进入如图 5-2-15 所示界面。

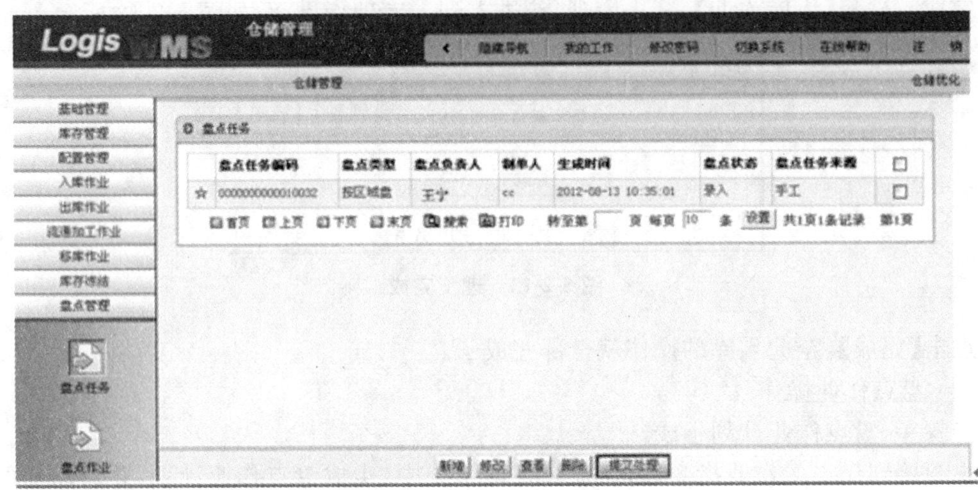

图 5-2-15　盘点任务提交处理

勾选该盘点作业单，点击【提交处理】按钮，完成生成盘点作业计划的操作。

步骤二：实物盘点

小莉以盘点员的身份，接收盘点作业任务后，拿着空白的盘点单和手持终端进行实物盘点。使用设置好的账号、密码登录到手持终端的界面，点击【盘点作业】，进入盘点任务列表，如图 5-2-16 所示，点击界面上的【盘点】按钮，进入如图 5-2-17 所示界面，开始进行盘点。

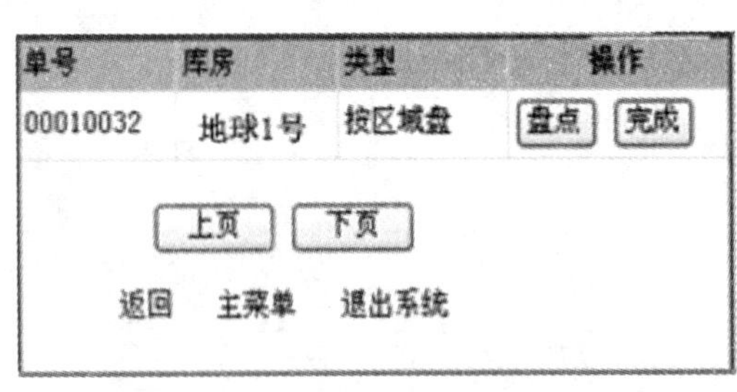

图 5-2-16　待盘界面

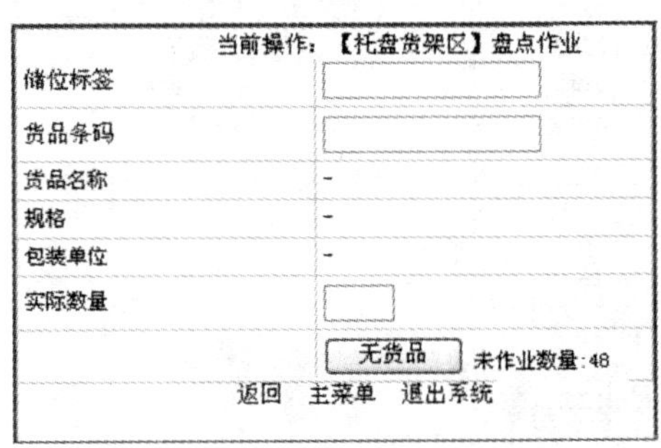

图 5-2-17　盘点开始

利用手持终端扫描储位标签，再扫描储位上的货品条码信息。系统会自动显示出该货品的名称、规格等信息，如图 5-2-18 所示。

当前操作：【托盘货架区】盘点作业

储位标签	A00100
货品条码	9787880622343
货品名称	烤肠机
规格	1×1
包装单位	箱
实际数量	22
	保存　未作业数量：48

返回　主菜单　退出系统

图 5-2-18　读取信息

盘点员清点该储位上货品的数量，将库存数量填写到【实际数量】中，该货品盘点完毕后点击【保存】。在作业界面中，会显示该盘点作业的任务量，每当完成一个储位的货品盘点后，盘点作业量也会相应减少一个。重复上述盘点操作，进行其他货位的盘点。直到手持终端系统提示无待盘点的货品，盘点结束，返回到盘点作业界面，点击【完成】按钮。

对于盘点过程中存在次品的情况，仓管员需要在空白盘点单上做备注，填写好正品、次品的数量，便于后续盘点反馈处理。

盘点员将盘点后的结果需要反馈到仓储管理系统中，进行盘点反馈及盈亏处理。

步骤三：盘点作业反馈

盘点员登录到仓储管理系统中，选择【盘点作业】，进入盘点作业列表，点击界面下方的【反馈】按钮，进入如图 5-2-19 所示的界面。

图 5-2-19　盘点单

盘点单中的“实际数量”即为盘点员在仓库中盲盘时得到的实际货品数量，即通过手持终端传递回来的盘点数量。盘点员根据“盘点单”填写正品、次品的数量，实盘数据反馈完毕后，点击【反馈完成】。

步骤四：盘点差异处理

盘点员将盘点的实际情况反馈到【仓储管理】系统后，仓管员会对盘点结果进行查看，针对于存在差异的盘点结果进行复查、核实，最后对差异情况进行调整，以调整库存情况。

仓管员登录到仓储管理系统中，进行盘点调整，待差异调整完毕后，此次的盘点任务结束，打印此次盘点结果的单据。

(3) 出库作业操作

步骤一：出库订单处理

小莉登录到仓储管理系统中，进入【订单管理】系统，新建出库订单，分别随订单的信息、订单的入库信息及订单货品进行维护，如图 5-2-20、图 5-2-21 和图 5-2-22 所示。

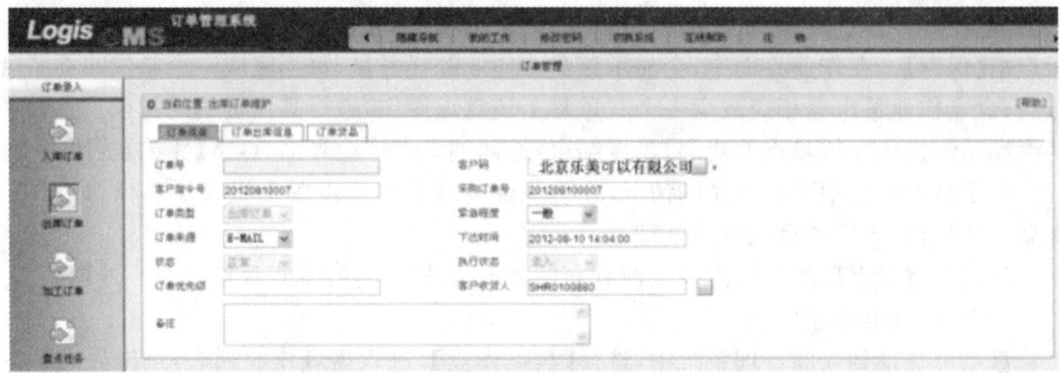

图 5-2-20　订单信息

图 5-2-21　订单出库信息

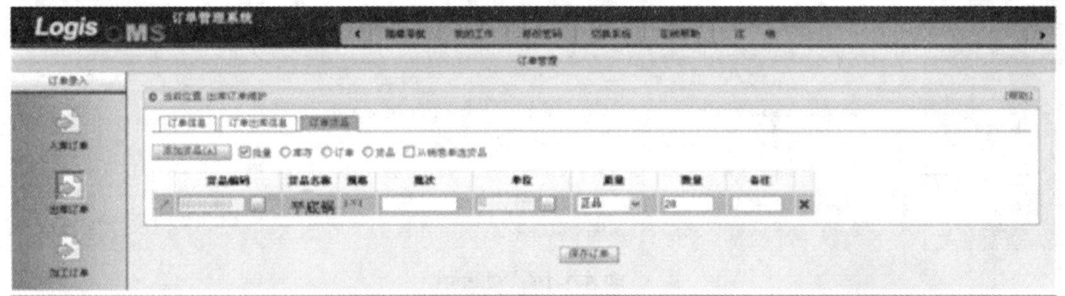

图 5-2-22　订单货品

保存订单后返回到出库订单列表，勾选订单【生成作业计划】，打印出库单，并将出库单移交给仓管员。

步骤二：出库作业启动

小莉以仓管员的身份接到出库作业计划后，利用手持终端启动出库作业任务。登录手持终端系统，并选择指定的库房，如图 5-2-23 所示。

图 5-2-23　手持终端用户登录

进入其应用操作主功能界面，点击【补货/出库作业】，进入出库作业功能界面，如图 5-2-24 所示，点击【出库理货】，进入到待理货作业任务栏中。

仓储作业系统
下架作业
搬运作业
补货上架
返库上架
小件分拣
出库理货
播种拣选
上输送线
返回上级
版权：北京络捷斯特科技

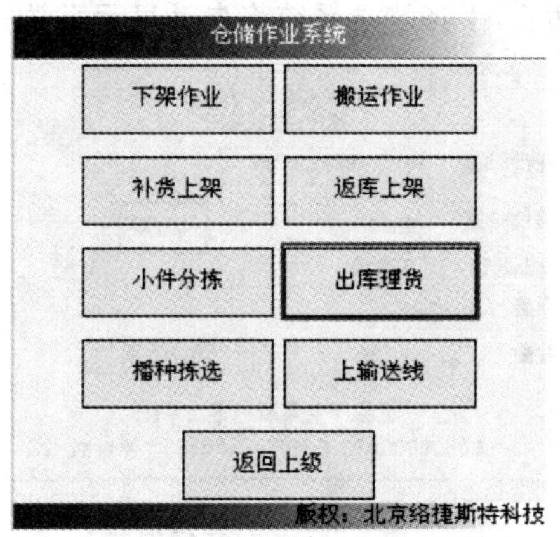

图 5-2-24　出库作业功能界面

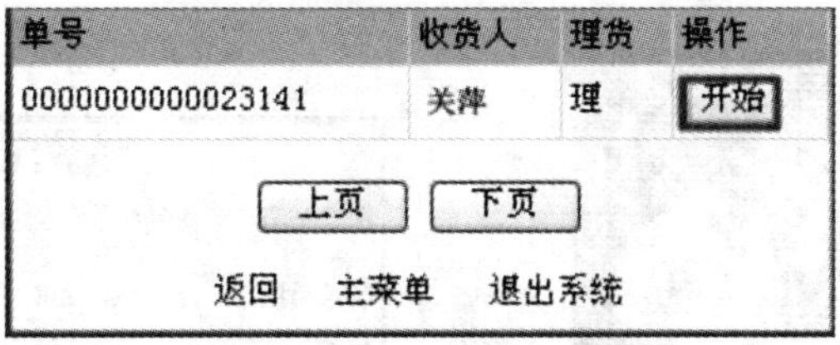

单号
收货人
理货
操作
0000000000023141
关萍
理
开始
上页
下页
返回
主菜单
退出系统

图 5-2-25　出库理货开始

点击【开始】，启动出库理货作业。点击开始后，系统会将【开始】按钮变成【完成】。表明该业务已经开始启动。

注意此时不可以点击【完成】，否则就无法进行后续的作业任务。

出库作业启动后，仓管员会将下架、搬运的作业任务交由搬运员完成。

步骤三：下架作业操作

小莉以搬运员的身份完成后续的出库作业，登录到手持终端，读取下架任务信息。点击【补货/出库】功能界面下的【下架作业】，进入如图 5-2-26 所示界面。

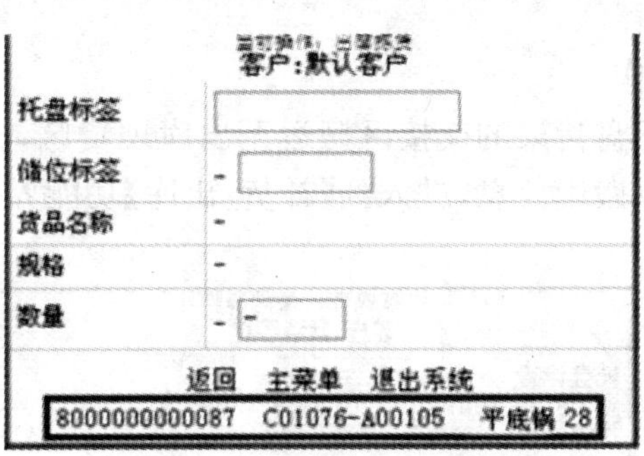

客户：默认客户
托盘标签
储位标签
货品名称
规格
数量
返回
主菜单
退出系统
8000000000087　C01076-A00105　平底锅 28

图 5-2-26　出库下架

在手持终端下方会显示待下架的货物名称、下架数量、存放储位和托盘标签信息。

搬运员根据手持终端上的提示信息，找到 A00105 储位，利用手持终端采集储位上托盘标签信息，信息采集成功后，手持终端系统将自动显示默认拣货数量，如图 5-2-27 所示界面。

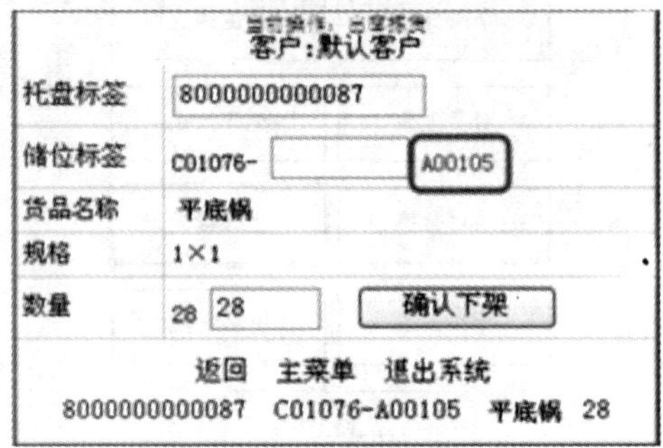

图 5-2-27 托盘扫描

利用手持终端采集储位信息，如图 5-2-28 所示。确认下架数量，核对无误后，点击【确认下架】，见图 5-2-29。

图 5-2-28 手持下架操作

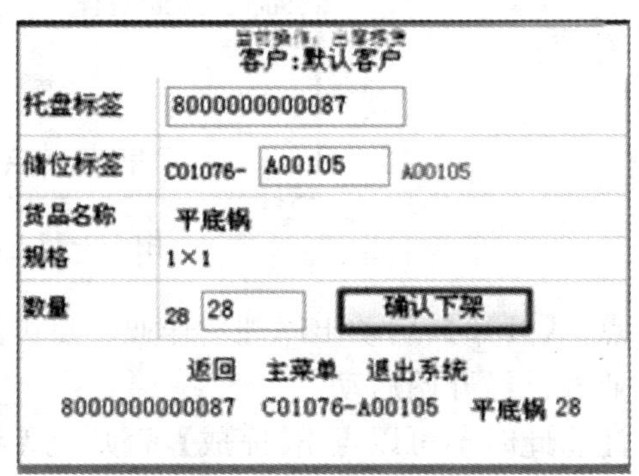

图 5-2-29 手持下架操作

待手持终端下方没有操作提示信息，则表示当前出库下架作业已经确认。利用叉车将托盘作业的货物从指定的货位下架。下架完成后，使用叉车将货物搬运至托盘货架交接区，并将其放回设备暂存区。

步骤四：搬运作业操作

下架后货物需要从托盘货架的交接区搬运至出库理货区，进行出库理货清点。搬运员需要通过手持终端读取搬运信息，进入到【补货/出库】功能界面，点击【搬运作业】，进入如图 5-2-30 所示界面。

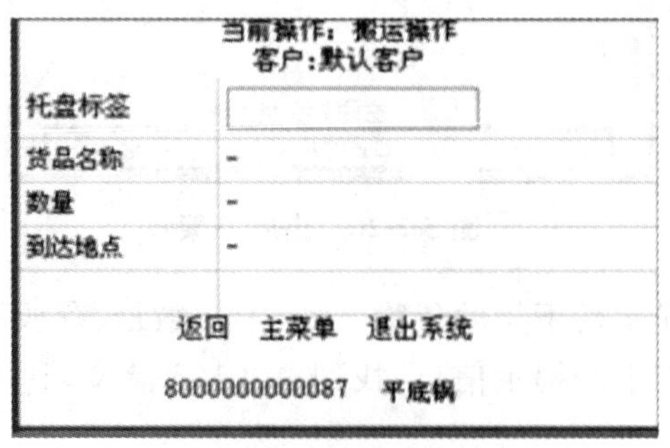

图 5-2-30 搬运操作界面

手持终端的下方会自动提示出需要进行搬运作业的货品名称、托盘信息。利用手持终端采集托盘标签信息。

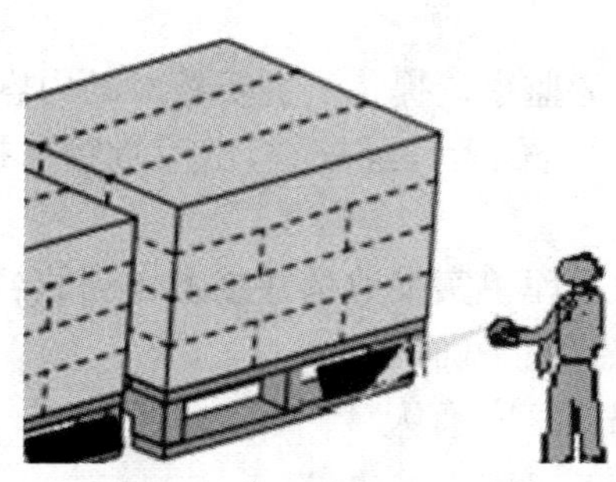

图 5-2-31　搬运操作界面

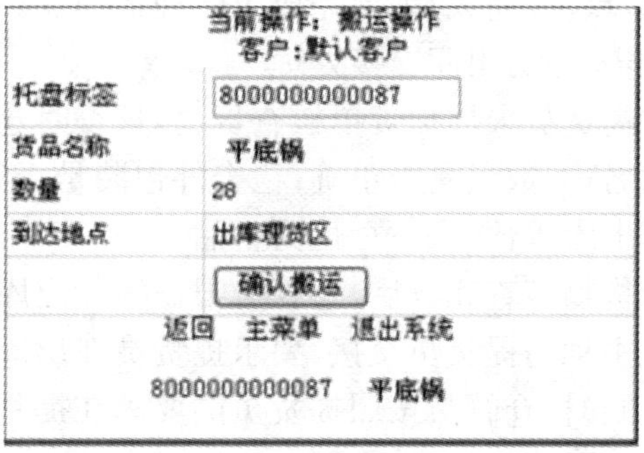

当前操作：搬运操作
客户:默认客户
托盘标签
8000000000087
货品名称
平底锅
数量
28
到达地点
出库理货区
确认搬运
返回　主菜单　退出系统
8000000000087　平底锅

图 5-2-32　采集托盘标签信息并确认

信息采集成功后，手持终端系统自动提示待搬运的货品名称、货品数量及目标地点等信息，如图 5-2-32 所示。点击【确认搬运】。

从设备暂存区将电动搬运车取出。利用电动搬运车将一托盘电炸锅从托盘货架交接区搬运至出库理货区。

步骤五：出库理货确认

搬运员将一托盘货物放置到出库理货区后，根据手持终端的出库理货提示开始进行出库理货确认。登录到手持终端出库作业界面，点击【出库理货】，进入如图 5-2-33 所示界面。

单号
收货人
理货
操作
0000000000023141
关萍
理
完成
上页
下页
返回　主菜单　退出系统

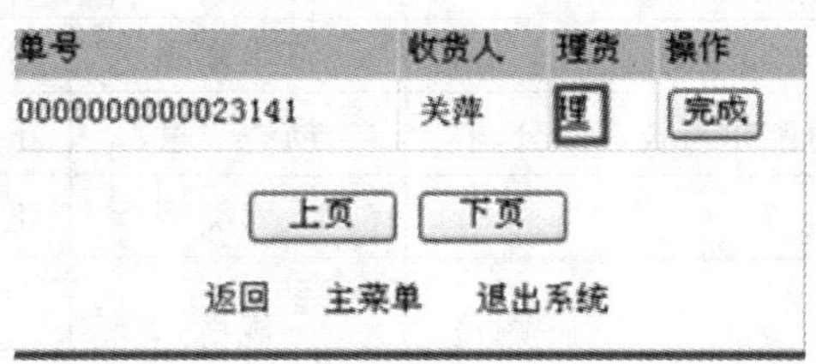

图 5-2-33　理货

点击【理】，进行出库理货清点。

点击待理货的托盘标签号，此时手持终端系统自动显示默认理货数量，如图 5-2-34 所示。

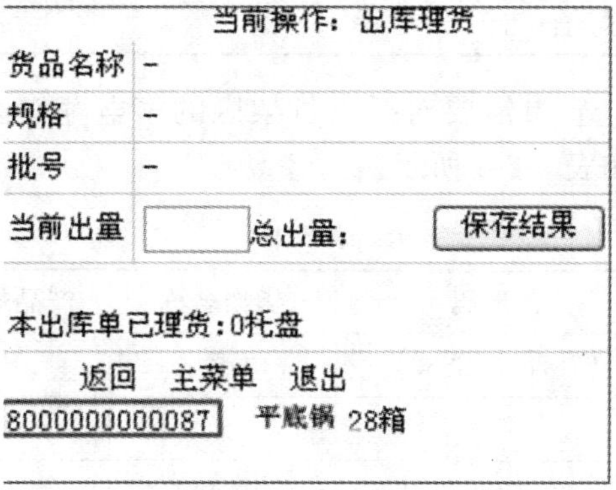

当前操作：出库理货
货品名称
规格
批号
当前出量
总出量：
保存结果
本出库单已理货：0托盘
返回　主菜单　退出
8000000000087
平底锅 28箱

图 5-2-34　理货确认

仓管员清点托盘上的货品数量，核对出库理货的数量，确认理货数量正确无误后，点击【保存结果】，操作界面下方会提示已理货操作完成的信息。点击【返回】回到出库理货界面，点击【完成】确定完成出库理货作业。

步骤六：出库交接处理

提货员根据提货单核查货物，核查时仓管员在一旁监察。提货员主要核对的内容有：货物名称、数量是否正确，检查外包装是否完好或者是否倒置。经核查，出库货物与提货单及出库单数量一致，均为正品。

货物核查完毕后，仓管员根据实际出库情况填写出库单实发数量并签上自己的名字，然后主动与提货员交接，要求提货员在出库单相应位置签字确认。

同时，仓管员按照提货员的要求在提货单相应位置签字确认。

（四）模拟实训案例

宜家百货物流中心以经营副食品、烟酒饮料、生活日用品及家电系列商品四大类为主，兼有其他商品的批发和零售。该配送中心的整体布局呈"U"字形设计，充分利用存储空间，方便进出库作业，该仓储配送中心构建了"储存立体化、装卸机械化、分拣电子化、管理信息化"的现代配送体系，每天都处理大量货物的入库、移库、盘点操作。

表 5-2-3 入库通知单

仓库名称：家电仓库

批次		12002					
采购订单号		20140331012					
客户指令号		20140331123		订单来源	传真		
客户名称		上海酷乐科技有限公司		质　　量	正品		
入库方式		送货		入库类型	正常		
序号	货品编号	名称	单位	规格	申请数量	实收数量	备注
1	980301486	电暖扇	箱	1×1	38		
2	980401435	豆浆机	箱	1×1	46		
合　计							

2014 年 3 月 31 日，仓管员需要对托盘货架区的家电存储区的货物进行盘点。托盘货架区存储的商品信息如表 5-2-4 所示。：

表 5-2-4

库区	货位	条形码	货物名称	产品规格	账面数量	单位
B00642	H00000	9787880622334	电暖扇	1×1	24	箱
B00642	H00001	—	无	—	0	—
B00642	H00002	9787799912715	电磁炉	1×1	20	箱

（续表）

库区	货位	条形码	货物名称	产品规格	账面数量	单位
B00642	H00003	—	无	—	0	—
B00642	H00004	—	无	—	0	—
B00642	H00005	9787885273158	榨汁机	1×1	28	箱
B00642	H00100	—	无	—	0	—
B00642	H00101	9787799917567	苏泊尔热水壶	1×1	20	箱
B00642	H00102	—	无	—	0	—
B00642	H00103	9787799510578	电饼铛	1×1	24	箱
C00642	H00104	9787799912709	热水器	1×1	32	箱
C00642	H00105	—	无	—	0	—
C00642	I00000	—	无	—	0	—
C00642	I00001	—	无	—	0	—
C00642	I00002	9787883203889	美的豆浆机	1×1	50	箱
C00642	I00003	—	无	—	0	—
C00642	I00004	—	无	—	0	—
C00642	I00005	—	无	—	0	—

请同学们利用仓储管理系统，完成上述表格货物的入库操作以及盘点操作。

任务三 运输作业管理与分析

任务目标

【知识目标】

1. 掌握运输的概念以及功能；
2. 掌握运输方式的选择；
3. 掌握运输系统的构成以及合理化运输；
4. 掌握运输作业流程；
5. 认识运输管理信息系统。

【技能目标】

1. 能够明白运输的概念以及功能；
2. 能够根据实际的情况选择正确的运输方式；
3. 能够根据实际情况进行合理化运输；
4. 能够掌握运输作业流程。

任务发布

上海联众物流有限公司运输设备相对齐全,操作程序规范,年营业额已超过千万元。公司经营全国公路运输、货物配载业务,现已开通珠江三角洲至全国各地的货运专线。

10月5日,联众物流接到一个货运任务,上海联众物流有限公司业务负责人邹辉接到任务后,需要完成此次的公路运输作业。

发货通知单

TO:上海联众物流有限公司

我司有一批精美玉雕产品需要运往广东省,具体信息如下表所示:

序号	商品名称	数量	单位	重量(T)	体积(M3)	到货日期
1	冰箱	40	件	2	40	2012-10-8
收货单位:		广东佛山工美广场				
收货地址:		广东省佛山市顺德区容桂大道29号				
联系人:		朱达				
电话:		152××××××××				

FROM:上海宏美工艺品公司　林海

021-6608××××

上海市祁连山绥德路2弄26号

邮编101224

传真08-1555××××

上海联众物流有限公司业务负责人邹辉接到任务后,需要完成此次的公路运输作业。

知识准备

一、运输作业管理概述

1. 运输的概念

运输是指人或物借助于运力创造时间效用和空间效用的活动。当产品从一个地方转移到另一个地方而价值增加时,运输就创造了空间效用;时间效用则是指这种服务在需要的时候发生。所谓运力,是指由运输设施、路线、设备、工具和人力组成的,局域从事运输活动能力的系统。关于人的运输称为客运,关于货物的运输称货运。总的来说,运输是指用运输设备将物品从一地点向另一地点运送,其中包括集货、分配、搬运、中转、装入、卸下和分散等一系列操作。

2. 运输的功能

(1) 产品转移

运输的主要功能就是产品在价值链中的来回移动。既然运输利用的是时间资源、财务资源和环境资源，那么，只有当它确实提高产品价值时，该产品的移动才是重要的。

（2）产品短期储存

对产品进行临时储存是一个不太寻常的运输功能，也即将运输车辆临时作为储存设施。然而，如果转移中的产品需要储存，但在短时间内又将重新转移的话，那么，该产品在仓库卸下来和再装上去的成本也许会超过储存在运输工具中每天支付的费用。

在仓库空间有限的情况下，利用运输车辆储存也许不失为一种可行的选择。可以采取的一种方法是，将产品装到运输车辆上去，然后采用迂回线路或间接线路运往其目的地。对于迂回线路来说，转移时间将大于比较直接的线路。当起始地或目的地仓库的储存能力受到限制时，这样做是合情合理的。

3. 运输方式的选择

（1）主要的运输方式：公路运输、铁路运输、水路运输、航空运输、管道运输。

公路运输是在公路上运送旅客和货物的运输方式，是交通运输系统的组成部分之一，主要承担短途客货运输。现代所用运输工具主要是汽车，因此，公路运输一般即指汽车运输。

图 5-3-1　公路运输

铁路运输，是一种陆上运输方式，以两条平行的铁轨引导火。铁路运输是其中一种最有效的已知陆上交通方式。

图 5-3-2　铁路运输

水路运输是以船舶为主要运输工具、以港口或港站为运输基地、以水域包括海洋、河流和湖泊为运输活动范围的一种运输方式。水运至今仍是世界许多国家最重要的运输方式之一。

图 5-3-3　水路运输

航空运输，即使用飞机、直升机及其他航空器运送人员、货物、邮件的一种运输方式，具有快速、机动的特点，是现代旅客运输尤其是远程旅客运输的重要方式，为国际贸易中的贵重物品、鲜活货物和精密仪器运输所不可缺。

图 5-3-4　航空运输

管道运输是用管道作为运输工具的一种长距离输送液体和气体物资的运输方式，是一种专门由生产地向市场输送石油、煤和化学产品的运输方式，是统一运输网中干线运输的特殊组成部分。

图 5-3-5　管道运输

(2) 决定运输方式需要考虑的因素

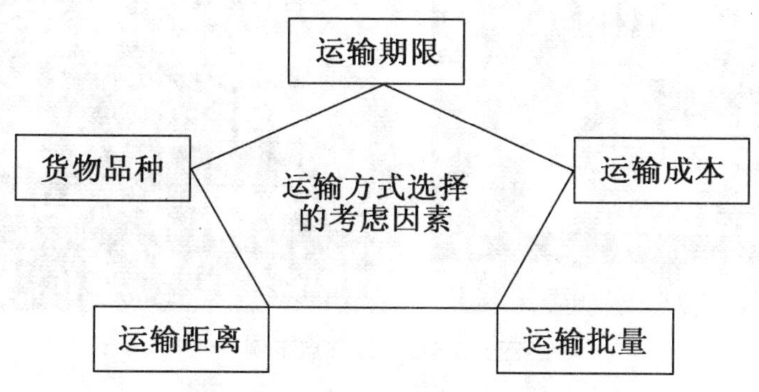

图 5-3-6 运输方式选择的考虑因素

二、运输系统的构成

1. 运输系统的含义

运输系统是指与运输活动相关的各种因素组成的整体，划分方式不同，形成的运输系统也不同。如按照所处领域不同，有生产领域的运输系统和流通领域的运输系统；如按照运输性质不同，有自营运输系统、营业运输系统、公共运输系统；如按照运输方式不同，有公路运输系统、铁路运输系统、水路运输系统、航空运输系统、管道运输系统等。

2. 运输系统的构成要素

(1) 运输线路

运输线路是运输系统中的基础设施，是运输工具定向移动的通道。

图 5-3-7 交通线路

(2) 运输节点

运输节点是指分布在运输线路上的，承担运输业务办理、货物集散、运输工具维修、不同运输方式衔接等职能的场所。

图 5-3-8　运输节点范例

(3) 运输工具

运输工具是指在运输线路上用于载货并使其发生位移的装置与设备。运输工具是运输得以进行的基础设备。根据从事运送的独立程度,可以把运输工具分为:仅提供动力,不具有装载货物容器的运输工具,如汽车牵引车等;没有动力,但具有装载货物容器的运输工具,如挂车等;有动力,且具有装载容器的运输工具,如飞机、邮轮等。

图 5-3-9　运输工具范例

(4) 运输对象及运输参与者

货物是运输活动的对象,但是货物本身不能做出是否参与运输的决定,所以运输活动是否进行需要由运输参与者做出决定。运输活动的具体参与者包括货物所有者、承运人、货运代办人。

图 5-3-10　运输对象范例

三、合理化运输

1. 合理化运输的概念

合理化运输就是在实现物资产品实体从生产地至消费地转移的过程中，充分有效地运用各种运输工具的运输能力，以最少的人、财、物消耗，及时、迅速、按质、按量和安全地完成运输任务。其标志是：运输距离最短、运输环节最少，运输时间最短和运输费用最省。

2. 不合理运输

不合理运输是在现有条件下可以达到一定的运输水平而未达到，从而造成了人力浪费、运输时间增加、运费超支等问题的运输形式。目前存在的主要不合理运输的运输形式如表 5-3-1 所示。

表 5-3-1 不合理运输的运输形式

不合理运输形式	内容
返程或启程空驶	空车无货载，可以说是不合理运输的最严重形式，在实际运输组织中，有时候必须调运空车，从管理上不能将其看成不合理运输。但是，因调运不当、货源计划不周、不采用运输社会化而形成的空驶，是不合理运输的表现。
对流运输	是指同一种货物或彼此间可以相互代替而又不影响管理、技术及效益的货物，在同一线路上或平行线路上作相对方向的运送，而与对方运程的全部或一部分发生重叠交错的运输。
迂回运输	迂回运输是舍近求远的一种运输，是可以选取短距离进行运输时却选择路程较远线路进行运输的一种不合理运输。
重复运输	本来可以直接将货物运到目的地，但是在未达目的地之处或目的地之外的场所将货卸下，再重复运输的一种形式。另一种形式是，同种货物在同一地点一面运行，同时又向外运出。
倒流运输	倒流运输是指货物从销地或中转地向产地或起运地回流的一种运输现象。倒流运输也可看作隐蔽对流的一种特殊形式。
过远运输	过远运输是指调运物资时舍近求远，近处有资源而从远处调，这就造成可采取近程运输而未采取，拉长了货物运输距离的浪费现象。
运力选择不当	即没考虑各种运输工具的优势而不正确地利用运输工具造成的不合理现象，常见的有弃水走路、铁路和大型船舶的过近运输、运输工具承载能力选择不当、托运方式选择不当。

3. 合理化运输的有效措施

（1）提高运输工具实载率。

充分利用运输工具的额定能力，减少车船空驶和不满载行驶的时间，减少浪费，从而求得运输的合理化。

（2）减少动力投入，增加运输能力。这种合理化的要点是少投入、多产出，走高效益之路。

（3）开展中短距离铁路公路分流，“以公代铁”的运输。

(4) 分区产销平衡合理运输。就是在组织物流过程中,对某种货物,使其一定的生产区固定于一定的消费区。

(5) 直达运输。就是在组织货物运输的过程中,越过商业、物资仓库环节或铁路、交通中转环节,把货物从产地或起运地直接运到销地或用户,以减少中间环节。

(6) 组织"四就"直拨运输。"四就"直拨是首先由管理机构预先筹划,然后就厂、就站、就库、就车(船)将货物分送给客户。

(7) 合装整车运输。把同一方向不同到站的零担货物,集中组配在一个车皮内,运到一个适当车站,然后再中转分运。

(8) 提高技术装载量。提高技术装载量是组织合理运输、提高运输效率的重要内容。

四、运输管理信息系统概述

1. 运输管理信息系统的概念

运输是物流运作的重要环节,在各个环节中运输时间及成本占有相当比重。随着市场竞争的加剧,对物流服务质量的要求越来越高,尤其是运输环节,由此,运输管理系统(TMS)应运而生。

TMS是优化运输模式组合,如空运、陆运或水运等,寻求最佳的运输路线的有效辅助工具。使用TMS还可实现在途物品的跟踪,并在必要时调整运输模式,实现车队管理、运输计划、调度与跟踪、与运输商的电子数据交换以及信息集成等。

2. 运输管理信息系统的功能模块

运输管理模块主要包括运输基础信息管理、运输调度管理、场站作业管理、财务审核与结算管理、查询统计管理和异常管理等部分。

(1) 运输基础信息管理:包括运力资源管理、运输路由(线路)管理等功能。系统可以管理所有的自有和分供方的运力资源,公路、铁路、航空,自有、分供方、临时运力资源"一视同仁",纳入系统进行统一管理/调度。运输路由(线路)则根据系统能够控制的运力资源进行编排,作为运输调度优化的依据。

(2) 运输调度管理:包括运单起点站的取货调度、运单终点站的派送调度、长途运输的集货调度、路由(运输线路)安排、货物中转调度和运单跟踪等功能,实现运单及其货物的全过程调度、管理和跟踪服务。

(3) 场站作业管理:根据调度指令实现运单货物的取货、派送、取/送港、出站扫描、入站扫描、货签打印等功能。整个场站操作可以与手持设备无缝集成,实现作业的高效和准确。

(4) 查询统计管理:包括运单查询、运单跟踪、应收应付查询、综合查询等功能,并以文字、图表等多种方式进行展现。

(5) 异常处理:系统针对客户服务、运输调度、场站作业等多个环节的业务运转中可能产生的异常情况进行定义,包括异常的报告、处理等流程。

(6) 配送管理:实现市内及区域配送的调度和操作管理,主要包括配送车辆调度、配送车辆操作、签收录入等处理。

(7) 运输外包管理:实现运输外包调度管理、运输外包信息反馈管理、运输外包回单处理等。

(8) GPS跟踪管理:实现与GPS系统的集成接口,进行车辆的路径规划、实施监控、预警、回放等操作。

运输管理系统需要对始发站、目的站的客户基本信息、运力信息、人员信息、车辆信息等进行基本维护。

3. 运输管理信息系统的特点

(1) 运输管理系统网络化

基于浏览器和服务器结构(B/S)的TMS可实现订单管理、货运业务管理、仓库台账管理、人车分配、车辆技术管理、财务管理、查询等功能,通过使用系统能够减少人工配单、人工统计的工作量,加强车辆调度功能,加快各环节的信息交流和协作,提高部门协同工作效率,从而提高企业的整体效率。

(2) 具有功能强大的跟踪服务平台

目前的一些TMS系统可以通过使用互联网络,实现网上实时信息查询、委托的功能,客户可以凭有效身份透明地查询货物状态,了解整个运输过程、时间进度,这些功能可以方便客户在货物流转的过程中更合理地安排生产销售计划。

(3) 集成GPS/GIS系统

越来越多的TMS系统与卫星定位系统(GPS)和地理信息系统(GIS)进行有效集成,利用全球移动通信系统(Global System for Mobile Communications,GSM)短信息网络,通过车载终端来实现对车辆的实时监控、跟踪,从而提高车辆的有效利用率,保证车辆及货物安全,加强对车辆和驾驶员的控制。

一般TMS具有的功能模块包括调度管理、车辆管理、油耗管理、人员管理、资源管理、财务核算、绩效考核、车辆跟踪、账单查询等。

☺ 任务实施

步骤一:业务受理。邹辉接到上海宏美工艺品公司发来的发货单,接受运输发送计划。邹辉下达任务给运输调度员小丽,小丽从客户处获得出库提货单证,并对单证进行核对。

步骤二:登记。小丽在登记表上登记分送货目的地和分收货客户标定提货号码。接着司机小王到运输调度中心那提货单,并在运输登记表上确认签收。

步骤三:调用安排。小丽填写运输计划,填写运输在途及送到情况;填写追踪反馈表;并在电脑上输入订单。

步骤四:车队交接。邹辉根据客户提供的信息统筹安排车辆,并给客户发送运输计划,确认到场提货时间。

步骤五:提货发运。邹辉安排人员按时到达客户仓库提货;检查车辆情况;办理提货手续;提货后,盖好车棚,锁好箱门;办好出厂手续,并电话通知收货客户货物预到达时间。

步骤六:在途追踪。邹辉安排工作人员建立收获客户档案,并要求司机及时反馈途中信息,并与收货客户电话联系送货情况,填写跟踪记录。

步骤七：到达签收。邹辉通过电话或传真确认货物到达时间；司机小王将回单用EMS或FAX传真回公司；签收运输单；定期将回单送至客户处，并将当地市场的住处及时反馈给客户。

步骤八：回单。

步骤九：运输结算。由工作人员事先准备好收费票据，制定好收费汇总表交至客户，确认后交回结算中心，并由结算中心开具发票，向客户收取运费。

任务拓展

某公司首次承揽到三个集装箱运输业务，时间较紧，从上海到大连铁路1 200公里、公路1 500公里、水路1 000公里。为稳妥完成此项运输任务，该公司决定请联运第三方物流公司来承担此项运输任务。你认为联运公司采取怎样的运输方式来完成此次的运输任务较好，具体的运输流程是怎样的？

任务评价

考核项目	考核内容及要求	分值	学生自评(10%)	小组评分(20%)	教师评分(50%)	专家评价(20%)	实际得分
职业素养	具有团队合作精神	10					
	学习态度认真、尊重导师	10					
知识掌握情况	掌握运输的概念以及功能	10					
	掌握运输方式的选择	10					
	掌握运输系统的构成以及合理化运输	10					
	掌握运输作业流程	10					
技能掌握情况	能够明白运输的概念以及功能	10					
	能够根据实际的情况选择正确的运输方式	10					
	能够根据实际情况进行合理化运输	10					
	能够掌握运输作业流程	10					
总分							

任务四　运输管理系统业务案例实训

（一）环境准备

<table>
<tr><td colspan="2">教学方法</td><td>任务驱动教学法、讨论教学法</td></tr>
<tr><td colspan="2">教学手段</td><td>小组讨论、多媒体教学</td></tr>
<tr><td rowspan="2">教学环境</td><td>硬件环境</td><td>学生机房、纸、笔</td></tr>
<tr><td>软件环境</td><td>网络资源、office 软件、运输管理信息系统</td></tr>
<tr><td colspan="2">组织形式</td><td>集体讨论、小组合作、PPT 成果展示描述：以小组学习为主，任务驱动法贯穿教学全过程</td></tr>
<tr><td colspan="2">建议课时</td><td>8 课时</td></tr>
</table>

（二）任务发布

北京准点物流运输公司，接到客户的签字盖章的运输指令，运输指令的基本信息见下表，要求该物流公司在规定的时间内及时地将货物运输到目的地。作为该公司的客服人员、调度员、场站操作员、司机等，该如何安全、规范地完成此项运输任务。

要求学生随机分组，分工协作，扮演不同的角色，操作运输管理信息系统，模拟此次货物的运输任务。

<table>
<tr><td colspan="8">发货通知单</td></tr>
<tr><td colspan="8">TO：北京准点物流公司</td></tr>
<tr><td colspan="8">FROM：北京乐美科技有限公司　萧石</td></tr>
<tr><td rowspan="6">010-××××××××
137××××××××
北京市通州区马驹桥开发区 111 号
邮编 101224
传真 08-××××××××</td><td>序号</td><td>商品名称</td><td>数量</td><td>单位</td><td>重量(T)</td><td>体积(M3)</td><td>到货日期</td></tr>
<tr><td>1</td><td>空调</td><td>50</td><td>箱</td><td>8</td><td>40</td><td>2012-5-13</td></tr>
<tr><td colspan="2">收货单位：</td><td colspan="5">上海优颂科技有限公司</td></tr>
<tr><td colspan="2">收货地址：</td><td colspan="5">上海市普陀区古浪路 34 号　邮编 201000</td></tr>
<tr><td colspan="2">联系人：</td><td colspan="5">关萍</td></tr>
<tr><td colspan="2">电话</td><td colspan="5">021-××××××××、134××××××××、传真 021-××××××××</td></tr>
</table>

（三）任务操作

（1）基础信息维护

信息操作人员在实验前已经将相关的基础信息录入到系统中，其中录入的信息包括供应商的基本信息、路运报价、车辆类型、人员安排、客户信息、运力、路由等一些基础的信息，方便后续的模拟操作。

（2）运输订单的处理

客服部的操作人员在接收到客户的运输指令后，即刻登录到物流综合业务平台上，进入订单管理系统中，点击【订单管理】—【订单录入】，然后点击【新增】按钮，进入订单信息填写界面，如图 5-4-1 所示，根据系统的要求填写运单的基本信息。

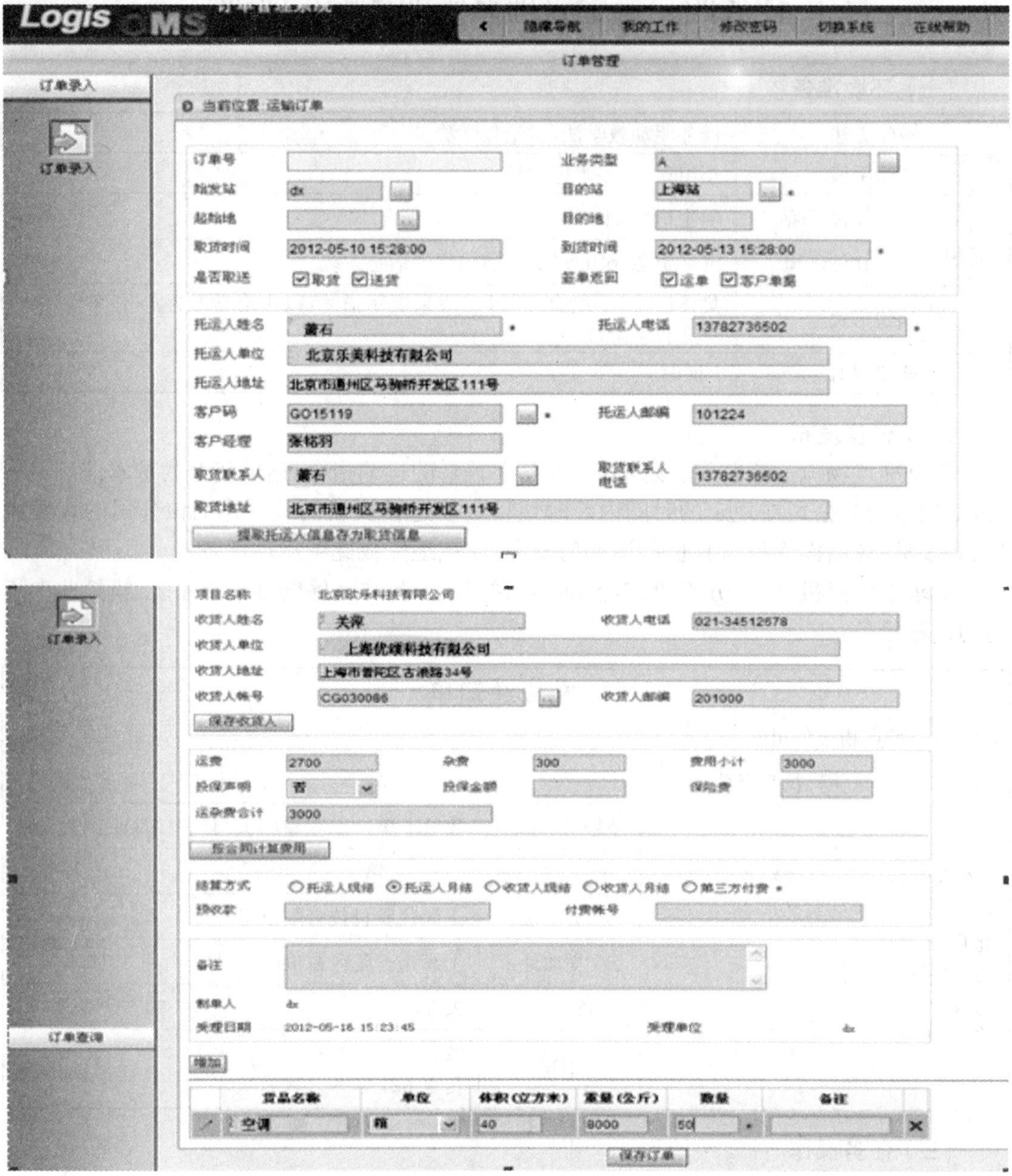

图 5-4-1　运单填写

保存信息填写完整的运单，点击【生成作业计划】进入订单确认界面，完成订单的确认即完成运输订单的处理工作。

(3) 运输调度处理

调度员收到相应的指令后，登录到运输管理系统中，进入【运输管理】—【调度作业】—【分单】，进入待分单的订单列表中，点击待处理的订单后面的【分单】按钮，进入调度界面，如图 5-4-2 所示，在这里可以选择路径、运输方式并获取运单号。

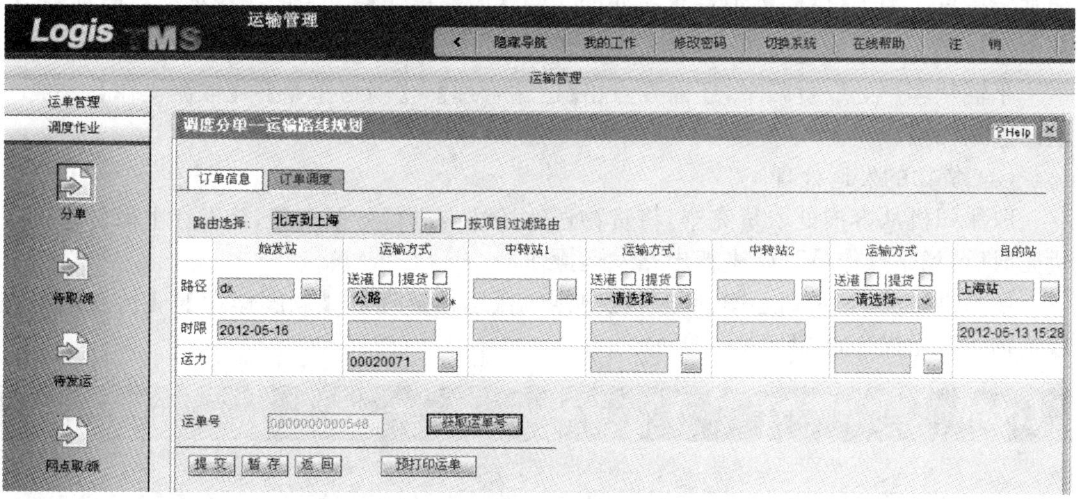

图 5-4-2　订单调度界面

订单调度的相关信息填写完毕后，点击【提交】，进入货位填写界面，填写完成后，即完成了调度分单操作。

点击【运输管理】—【调度作业】—【待取/派】，进入取派订单列表，选择相应的取派订单，点击进入，然后填写相关取派调度单信息，如图 5-4-3 所示。

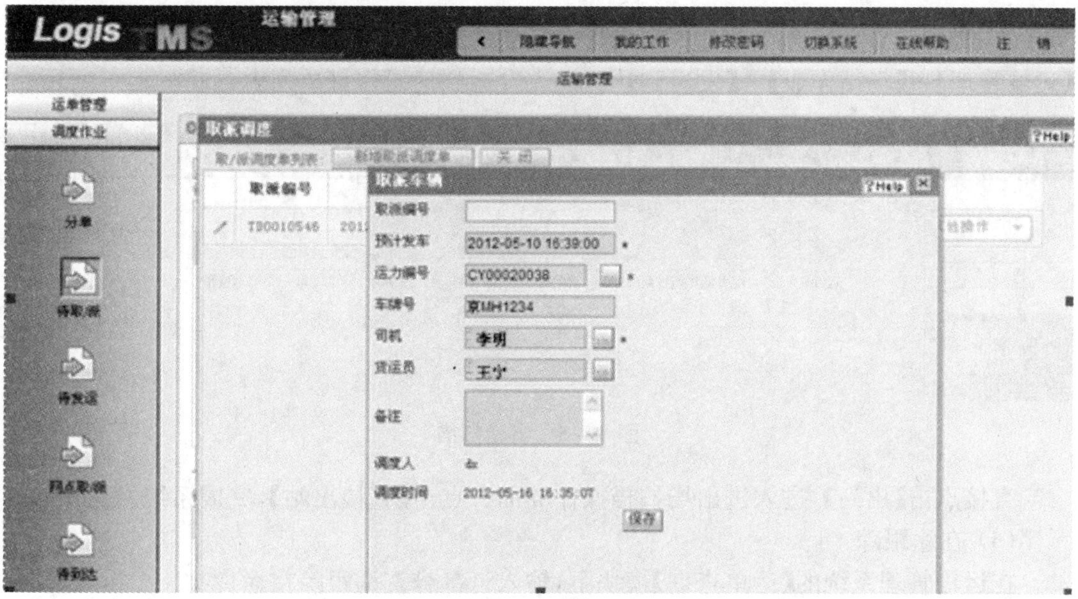

图 5-4-3　取派调度

点击【保存】按钮，则保存在取派调度单列表中，点击列表中需要调度的订单后面的【加入】，进入到费用的设置界面，填写相应的费用信息，提交后即可完成运输调度的处理。

（4）场站的取派作业处理

调度员安排车辆和司机进行取派操作，在出站作业前，司机需要扫描、记录车辆出站的基本信息。点击【运输管理】—【场站作业】—【取派操作】，进入取派操作的订单列表中，从中选择调度的车辆进行出站扫描，去取货。

车辆从客户处取货归来，还需要点击【运输管理】—【场站作业】—【取派操作】，完成车辆的进站扫描。

(5) 货物的发运处理

取派司机从客户处取货完毕，将货物送达场站内进行分拨集货，待发往上海的车辆集货完成后，场站操作员开始进行出站发运操作。

场站操作员，登录到运输管理系统中，点击【运输管理】—【调度作业】—【待发运】，完成货物的发运操作，如图 5-4-4 所示。

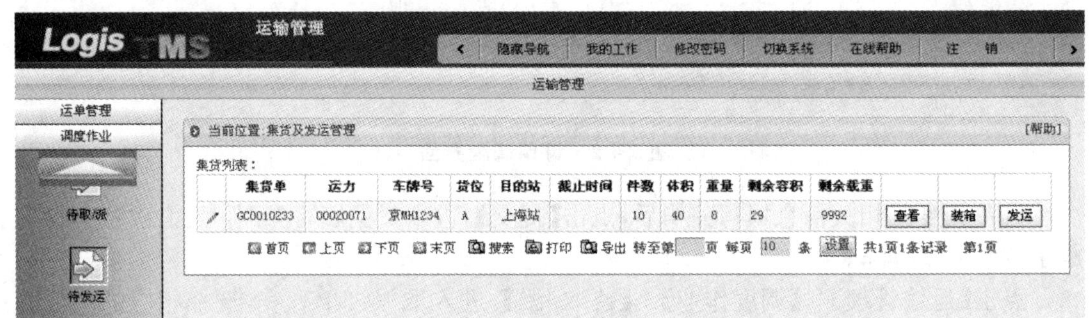

图 5-4-4　待发运

点击【发运】，系统会自动进入到集货发运的费用确认界面，完成费用的确认后，点击【运输管理】—【场站作业】—【发运到达】，进入发运到达操作订单列表，如图 5-4-5 所示。

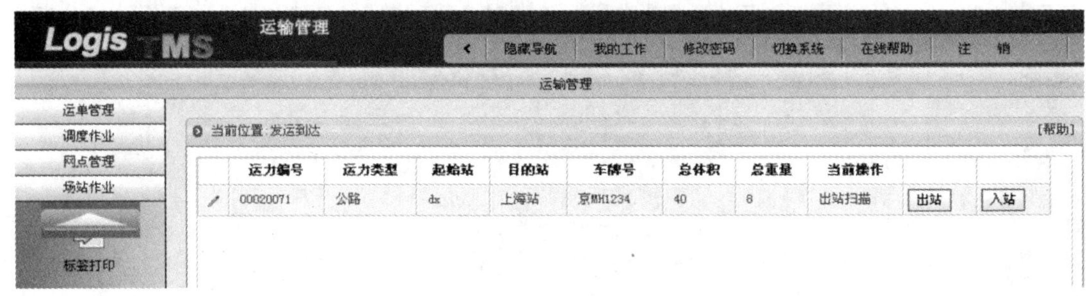

图 5-4-5　出站扫描

直接点击【出站】，进入进出场扫描操作界面。点击【直接出站】，完成系统发运操作。

(6) 在途跟踪

在运输管理系统的【运单查询】模块下，输入订单号查询跟踪在途货物。

(7) 到货交接

到货后将验收信息录入运输管理系统的【运单跟踪】模块，在【待到达】界面中点击【到货】，随后进入【发运到达】点击【入站】。

(8) 回单签收

点击【运输管理】—【运单管理】—【签收录入】，查询出未签收的运单，选择签收类型，录入签收人姓名和签收时间，然后点击“操作”下的图标，系统自动弹出提示窗口，如图 5-4-6 所示，点击确定，即完成签收录入。

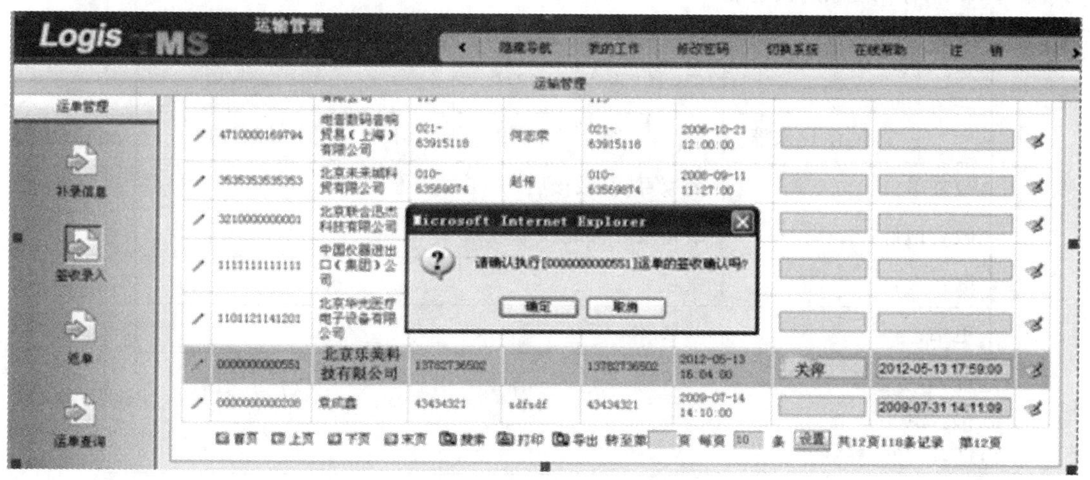

图 5-4-6　签单

点击【运输管理】—【运单管理】—【返单】，返单处理列表下显示已签收未返单的单据，填写返单人姓名和返单时间，如图 5-4-7 所示，点击“操作”下的图标，系统自动弹出关于确认执行运单待发回的提示窗口。

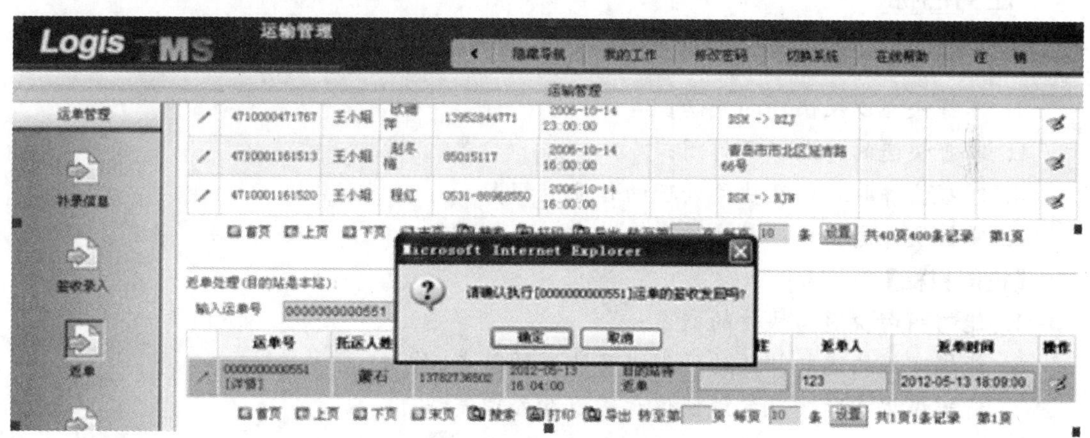

图 5-4-7　返单

点击上图提示窗口内的【确定】，即完成目的站的返单操作。

至此货物的返单操作已经完成，客户的返单信息将回传给始发站的调度员，由始发站调度员在返单信息中进行信息的确认即可。

（四）模拟实训案例

无锡易达仓储配送中心收到徐州爱家连锁超市的发货通知单，如××所示。请以小组为单位，结合 Logis 运输管理系统，参考“任务实施”完成运输作业流程。

发货通知单

TO:无锡易达仓储配送中心

FROM:徐州爱家连锁超市

序号	商品名称	数量	单位	重量(T)	体积(M3)	到货日期
1	美的空调	25	箱	8	40	2014-3-9
	苏泊尔热水器	68	箱	0.2	10	2014-3-9
收货单位:	爱家百货(鼓楼店)					
收货地址:	鼓楼区三环北路6号					
联系人:	张斌					
电话:	0516-83913577					

地址:解放西街31号

邮编:221000

电话:(0526)5688001

任务五 快递作业管理与分析

任务目标

【知识目标】

1. 掌握快递以及快件的概念;
2. 掌握快递的特点以及作用;
3. 掌握快件收寄以及快件处理的作业流程;
4. 掌握快件进出口以及快件配送的作业流程。

【技能目标】

1. 能够明白快递与快件的概念;
2. 能够掌握快递与邮政的区别以及快递的特点、作用;
3. 能够根据实际情况完成快件收寄以及处理流程;
4. 能够根据实际情况完成快件进出口以及配送的作业流程。

任务发布

在整个物流活动中,快递作业已经占据了很大的市场,自1979年出现第一家快递企业起,中国快递业已成为市场中关注度最高、发展速度最快的行业之一。

学生可4~5人为一组,开展快递作业调研任务,通过对国内快递行业调查以及对实际快递公司信息的查找和搜集,掌握如下内容:

(1) 我国快递行业的发展现状

(2) 快递企业的安全管理制度

(3) 实际快递公司中快递作业的流程

知识准备

一、快递概述

1. 快递的概念

快递(express service)，即快速收寄、运输、投递单独封装的、有名址的快件，在向寄件人承诺的时限内将快件或其他不需要储存的物品送到指定地点递交给收件人、获得签收的服务形式。

2. 快件的概念

快件(express shipments)：快递服务组织已发收寄并封装好的新建和包裹的统称。

内件(contents)：快件去除封装物后的文件和物品的统称。

3. 快递与传统邮政业务

快递与传统的邮政业务在运输对象性质上存在较大差异，传统邮政业以信函为主要传递对象，其实质是信息流的传递，而快递业的实物流特性更为明显。快递业与物流业具有较多的相似之处，但通常来讲快递业所运输的货物重量较轻、体积更小，在时间上比物流业的要求更高。可见，快递业是介于物流业和传统邮政业之间相对独立的新兴行业。

4. 快递的特点及作用

(1) 快递的特点

快递业是以最快的速度在寄件人和收件人之间运送急件的行业。快递业的性质和运输方式与一般航空货运业务基本上是一致的，区别之处在于它延伸和拓展了航空服务，是运输业中最快捷、最周到的服务形式。其特点主要体现在以下三方面：

① 适应经济发展的特性。现代快递业的发展与商业经济发展紧密相连，在一定程度上反映了经济的发展程度。

② 快捷、安全性。快递服务凭借先进的计算机网络、先进的通信网络及最快的运输工具将商业函件和包裹送到世界各个角落，快捷的需求使快递公司必须具备快速运输工具和负责集散货物、分发、派送的小型运输工具，而具备这种要求的运输工具显然是飞机和各种类型的专用汽车。

③ 高科技性。实现快递物品的门到门或桌到桌服务，必须及时、准确地接受到顾客信息，快速处理单证，实现对快件的全程跟踪，随时解答顾客查询等。

(2) 快递的作用

① 快递可以满足信息与资料的快速传递。

② 快递业务可以使银行的汇票、支票、信用证及有关单据可靠而迅速地交给异地银行兑换，这些单据早到一天便可以节省可观的利息，同时推进了进出口业务的开展。

③ 国际间海运业的发展，特别是集装箱船舶的出现、船舶航行速度的加快、港口装卸效率的提高等，均要求相应地减少船舶在港时间。因此，在船舶抵港之前，必须将所有装船资料送到目的港港口有关部门，这样可以减少船期和港口使费的损失。

④ 快递服务对看样成交的样品，来料加工的货样，以及广告、建筑、保险、影片、新闻报道等资料的传递，同样起着相当重要的作用；快递货物早已跨越商品货物的范围，服务对象也不局限于贸易界了。

⑤ 随着电子商务的飞跃发展，与其接口的因特网用户迅速增加。跨国界及远距离购买个人商品将司空见惯，包裹类的快速增加将对具备安全、快捷、可靠特点的快递业需求也会大量增长。由此可见，快递在国际经济交流中的作用越来越显著，其适用范围也在不断扩大。

二、快递业务流程与操作

1. 快件收寄

(1) 快件收寄业务知识

① 快件收寄概念

快件收寄是指快递业务员从客户处收取快件，包括验视、包装、运单填写和款项交接等环节。

② 快件收寄形式

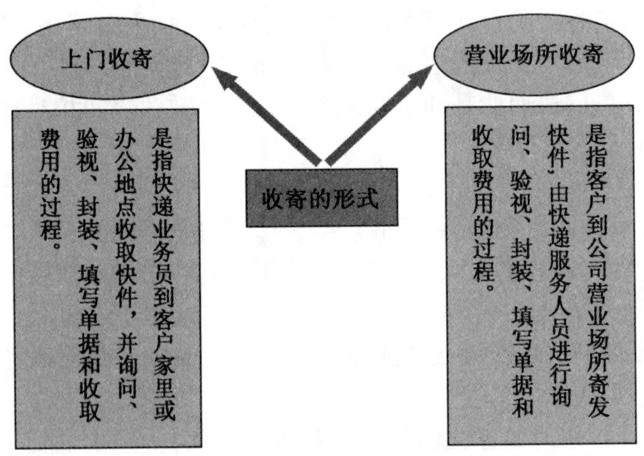

图 5-5-1 快件收寄形式

③ 收寄的要求

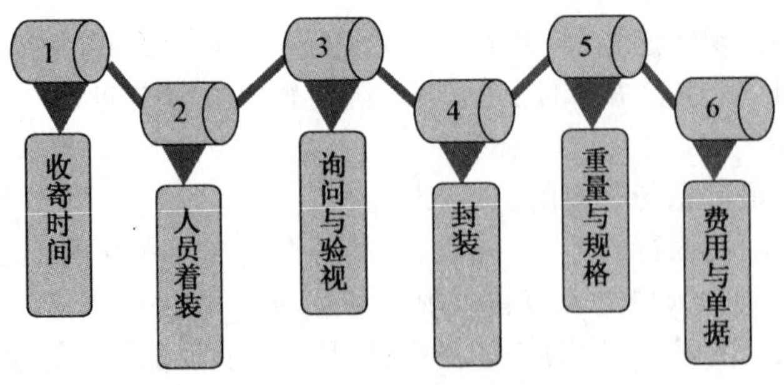

图 5-5-2 快件收寄要求

• 收寄时间:快递服务组织应在承诺的时限内提供收寄服务。

• 人员着装:负责收寄快递服务人员应同意穿着具有组织标示服装,并能够佩戴工号牌或胸卡。

• 询问与验视:快递人员应询问和验视内件的性质和种类,对于特殊物品(如法律禁忌物品),快递人员需要向寄件人说明。

• 快件的封装形式有快递服务人员封装以及寄件人自行封装两种。封装时应防止快件出现变形、破裂、污染或损毁等情况。

• 快件的重量与规格应该严格按照国家通用标准。

• 快递服务人员应告知寄件人服务费用、寄件人支付费用时,快递服务人员应将与服务费同等金额的发票交给寄件人。快递运单的格式条款应符合法律规定。

(2) 快件收寄作业流程

取件作业流程如图 5-5-3 所示。

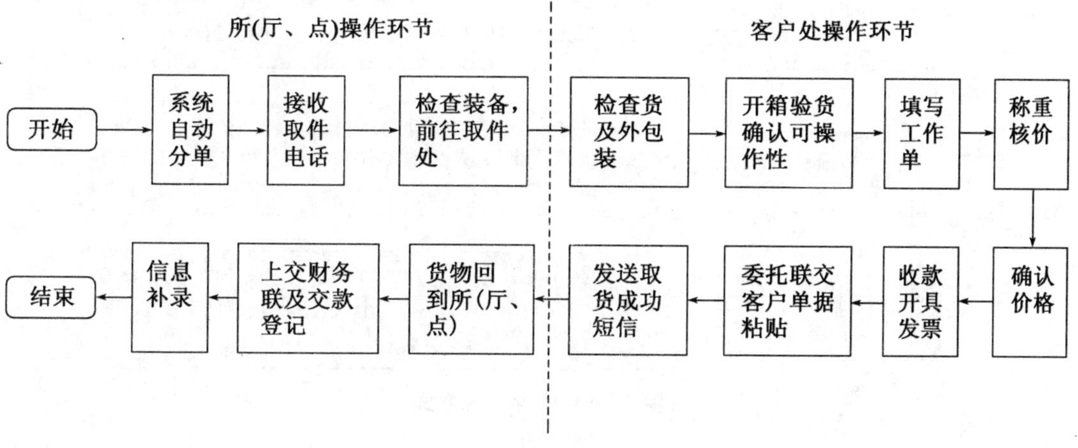

图 5-5-3 快件取件流程图

2. 快件处理

快件处理流程是指快递业务员对进入处理中心的快件进行分拣封发的全过程。

(1) 快件分拣、封发业务知识

① 快递分拣作业概念

快递分拣作业是快件配送中心依据顾客的订单要求或配送计划,迅速、准确地将快件从送货车辆里拣取出来,并按一定的程序进行分类,集中派送给开往各地的运输工具的作业过程。

图 5-5-4　快递分拣实例

② 分拣方式

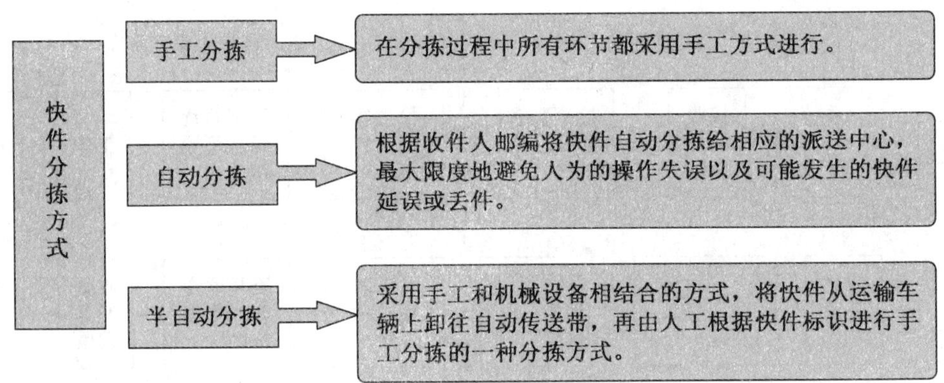

图 5-5-5　快件分拣方式

③ 快递封发作业

快件封发是指将快件分类装袋，建立总包，分类发往目的地。

④ 快件封发的环节

（2）快件分拣、封发作业流程

快件分拣、封发作业流程如图 5-5-7 所示。

① 接收总包。包裹分拣车间的接收人员接收转运人员交来的总包邮件，看牌点数后通过推挂系统，推挂存放在开拆台上的开拆存储区。

② 总包勾核。对接收的转运部门交来的总包快件，如数字无误则无需扫描打钩核对，总包快件如有不符由转运部门负责；对于接卸的趟车、快运班车交来的总包快件，应进行勾挑核对；有网上录单信息的接收的总包快件，操作人员持条码识读器对其进行扫描勾核；无网上录单信息的接收的总包快件，依据纸质录单勾核核对。

③ 总包开拆。分拣部门按速递快件赶发计划和时限组织开拆作业。标有“次晨达”“全夜航”的总包要优先开拆处理。标有“代收货款”的总包应该单独由工作人员单独开拆处理，不得上分拣机开拆台进行开拆。

④ 快件分拣

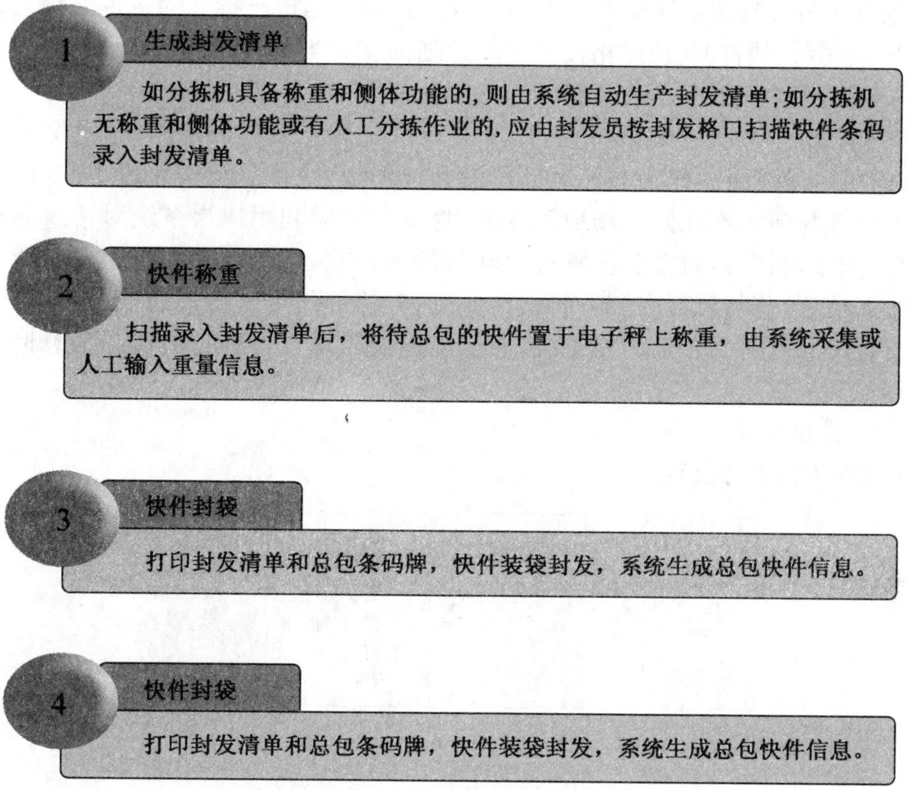

1
生成封发清单
如分拣机具备称重和侧体功能的，则由系统自动生产封发清单；如分拣机无称重和侧体功能或有人工分拣作业的，应由封发员按封发格口扫描快件条码录入封发清单。
2
快件称重
扫描录入封发清单后，将待总包的快件置于电子秤上称重，由系统采集或人工输入重量信息。
3
快件封袋
打印封发清单和总包条码牌，快件装袋封发，系统生成总包快件信息。
4
快件封袋
打印封发清单和总包条码牌，快件装袋封发，系统生成总包快件信息。

图 5-5-6　快件封发环节

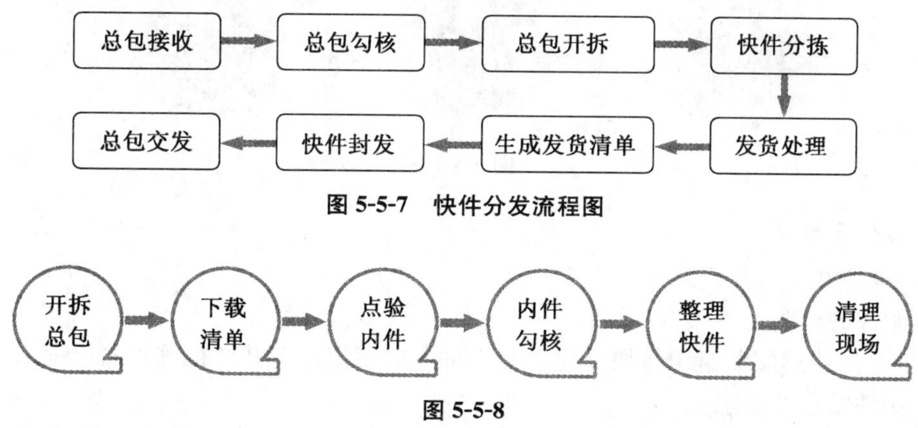

总包接收
总包勾核
总包开拆
快件分拣
发货处理
生成发货清单
快件封发
总包交发

图 5-5-7　快件分发流程图

开拆
总包
下载
清单
点验
内件
内件
勾核
整理
快件
清理
现场

图 5-5-8

快件分拣托收落地不应超过 30 厘米、至少提供两次免费投递、不得擅自停止经营快递业务。

⑤ 发验处理。对拆开过程中发现规格、封装不合格及扫描勾核后发现数字、节目不符等情况，由相关人员验证后向收寄局发验。

⑥ 生成封发清单。所有已拆的快件，必须由系统进行封发处理，生产封发清单，打印总包袋牌。

⑦ 快件封发。特快专递快件封发必须双人作业。当班已拆开的快件必须当班全部封发完毕。在封发快件时，应严格按照封发计划的交车当班时间进行作业。赶发时间在前的应先封，赶发时间在后的应后封。

⑧ 总包交发。首先生成录单信息，有速递系统成产接口邮路路单，发给中心局转运部门，同时打印总路单作为与转运部门的交接凭证；快件总包按航班、车次或邮路堆码整齐。分拣与转运不在同一场地作业的，封发人员应利用速递系统对待发总包进行扫描勾核，扫描勾核后，将总包实物移交转运部门接收，路单信息则由速递系统发送到转运中心系统；分拣与转运在同一场地作业的，分拣部门可不做总包扫描勾核，有速递系统将总包信息发送到转运中心系统，总包实物按发运计划和车航次与信息同步移交转运部门。

3. 快件进出口

(1) 快件出口业务流程

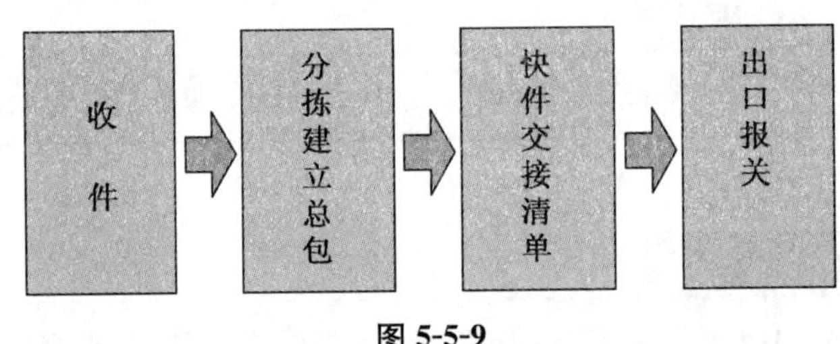

图 5-5-9

(2) 快件进口

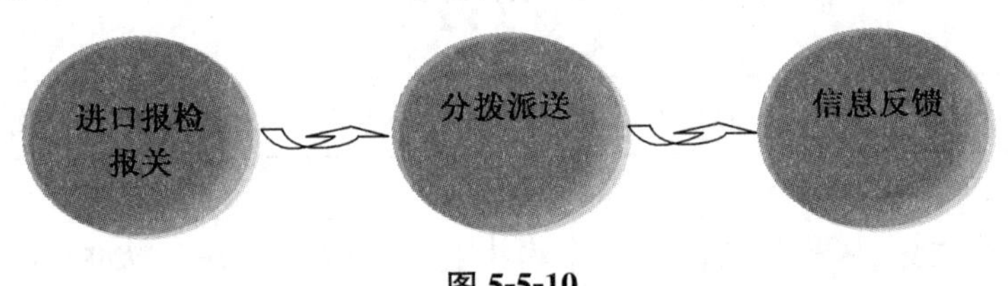

图 5-5-10

4. 快件的派送

(1) 快件派送业务知识

① 派件的概念

派件是指快递服务组织将快件递送到收件人或指定地点并获得签收的过程。

② 快件派送的要求

• 派送时间。快递服务组织的投递时间应不超出向顾客承诺的服务时限或按照约定的时间投递。

• 人员着装。负责投递的快递服务人员应统一穿着有组织标识的服装，并佩戴工号或胸卡。

• 投递次数。快递服务组织应对快件提供至少两次免费投递；投递两次未能投交的快件，收件人仍需要快递服务组织投递的，快递服务组织可以收取额外费用，但应事先告知收件人费用标准。

• 快件签收。快件签收时需要满足以下要求：快递服务人员将快件交给收件人时，应有义务告知收件人当面验收快件；若收件人本人无法签收时，快递服务人员可与收件人沟通，经允许后，采用代收方式，也应告知代收人的代收责任；与寄件人或收件人有约定的应从约定。验收无异议后，验收人应确认签收。

• 费用与单据。签收人支付费用时，快递服务人员应将与服务费同等金额的发票交给签收人。

（2）快件派送作业流程

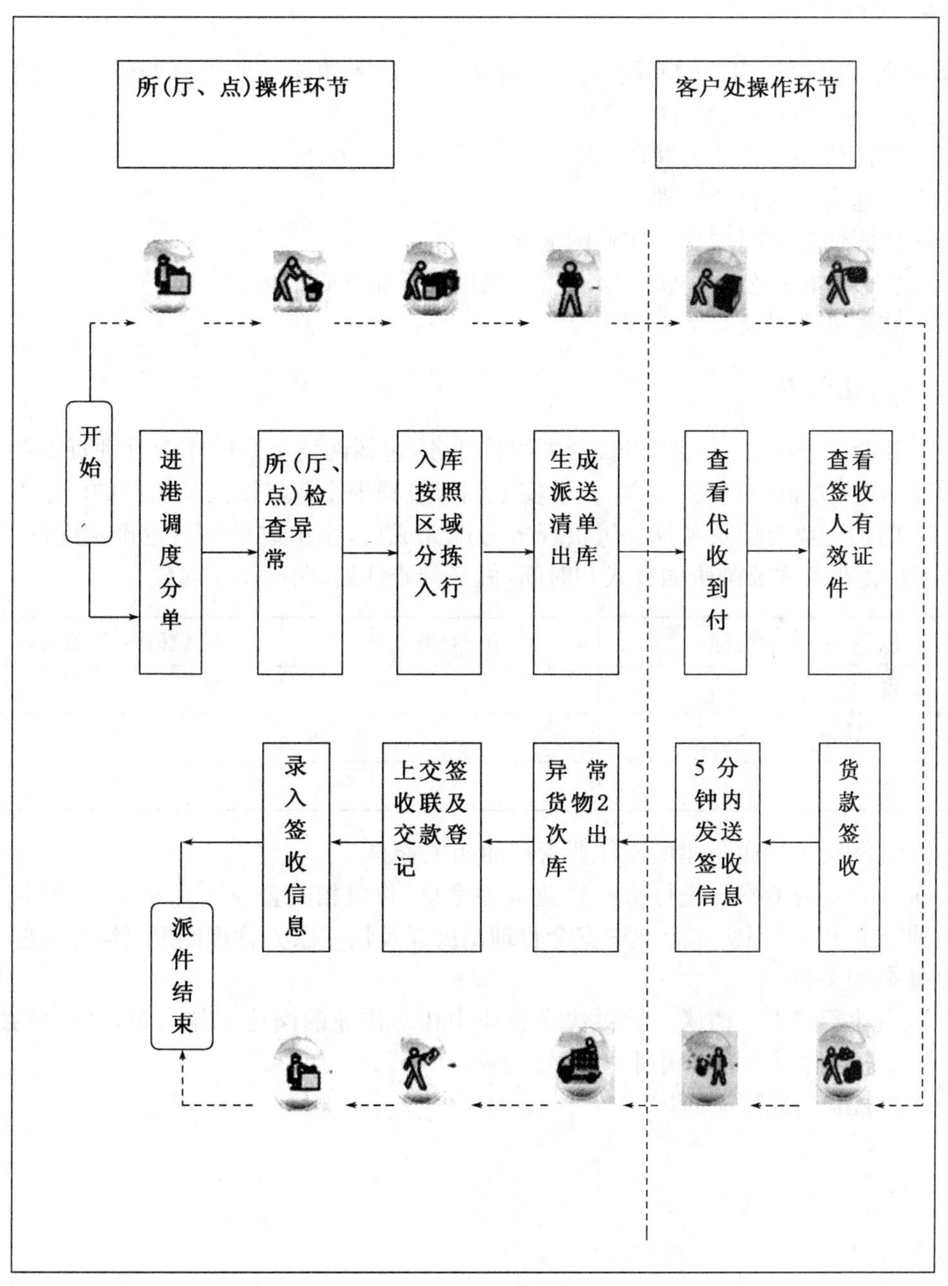

图 5-5-11　快件派送流程图

☺ 任务实施

步骤一：分组

进行企业调研之前，教师将学生随机地分成4～5个人一组，并选出一名组长，以小组的形式进行学习和调研。

步骤二：问题引入

教师向大家提出相关的问题，让学生带着问题进入快递企业进行调研和快递资源资料搜集学习的过程中，具体的问题如下：

(1) 我国快递行业的发展现状

(2) 快递企业的安全管理制度

(3) 实际快递公司中快递作业的流程

(4) 实际的快递公司中快递服务管理制度以及服务管理内容

(5) 快件处理以及集散管理内容

步骤三：实施调研

(1) 组员任务分工。小组组长分配组员任务，包括网络上快递作业管理资讯的收集、企业实地调研过程中资料的收集、企业实地调研过程中企业工作人员访谈的问题准备。

(2) 明确企业类型及名称。组员任务分配完成后，小组成员需讨论确定此次调研的企业类型、企业名称及调研的方式和时间，做好调研计划，明确调研对象。

序号	企业名称	企业类型	调研方式及时间
1			
2			
3			

(3) 上网收集快递企业快递作业管理的相关资料。

(4) 企业实地考察。进行快递企业实地考察，收集相关企业图片及文字资料。掌握快递作业的流程，掌握快递企业中安全管理制度以及快递服务管理制度，体会快递业在国民经济中的重要性。

(5) 企业管理人员访谈。针对快递企业中相对作业的岗位工作人员，进行单独的访谈，以一问一答的形式进行调研，并做好记录。

(6) 整理资料完成调研。

步骤四：归纳总结

姓名		小组		学号	
快递企业调研总结表					
1. 我国快递行业的发展现状					
回答：					
2. 快递企业的安全管理制度					
回答：					
3. 快递企业的服务管理制度					
回答：					
4. 简单地画出实际快递企业的快递作业流程图					
回答：					
5. 简要说明实际的快递企业在快件处理以及集散管理的作业流程					
回答：					

任务拓展

宅急送是全国性的专业包裹快递公司，1994 年成立，随着业务范围的扩大和业务量的增加，宅急送原有的管理系统和业务处理方式已经不能适应业务扩展和企业战略调整的需要，同时也存在大量的问题：公司决策层无法及时地了解公司业务状况，从而影响决策；异地的通信费用整体成本太高；统计中心的业务量大且无法保证数据的准确性；不能满足客户对于货物跟踪的要求。

为了解决以上的问题，宅急送从 1999 年开始建设物流管理信息系统，2002 年投入使用，并不断地改进和进行完善，使宅急送实现从单一的“车轮上的运输”转向“海陆空”立体化的集快递、仓储、流通加工等物流服务为一体的综合性快递服务商。宅急送的管理信息系统能够根据客户的请求，选择最优的调度处理方法，制订出合理的分单计划，减少了人为错误，并提高了调度效率，并且能够有效地管理人员和车辆，充分利用内外部资源，提高工作效率，降低成本。

宅急送的物流管理信息系统的应用，使宅急送发展迅速，目前已拥有 3 000 多个经营网点，网络覆盖全国 2 000 多个城市和地区；分别在华北、华东、华南、华中、东北、西北、西南设有 7 个物流基地，40 个运转中心，75 000 平方米的配送中心，同时拥有 42 个航空口岸，360 条航线，近 1 500 个航班，620 条物流班车线，真正做到了物畅其流，货通天下。

[思考]请你应用网络或实地调研等方式，了解宅急送快递派送作业的流程及其管理方式。你认为宅急送这种经营模式对我国其他快递公司有何借鉴意义？

任务评价

考核项目	考核内容及要求	分值	学生自评（10%）	小组评分（20%）	教师评分（50%）	专家评价（20%）	实际得分
职业素养	具有团队合作精神	10					
	学习态度认真、尊重导师	10					
知识掌握情况	掌握快递以及快件的概念	10					
	掌握快递的特点以及作用方法	10					
	掌握快件收寄以及快件处理的作业流程	10					
	掌握快件进出口以及快件配送的作业流程	10					
技能掌握情况	能够完成物流企业调研工作及相关资料的收集、整理工作	10					
	能够完成快递企业调研总结表的填写	10					
	能够简单地画出快递企业快递作业流程的流程图	10					
	能够简单说明快递企业安全管理以及服务管理制度	10					
总分							

任务六　快递物流管理系统业务案例实训

（一）环境准备

教学方法		任务驱动教学法、讨论教学法
教学手段		小组讨论、多媒体教学
教学环境	硬件环境	学生机房、纸、笔
	软件环境	网络资源、office 软件、运输管理信息系统
组织形式		集体讨论、小组合作、PPT 成果展示描述：以小组学习为主，任务驱动法贯穿教学全过程
建议课时		8 课时

（二）任务发布

广州白云山制药有限公司在网上向北京络捷斯特订购了一批三九感冒灵的制药原料，北京络捷斯特公司委托顺丰物流公司承担此次的快递作业。

要求学生随机分组，分工协作，扮演不同的角色，操作快递物流管理信息系统，模拟此次货物的快递派送任务。订单详情如下：

收货地址：白云山制药，0725-××××××××，广东省广州市白云区广州白云山17号。

订单编号：827988108294408

商家：北京络捷斯特

（三）任务操作

（1）系统维护

信息操作人员在实训前已经对系统中所要用到的人员权限、分供方资源、客户资源、MOP、异常代码等信息进行管理，是后续作业和管理的基础信息。

（2）订单录入

点击一级模块【运单】，点击页面左侧导航条中的【订单管理】，再点击【订单录入】，进入订单录入界面点击【新增】按钮，根据页面中的提示信息逐一填写始发站、目的站、取货时间、到货时间、托运人信息、收货人信息、费用信息、投保信息及货物信息等相关内容。其中带“＊”的为必填项。

如果是合同客户可以直接选择客户账号，则该客户的相关信息会自动弹出。

如果是第一次录入的托运人信息，则点击【保存为客户】按钮，该客户信息被保存进系统，系统分配给该客户一个账号，方便以后的录入工作，如图5-6-1所示。

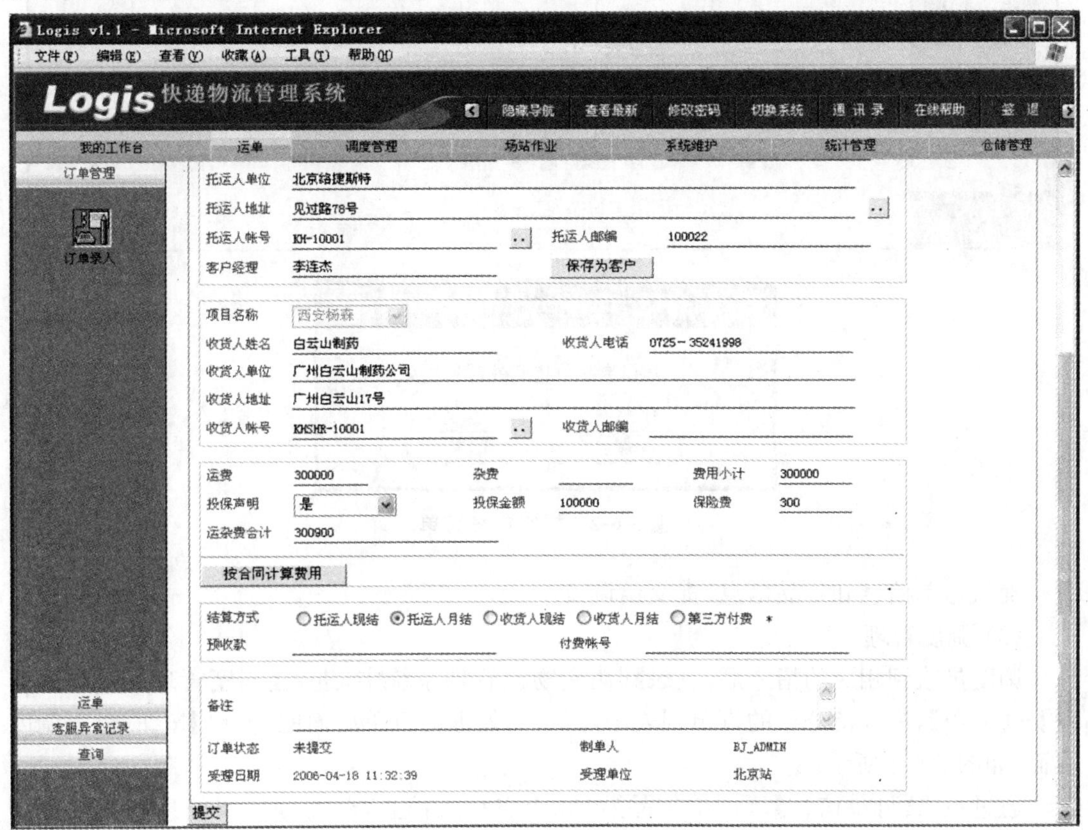

图5-6-1　录入订单

完成信息录入后，点击【提交】按钮，保存该订单。

打开订单列表界面，选中一票订单，点击【查看】或【修改】按钮，即可查看或修改订单内容。修改订单内容后点击提交按钮，保存订单。

客服将已录入的订单提交给调度，选中需处理订单，点击【提交调度】，提交该订单后，则该订单从列表中消失，如图 5-6-2 所示。

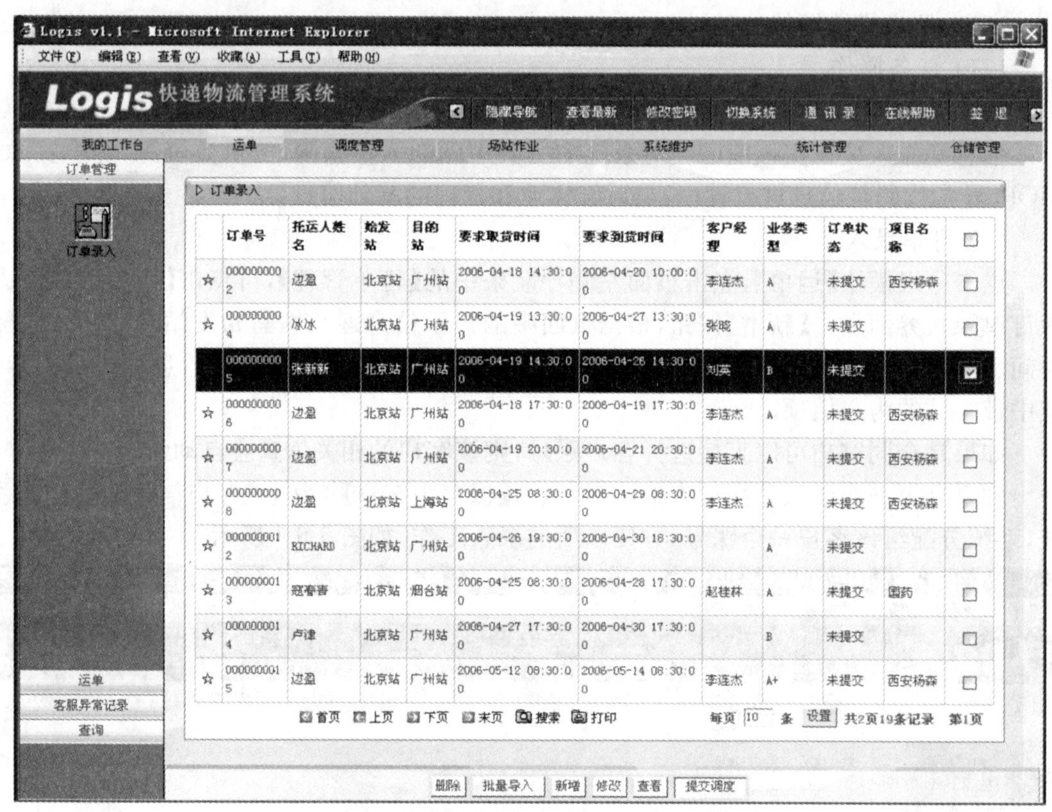

图 5-6-2　提交审核订单

确认运单信息和货品信息，提交给调度。

(3) 调度管理

调度员收到相应的指令后，登录到快递物流管理系统中，进入【调度管理】—【调度作业】—【分单】，进入待分单的订单列表中，点击待处理的订单后面的【分单】按钮，进入调度界面，如图 5-6-3 所示。

通过点击【订单信息】、【订单货品】可以查看相关信息，若受理该票信息，在【订单调

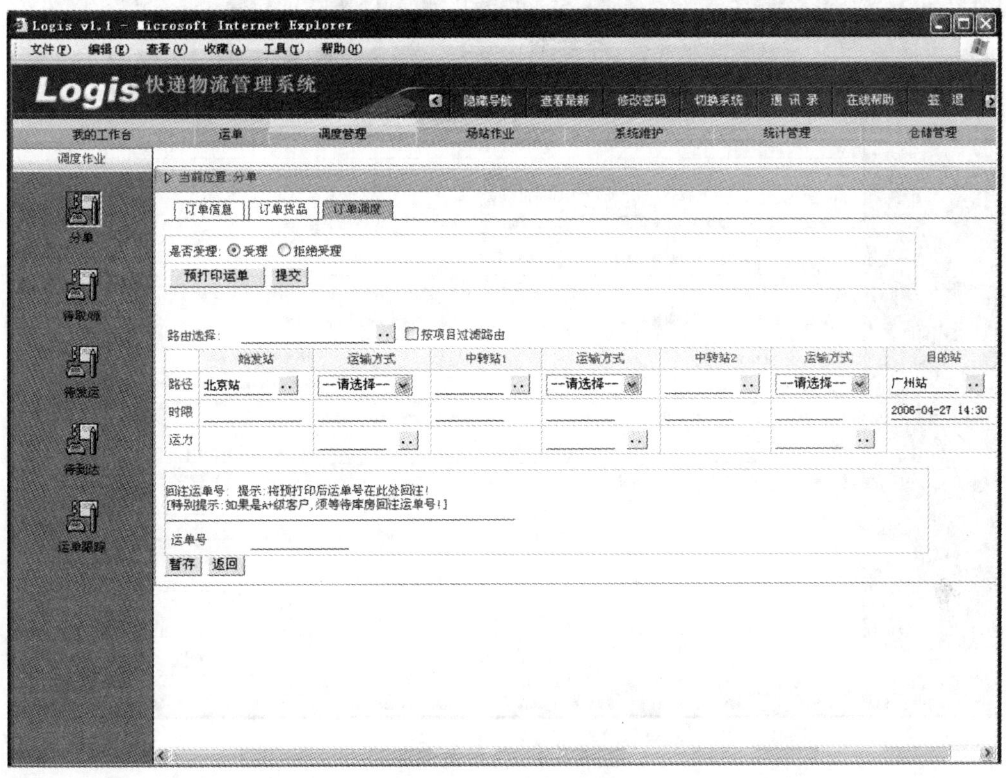

图 5-6-3　分单界面

度】界面为该订单选择路由、运力、填写时限,也可以直接按项目选择路由。若拒绝受理,该订单被退回客服。选择路由后,预打印运单,填写运单号。对于要求仓储的客户,运单号由场站填写,运单也在场站预打印。完成分单后,点击【提交】,弹出安排货位的界面,填写货位。

(4) 取派作业处理

点击【待取派】按钮,分别显示待取运单和待派运单列表。

点击【增加/修改】按钮,新增一张取派单,选择预计发车时间、运力、司机及货运员,点击【保存】按钮,则取派调度单列表中出现一张新的取派单,选中该取派单,从“待取运单列表”中选择运单,点击向下的箭头,则该票运单被添加到取派通知单中,如图 5-6-4 所示。

点击【打印】按钮,打印取派通知单,再点击【提交】按钮,把该取派通知单提交给场站。场站操作人员即可看到待取派的信息。

(5) 货物的发运处理

点击【待发运】,可在此模块看到集货信息,作集货作业,并点击【通知】按钮通知场站装车发运。然后点击【运力编号】可以看到运力的详细信息。点击【运单号】可以看到详细的运单信息,如图 5-6-5 所示。

图 5-6-4　待取派作业

图 5-6-5　待发运界面

（6）到达跟踪

点击【调度作业】—【待到达】，可以看到即将到达本站的货物运单列表，即到货预报。调度点击列表中的【到货】按钮，即通知场站作进站准备，如图 5-6-6 所示。

图 5-6-6　待到达处理

点击【确定】按钮，货车到站。

在此界面可以对运单进行追踪，输入具体的运单号，可以查出托运人姓名、账号、始发站、目的站、运单状态、运单位置、签收人、签收时间。

（7）取货操作

场站在调度提交取派通知单后可以看到待取货物信息，选中该取派通知单，点击【场站扫描】，如图 5-6-7 所示。

进入场站扫描界面，点击【打印待取货品标签】按钮，打印货物标签，然后点击【直接出站】按钮，则表示已派车去取货，如图 5-6-8 所示。

取货回场站后，要对货物进行入站扫描。在取派操作界面选中已取货回到场站的取货单，点击【场站扫描】。

场站人员把货物信息下载上扫描笔里，理货时用扫描笔扫描货物标签，扫描完毕后把信息上传到系统中，点击【直接进站】按钮，即入站扫描完成。如果未贴货物标签，无法用扫描笔扫描，也可直接点击【直接进站】按钮，相当于作了进站扫描。

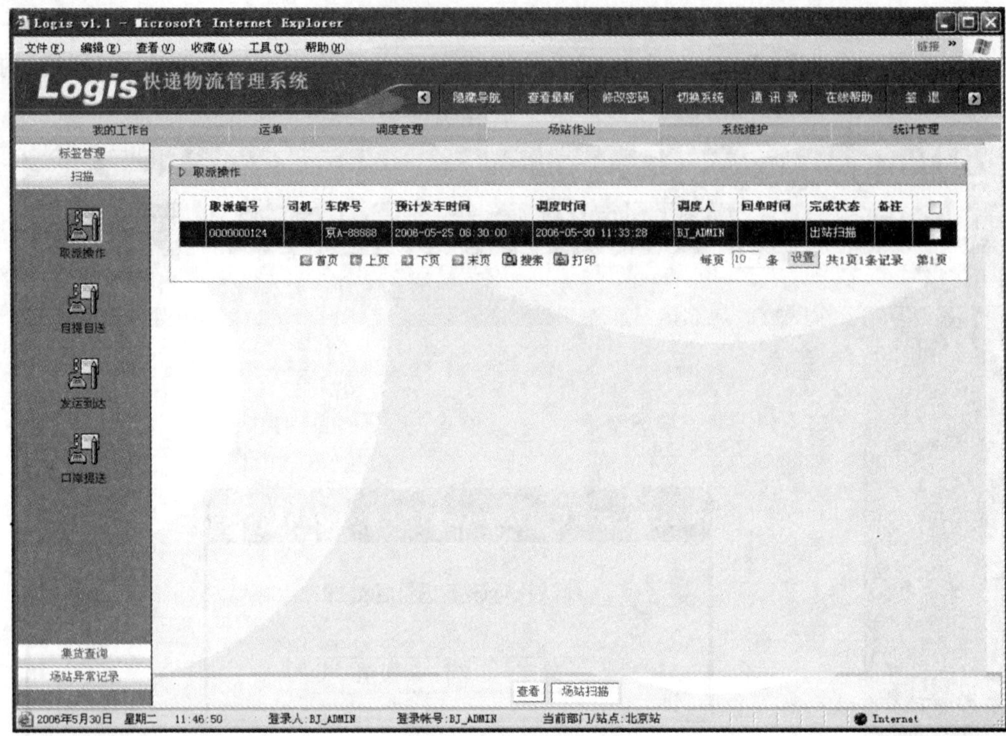

图 5-6-7　场站扫描

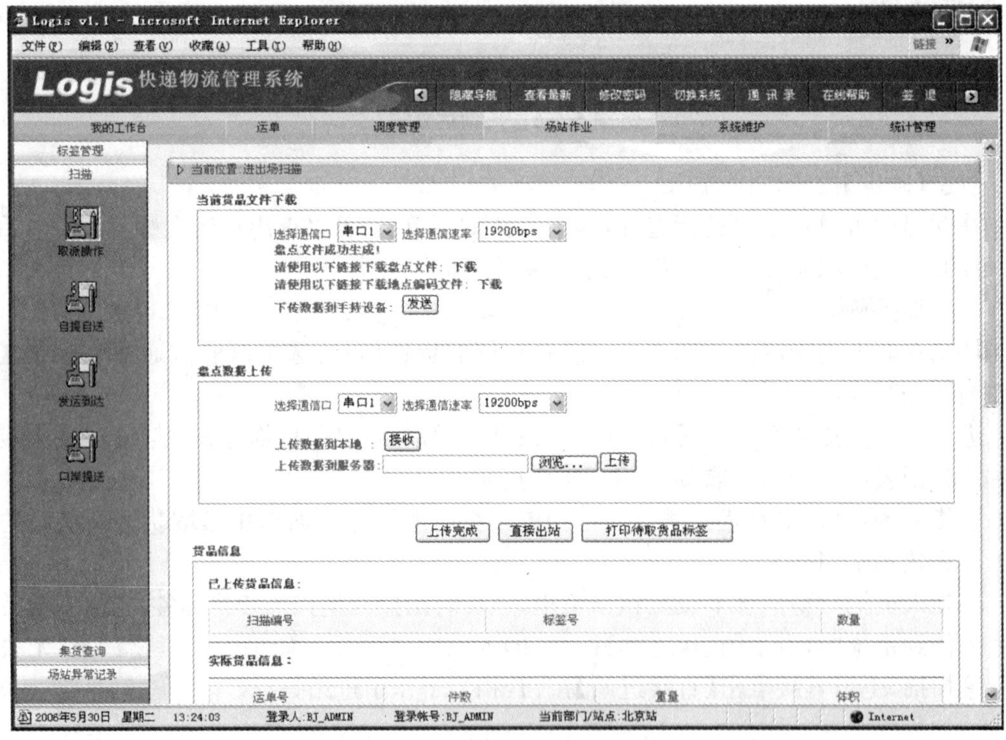

图 5-6-8　待取货品标签

（8）派货操作

下达派货指令后，场站操作人员进行拣货，对货物进行出站扫描，并装车派送。派送的车辆返回场站后，再对该车辆进行入站扫描，表示派送完毕。其操作同取货操作。

（9）自提自送

自提自送是指客户把货物送到始发站发运，货物到目的站后客户到场站把货提走。场站操作人员同样对货物进行入站、出站扫描。

（10）发运到达

发运到达包括发运和到达两个部分，【发运】指场站操作人员接到调度发出的发运指令后，对货物进行出站扫描，并打印货物交接单；【到达】指对到达本站的货物进行入站扫描。

（11）到货通知

对于客户要求自提的货物，当货物到目的站后，客服通知客户来场站提货。需客户自提货物的运单显示在列表中。

（12）签收录入

客服人员对客户已签收的货物做签收录入。点击一级模块【运单】，点击页面左侧导航条中的【运单】，点击【签收录入】。列表中自动列出的是所有要做签收录入的运单。录入签收人和签收时间，点击【✲】，进行确认，如图 5-6-9 所示。

图 5-6-9　签收

(四) 模拟实训案例

无锡市某用户在淘宝网上向广州的一家店下单买了一件衣服，店家说他们的快递是顺丰快递，请你根据实训的内容，扮演顺丰快递的工作人员在快递物流管理系统中完成此次快递的派送业务。

收货地址：吴卿怜，158××××××××，江苏省无锡市惠山区钱桥镇欣欣山庄

订单编号：797181451884408 成交时间：2014-09-04 13:47:53

发货时间：2014-09-04 15:16:37 付款时间：2014-09-04 13:50:17

任务七 供应链管理与分析

☺ 任务目标

【知识目标】

1. 掌握供应链的概念；
2. 掌握供应链管理的概念；
3. 掌握供应链管理的内容及方法
4. 掌握供应链管理的作用；
5. 掌握供应链管理的流程。

【技能目标】

1. 能够小组配合完成企业供应链管理的调研；
2. 能够对供应链管理进行简单的分析，绘制相应流程图。

☺ 任务发布

以小组为单位，选择2～3家具有明确供应链管理方式制度的企业，通过网络搜集资料、问卷调查或实地调研等方式对你们所选择的企业的供应链及供应链管理进行调研了解，并写出一份调研报告上交给老师，同时把你们的调研过程、调研结果及你们自己的结论分析做成课件在课堂上展示。

调研要求：

(1) 调研的对象要有一定的代表性，调研的内容要尽量具体，注意所得材料的真实性、可靠性和实效性。

(2) 调研内容至少包括以下内容：

① 调研企业的基本信息：企业的性质、规模、成立时间、主营业务、组织结构图等。

② 企业的供应链管理情况：企业是如何选择供应商的？企业有哪些固定的供应商？企业是如何管理供应商的？企业有哪些固定客户？企业是如何管理客户的？企业的供应链管理制度方式有哪些？

③ 该企业在供应链管理方面还存在着哪些问题？

④ 本次企业调研的体会和心得。

(3) 对每个项目小组的调查的结果,可以适当灵活体现成果,形式上不一定局限于调查报告,也可以是小论文、小作品等多种形式。

(4) 调研结果多用图片或视频来进行说明。

☺ 知识准备

一、供应链的概念

英国著名物流专家马丁·克里斯多夫(Martin Christopher)教授在《物流与供应链管理》一书中对供应链做出如下定义:供应链是指涉及将产品或服务提供给最终消费者的过程活动的上游及下游企业组织所构成的网络。比如,衬衣制造商是供应链的一部分,它的上游是化纤厂和织布厂,下游是衬衣分销商和零售商,最后到衬衣的最终消费者。按此定义,这条供应链上的所有企业都是相互依存的,但实际上他们之间并没有太多的协作。这种供应链仍然是传统意义上的供应链。

美国的格雷厄姆·史蒂文斯(Graham C. Stevens)认为:"通过增值过程和分销渠道控制从供应商的供应商到用户的用户的流就是供应链,它开始于供应的源点,结束于消费的终点。"供应链形象如图 5-7-1 所示。作为供应链管理及 IT 领域的咨询专家,他给出的概念凸显了供应链的外部环境。

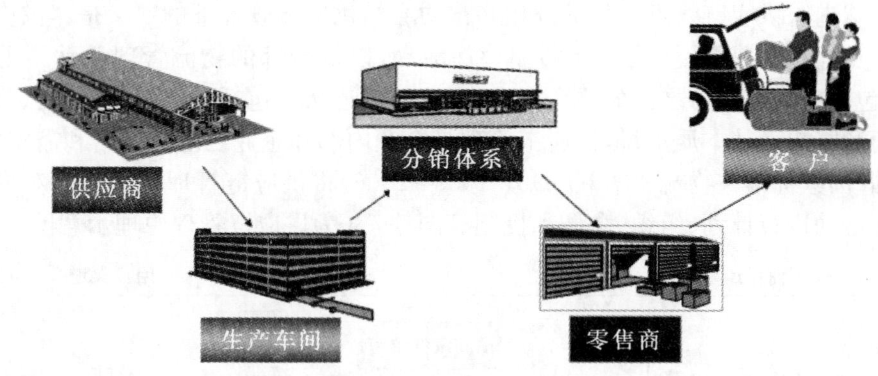

图 5-7-1　供应链形象图

2006 年,国家质量监督总局和国家标准化管理委员会修订的《中华人民共和国国家标准·物流术语》(GB/T 18354 - 2006)将供应链定义为:"生产及流通过程中,涉及将产品或服务提供给最终用户所形成的网链结构。"网链中的各个实体称为节点,如图 5-7-2 所示。

供应链节点企业在需求信息的驱动下,通过供应链的职能分工与合作(生产、分销、零售等),以资金流、物流或服务流为媒介实现整个供应链的不断增值。从图 5-7-2 可以看出,供应链由所有加盟的节点企业组成。供应链是一个网链结构,由围绕核心企业的供应商、供应商的供应商和用户、用户的用户组成。一个企业是一个节点,节点企业之间是一种需求与供应关系。

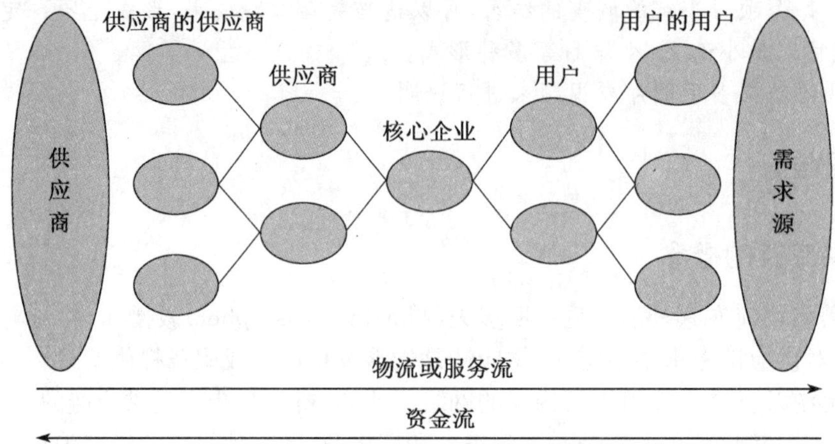

图 5-7-2　供应链网络示意图

二、供应链管理的概念

2004 年 7 月 15 日，美国物流管理协会公布消息，美国物流管理协会(Council of Logistics Management，简称 CLM)将于 2005 年 1 月 1 日起正式更名为"供应链管理专业协会"，英文全称为 Council of Supply Chain Management Professionals，简称 CSCMP，这标志着全球进入供应链管理时代的开始。该协会给供应链管理下的定义是："供应链管理包括了涉及外包和获取、转化的计划和管理活动，以及全部的物流管理活动。更重要的是，它也包括与渠道伙伴之间的协调与合作，这些渠道伙伴包括供应商、分销商、第三方服务提供商和客户。从本质上说，供应链管理是企业内部和企业之间的供给和需求的集成。

我国《国家标准·物流术语》(GB/T 18354-2006)将供应链管理定义为："对供应链涉及的全部活动进行计划、组织、协调和控制。"图 5-7-3 为供应链管理原理示意图。

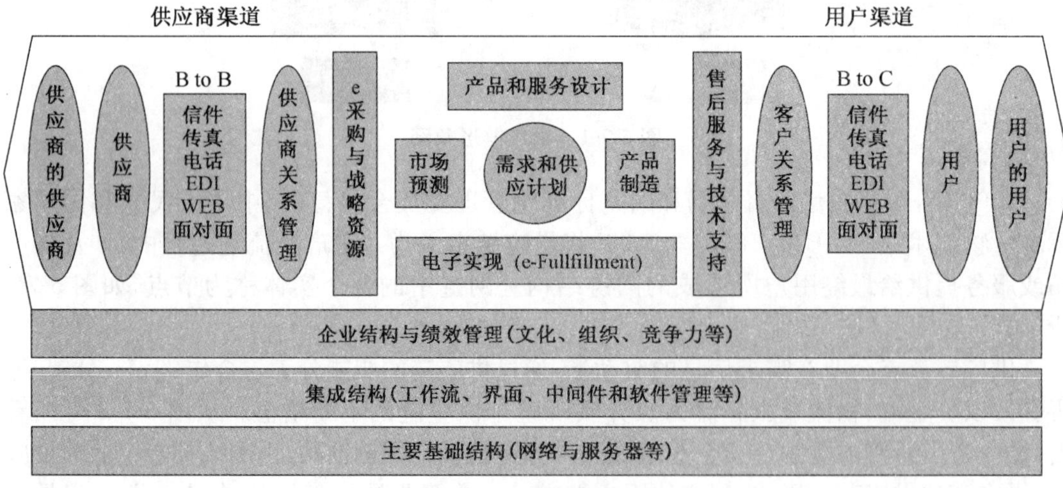

图 5-7-3　供应链管理

从供应链的定义可以看出：

(1) 供应链管理是一种新型管理模式。在管理过程中各个节点企业之间有主次之分，核心企业在其他渠道伙伴协作时居于主动地位，承担更多的责任。它把供应商、制造商、批发商、零售商、物流商等在一条供应链上的所有节点联系起来进行优化，使生产资料以最快的速度，通过生产、分销环节变成增值的产品，最终送达消费者手中。这不仅可以降低成本，减少社会库存和浪费，而且使社会资源得到优化配置。供应链管理模式如图 5-7-4 所示。

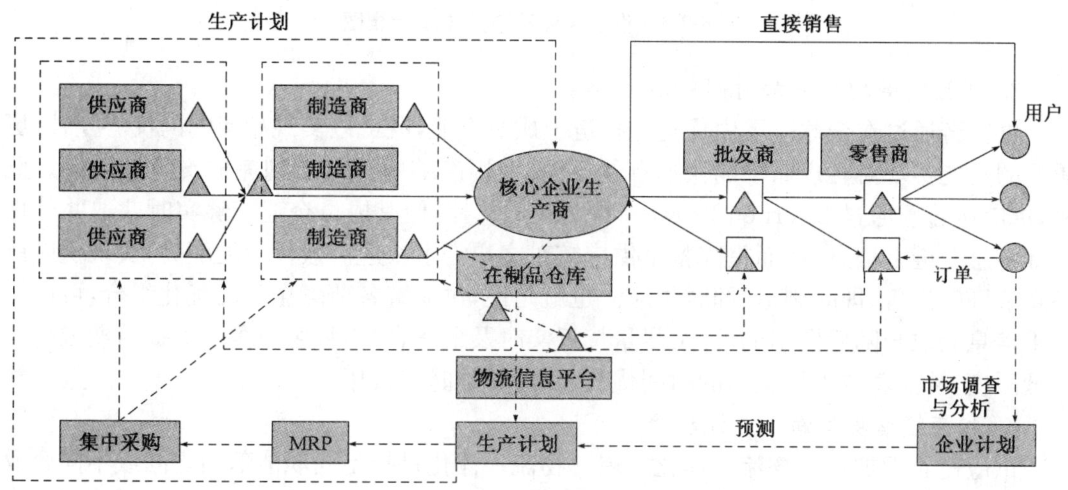

图 5-7-4 供应链管理模式

(2) 供应链管理是一种集成的管理方法。它执行供应链中从供应商到最终用户的物流的计划与控制等职能。供应链管理的范围包括从最初的原材料采购直到最终产品送达顾客手中的全过程，管理对象是在此过程中所有与物品流动及信息流动有关的活动和相互之间的关系。

(3) 供应链是一种管理策略。它主张把不同企业集成起来以增加供应链的效率，注重节点企业之间的合作，它把供应链上的各个节点企业作为一个不可分割的整体，使其分担的采购、分销和销售智能成为一个协调发展的有机体。

三、供应链管理的作用

供应链管理的作用主要在于以下四个方面。

1. 供应链管理能有效降低成本

通过实施供应链管理，企业可以有效地减少供应链节点企业之间的重复工作，剔除流程中的多余步骤，从而使供应链流程简单化、高效化、低成本。同时，建立共享的数据交换系统，可以有效地减少因信息交换不充分带来的重复与浪费，有效消除“需求放大”效应。此外，供应链成员企业之间实现了全程无缝作业，可以大大提高接口工作效率，减少失误与浪费，如图 5-7-5 所示。

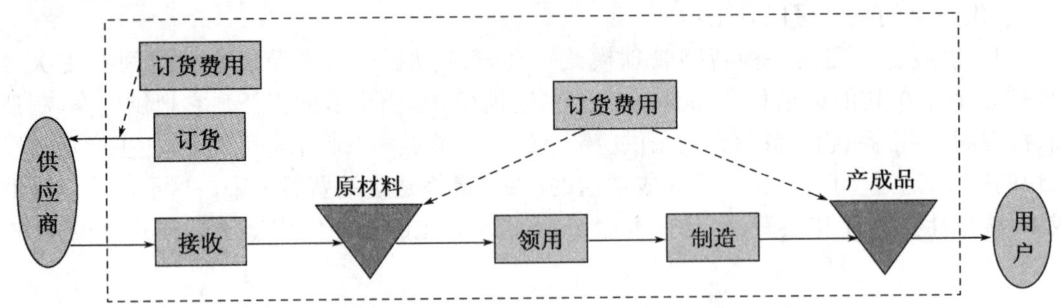

图 5-7-5 供应链管理节点成本示意图

2. 供应链管理能增加时间效用

供应链通过在全球范围内优化选择链上成员企业，既可以实现相互间的优势互补，更重要的是能实现对客户需求的快速有效反应，大幅度缩短从订货到完成交货的周期。此外，供应链管理通过 Internet/Intranet 作为技术支撑，使其成员企业能够实时获取并处理外部信息及链上信息，从而提高整个供应链对客户需求快速有效反应的能力，实现供应链各环节即时出售、即时制造、即时供应。也就是说，供应链各节点企业的优化组合，可以使需求信息获取与随后做出的反应，尽量接近实时及最终客户，将客户需求的提前期减少到最低限度，从而获取市场竞争的时间优势，从而增加时间效用。

3. 供应链管理更新了物流理念

供应链管理加速了物流一体化发展。物流一体化是指不同职能部门之间或不同企业之间通过物流合作，达到提高物流效率、降低物流成本的目的。供应链管理通过实现物流一体化，改变供应链节点企业之间利益对立的传统理念，在整个供应链范围内建立起利益共享的协作伙伴关系。供应链管理把从供应商开始到最终消费者的物流活动作为一个整体进行统一管理，始终从整体和全局上把握物流的各项活动，使整个供应链的库存水平最低，实现供应链整体物流最优化。

4. 供应链管理职能发挥整体优势

当今的国际市场竞争是全方位的竞争，很多企业已经感到单靠自己的努力在日益激烈的市场竞争中力不从心，有必要集合多个企业结成有机整体，共同参与竞争，而联盟的对象首先是与本企业业务内容相关的上下游企业。实施供应链管理使原来客观存在的供应链有机连接起来，使“链”上的各个企业都受益。供应链管理与传统上所讲的渠道成员之间的“纵向一体化”联合是不同的。通常所说的纵向联合指上游供应商与下游客户之间在所有权上的纵向合并，以前人们认为这是一种理想的渠道战略，但现在企业更多的是注重发挥核心业务的优势，纵向合并则失去了魅力，因此“资源外购”或“业务外包”即除了自己的核心业务外，其他所需要的产品或服务一律从其他企业采购，成为当今企业发挥自己专业优势的一种策略。

四、供应链管理的内容

供应链管理的目标是通过调和总成本最低化、客户服务最优化、总库存最小化、总周期最短化以及物流质量最优化等目标之间的冲突，最终实现供应链绩效最大化，见图5-7-6。

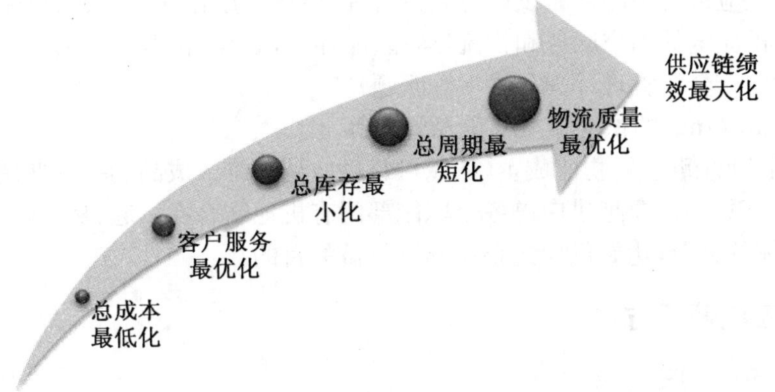

图 5-7-6　供应链管理目标

供应链管理主要涉及四个主要领域：供应（Supply）、生产计划（Schedule Plan）、物流（Logistics）和需求（Demand）。供应链管理是以同步化、集成化生产计划为指导，以各种技术为支持，尤其以 Internet 为依托，围绕供应、生产计划、物流（主要指制造过程）、需求来实施的，如图 5-7-7 所示。供应链管理的目标在于提高用户服务水平和降低总的交易成本，并且寻求两个目标之间的平衡。

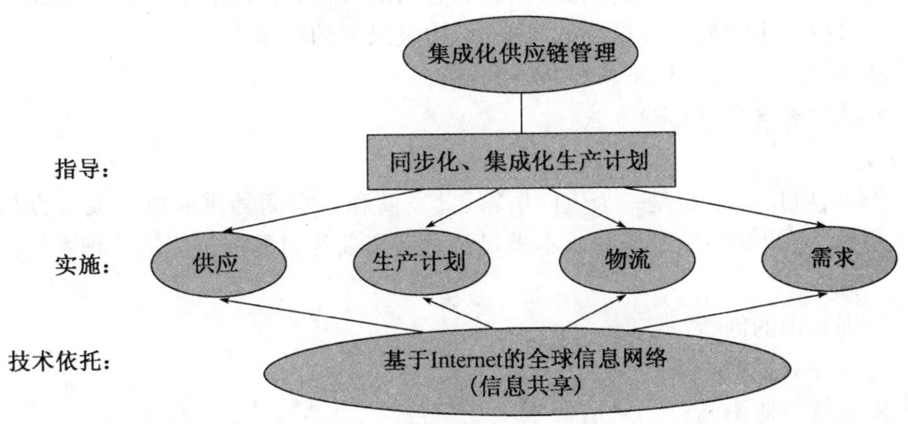

图 5-7-7　供应链管理的主要领域

在以上四个领域里，可以将供应链管理细分为职能领域和辅助领域。职能领域主要包括产品工程、产品技术保证、采购、生产控制、库存控制、仓储管理、分销管理。而辅助领域主要包括客户服务、制造、设计工程、会计核算、人力资源、市场营销。

由此可见，供应链管理关心的并不仅仅是物料实体在供应链中的流动。除了企业内部与企业之间的运输问题和实物分销意外，供应链管理还包括以下主要内容：

- 战略性供应商和永和合作伙伴关系管理
- 供应链产品需求预测和计划
- 供应链的设计（全球节点企业、资源、设备的评价、选择和定位）
- 企业内部与企业之间物料供应与需求管理

- 基于供应链管理的产品设计与制造管理、生产集成化计划、跟踪和控制
- 基于供应链的用户服务和物流(运输、库存、包装等)管理
- 企业间资金流管理(汇率、成本等问题)
- 基于 Internet 的供应链交互信息管理等

供应链管理注重总的物流成本(从原材料供应到最终产成品的销售费用)与用户服务水平之间的关系,为此要把供应链各个职能部门有机地结合在一起,从而最大限度地发挥出供应链整体的力量,达到供应链企业群体获益的目的。

五、供应链管理方法

1. 快速反应(QR)方法

(1) 定义

QR 是指在供应链中,为了实现共同的目标,至少在两个环节之间进行的紧密合作。其目的是减少原材料到销售点的时间和整个供应链上的库存,最大限度地提高供应链的运作效率。

(2) 要点

- 以交易企业间的“战略联盟”为基础;
- 建立“适当的商品、在适当的时期、以适当的价格、并在适当的场所供给的系统”;
- 在最少的供货周期和最小的风险下,构筑最大的竞争力;
- 基本出发点:通过战略联盟共享利益。

2. 有效顾客响应(ECR)方法

(1) 定义

有效顾客响应(ECR)是一个生产厂家、批发商和零售商等供应链组成各方相互协调和合作,更好、更快和并以更低的成本满足消费者需要为目的的供应链管理系统。

(2) 特征

- 管理意识的创新;
- 是一种双赢型关系;
- 供应链整体协调;
- 涉及范围广。

(3) 应用原则

- ECR 的目的是以低成本向消费者提供高价值服务。
- ECR 要求供需双方关系必须从传统的赢输型交易关系向双赢型联盟伙伴关系转化。
- ECR 要求利用准确、适时的信息支持有效的市场、生产及后勤决策。
- ECR 要求从生产线末端的包装作业开始到消费者获得商品为止的整个商品移动过程产生最大的附加价值,使消费者能及时获得所需要的商品。
- ECR 要求建立共同的成果评价体系。

3. 基于活动的成本控制(ABC)方法

(1) 基本含义

① 作业成本计算

② ABC 方法就是将企业的直接成本与间接成本分配到各个主要活动中去，然后将这些活动分配给相关的产品和服务。

(2) 实施 ABC 法的步骤

1) 获得最高管理层的支持与同意

2) 获得必要的信息以确定资源、活动成本指示器和成本对象

① 理清成本流动过程导致成本发生的因素

② 设计企业 ABC 核算模型

- 企业资源的种类、活动的类型及生产销售的产品
- 资源的成本、消费量和产量方面的信息

③ 开发 ABC 实施工具系统

4. 价值链分析(VCA)方法

(1) 内涵

价值链思想认为企业的价值增加过程按照经济和技术的相对独立性可以分为既相互独立又相互联系的多个价值活动，这些价值活动形成一个独特的价值链。价值活动是企业所从事的物质上和技术上的各项活动，不同企业的价值活动划分与构成不同，价值链也不同。

价值链的含义可以概括为：第一，企业各项活动之间都有密切联系，如原材料供应的计划性、及时性和协调性与企业的生产制造有密切的联系；第二，每项活动都能给企业带来有形或无形的价值，如售后服务这项活动，如果企业密切注意顾客所需或做好售后服务，就可以提高企业的信誉，从而带来无形价值；第三，价值链不仅包括企业内容各链式活动，而且更重要的是，还包括企业外部活动，如与供应商之间的关系、与顾客之间的关系。

(2) 特点

- 价值链分析的基础是价值，各种价值活动构成价值链；
- 价值活动可分为两种活动：基本活动和辅助活动；
- 价值链列示了总价值；
- 价值链的整体性；
- 价值链的异质性。

六、供应链管理的流程

供应链管理的流程，总体来说可分为四个基本程序，如图 5-7-8 所示。

图 5-7-8　供应链管理流程

(1) 制订供应链战略计划

将企业的业务目标同现有能力及业绩进行比较，找出现有供应链的明显缺点；同关键客户和供应商一起探讨、评估外部技术和竞争环境，建立供应链的远景目标；制订从现实过渡到理想供应链目标的行动计划，同时评估企业实现这种过渡的现实条件。

(2) 构建供应链

首先，明确企业在供应链中的定位。任何企业都不可能包揽供应链的所有环节，必须根据自己的优势确定自己的位置，制定相应的发展战略。其次，建立物流配送网络。企业的产品能否通过供应链快速分销到目标市场上，取决于供应链上的物流、配送网络的健全程度以及市场的开发状况等，物流配送网络是供应链存在的基础。第三，广泛采用信息技术。现代信息技术是供应链健康运转的依托，供应链领导者必须建立供应链管理的信息系统。

(3) 更新供应链

随着企业内外部环境的变化，供应链要保持竞争优势，必须对其流程及时进行更新改造。

(4) 评估供应链

供应链管理绩效评价的指标应该是基于业务流程的，应该能够反映整体运营的状况以及上下游节点企业之间的运营关系，而不是孤立地评价某一节点企业的运营情况。

☺ 任务实施

步骤一：明确调研的内容

供应链有多种的类型，供应链管理方式也有很多不同的方法，明确企业的供应链类型和供应链管理方式，是否应用供应链管理系统及发展趋势。调研内容至少包含以下内容：

① 调研企业的基本信息：企业的性质、规模、成立时间、主营业务、组织结构图等。

② 企业的供应链管理情况：企业是如何选择供应商的，企业有哪些固定的供应商，企业是如何管理供应商的，企业有哪些固定客户，企业是如何管理客户的，企业的供应链管理制度方式有哪些，是否使用供应链管理系统。

③ 该企业在应用物流信息技术中还存在着哪些问题？

④ 本次企业调研的体会和心得。

步骤二：制订调研计划

围绕调查目标，明确调查主题，确定调研的对象、地点、时间、方式，并确定要收集哪些相关资料并作好知识准备。

步骤三：调研实施

调查以小组为单位：根据班级情况，每组 7～8 人，设一名组长。如果要进行企业实地调查时带上调查工具，比如笔记本和笔，情况允许的话可以带上照相机和录音笔。

步骤四:整理调研资料,撰写调研报告

对每个项目小组的调查的结果,可以适当灵活体现成果,形式上不一定局限于调查报告,也可以是小论文、小作品等多种形式。

《供应链管理》调研报告					
班级		组员姓名		时间	
调研				分数	
调研目的					
调研步骤					
企业供应链管理流程					
企业应用供应链管理系统的情况					
我的分析					
我的结论					
我的想法					

☺ 任务拓展

Wal-Mart 把零售店商品的进货和库存管理的职能转移给供应方(生产厂家),由生产厂家 Wal-Mart 的流通库存进行管理和控制,即采用生产厂家管理的库存方式(Vendor-managed Inventories 简称为 VMI)。Wal-Mart 让供应方与之共同管理营运 Wal-Mart 的流通中心。在流通中心保管的商品所有权属于供应方。供应方对 POS 信息和 ASN 信息进行分析,把握商品的销售和 Wal-Mart 的库存方向。在此基础上,决定什么时间、把什么类型商品、以什么方式向什么店铺发货。发货的信息预先以ASN形式传送给Wal-Mart,以多频度、小数量进行连续库存补充,即采用连续补充库存方式(Continuous Replenishment Program,简称CRP)。由于采用VMI和CRP,供应方不仅能减少本企业的库存,还能减少Wal-Mart的库存,实现整个供应链的库存水平最小化。另外,对Wal-Mart来说,省去了商品进货的业务,节约了成本,同时能集中精力于销售活动。并且,事先能得知供应方的商品促销计划和商品生产计划,能够以较低的价格进货。这些为Wal-Mart进行价格竞争提供了条件。

试分析Wal-Mart采用的是哪种企业供应链管理方法,并说明它的作用。

☺ 任务评价

考核项目	考核内容及要求	分值	学生自评(10%)	小组评分(20%)	教师评分(50%)	专家评价(20%)	实际得分
职业素养	具有团队合作精神	10					
	学习态度认真、尊重导师	10					
知识掌握情况	掌握供应链的概念	10					
	掌握供应链管理的概念	10					
	掌握供应链管理的内容及方法	10					
	掌握供应链管理的作用	10					
	掌握供应链管理的流程						
技能掌握情况	能够小组配合完成企业供应链管理的调研	10					
	能够对供应链管理进行简单的分析,绘制相应流程图	20					
总分							

任务八　供应链管理系统业务案例实训

(一) 环境准备

教学方法		任务驱动教学法、讨论教学法
教学手段		小组讨论、多媒体教学
教学环境	硬件环境	学生机房、纸、笔
	软件环境	网络资源、office软件、运输管理信息系统
组织形式		集体讨论、小组合作、PPT成果展示描述:以小组学习为主,任务驱动法贯穿教学全过程
建议课时		8课时

(二) 任务发布

红星车业有限公司是一家历史悠久的专业生产各类自行车的制造公司。公司的前身是成立于1967年的大红自行车装配厂,经过近半个多世纪的发展,公司已由过去以装配自行车为主发展到集自行车设计、制造于一体的现代化专业自行车方案的提供商。

2012年4月29日,红星车业有限公司根据近三个月的销售情况,预测制订了5月份自行车的生产计划:红星车业的组装车间要生产完成自行车5 000辆。

自行车的主体结构是由车轮、车座和车架三部分组成,具体组成结构见BOM结构图:

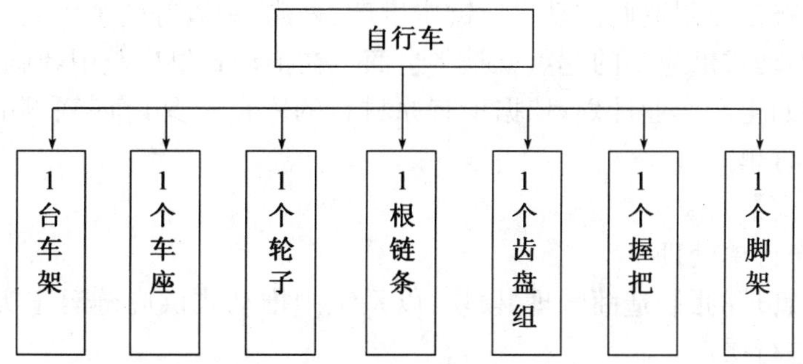

红星车业要根据目前的库存容量制订相应的原料采购计划,并将采购订单发送给其供应商,并通过物流公司完成原料的送货作业。当物流公司将采购的原材料运抵红星车业的仓库后,红星车业开始组织生产。在生产结束之际,红星车业将会与其零售商进行洽谈,将生产的自行车销售给零售商,再由零售商将自行车销售到最终的顾客手中。

这种由制造商主导并推动整个供应链产品流通的过程,称之为推动式供应链。为保证整个供应链中物流、信息流、资金流的顺畅运行,就需要根据各业务流程,设计合理的操作流程。本实训内容就是让学生熟悉推动式供应链的运作流程,对企业间采购、生产、销售的环节有更为直观和清晰的认识。

4人一组模拟一条推动模式的供应链,核心企业为生产企业,首先根据预测制订生产计划并安排生产,然后以成品库存满足销售订单。要求各个角色配合在系统中完成最终客户(教师)的订单。通过实训让学生掌握预测推动型生产模式的特点和业务流程,能理解预测推动型生产模式中制造商的库存管理方式及其与上下游的关系。

实训内容的具体信息包括:

制造商——红星车业制订生产计划为:5 000辆自行车。

零售商——美丰自行车通过分析市场需求决定向红星车业订购4 500辆自行车。

另外,由老师扮演终端客户,向零售商采购自行车,采购数量由授课教师自行决定(订购数量不可超过4 500辆)。

进行实训课前,教师将上述实训内容信息传达给学生,学生根据上述信息,完成实训内容。

(三) 任务操作

1. 系统维护

整个供应链管理系统中包含四个子系统,在实训过程中,学生可以分角色模拟各企业的实际操作流程；在学生对供应链管理系统熟悉后，也可由单人模拟多个角色完成运作路程的模拟实训。推动式供应链的运作模式从制造商采购作业计划开始至零售商将成品销售给终端客户为止，共分为5个关键环节（不包括商务结算部分）。每一个关键环节的参与企业不同，因此在每一个操作流程中会包括各企业的角色转换，本操作流程也会特别指出，以便提示学生正确操作。

在实训前，信息员（教师）已将制造商、供应商、零售商等基础信息录入完毕，方便学生以下的操作。

2. 制造商采购作业流程

推动式供应链是由制造商推动供应链中生产、采购、销售等整个作业环节的供应链运作方式。因此，推动式供应链的起点就是制造商。在推动式供应链中，制造商根据历史生产数据制订当期的生产作业计划；依据现有原材料的库存情况，确定采购品种和数量，向供应商发出采购订单。

【角色：制造商】

步骤一：生产订单处理

登录供应链管理的【制造商管理】模块：以系统中推动式供应链运作实训案例为实训背景，在系统中进行操作。

（1）订单录入

进入【制造商管理】系统后，选择【生产管理】模块，点击左侧任务栏中的【生产订单】，点选【生产订单录入】，进入生产订单列表界面，点击【新增】按钮，新增生产订单，录入开工日期、完工日期、生产数量、货品名称、货品编号等相关信息，如图5-8-1所示。

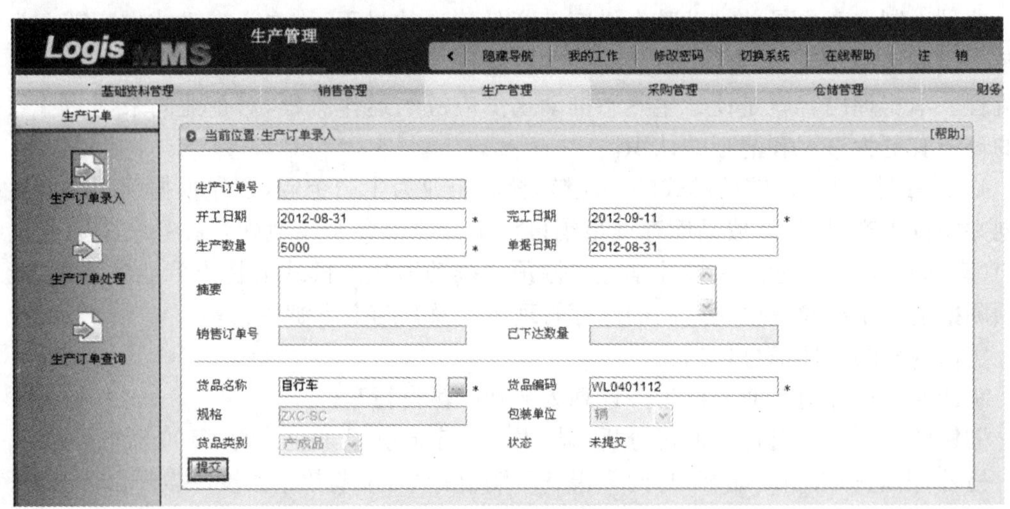

图5-8-1 生产订单录入

点击【提交】，返回到生产订单列表。勾选订单，点击【提交】，弹出操作提示框，点击【确定】，见图5-8-2。

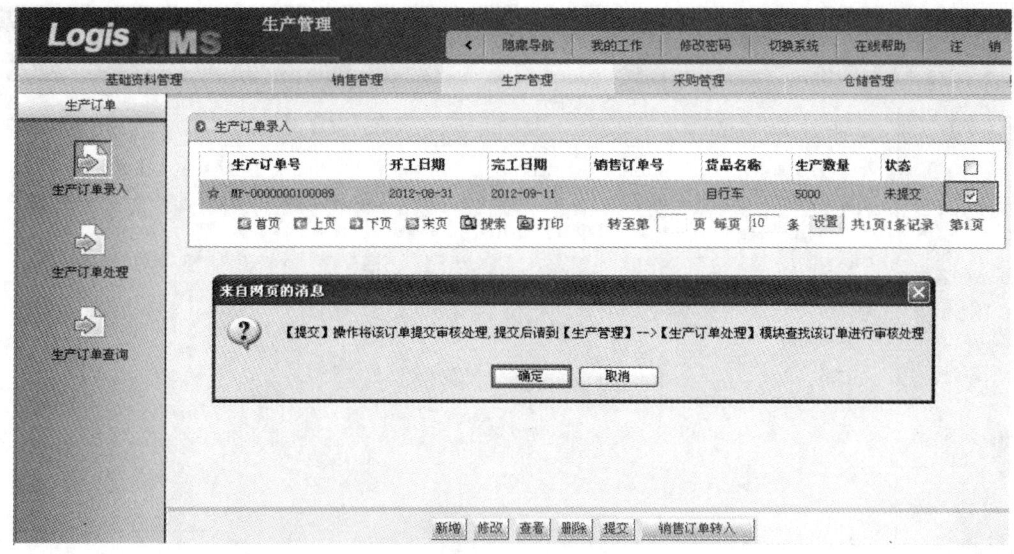

图 5-8-2　生产订单提交

(2) 订单处理

点击左侧任务栏中的【生产订单处理】，待处理生产列表中，勾选目标订单，点击【审核】按钮，进入到生产订单列表中，审核订单中的信息，核对无误后点击【通过审核】；如果对订单内容存在疑问，可以点击【保存修改】，见图 5-8-3。点击【通过审核】，即可完成生产订单的处理，我们可以查询到该订单已经通过审核。生产订单查询详情见图 5-8-4。

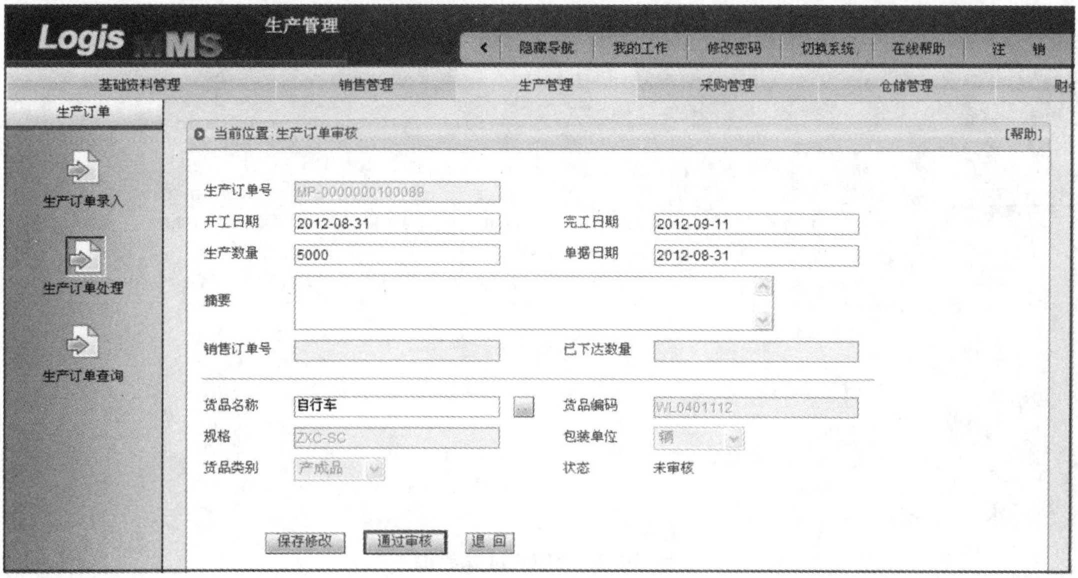

图 5-8-3　生产订单审核

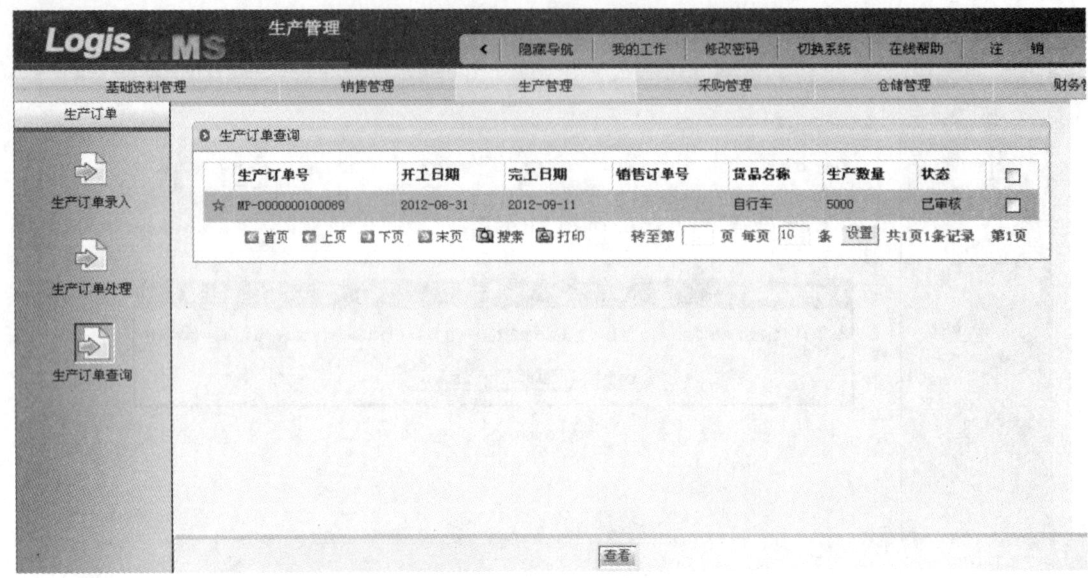

图 5-8-4　生产订单查询

步骤二:生产作业计划(MRP)

生产订单制定完毕后,需要根据确定生产计划、采购计划,这一过程需在【生产管理】模块下的【MRP 操作】中进行。

(1) MRP 运算

根据生产订单得到物料需求计划,点击左侧任务栏中的【MRP 操作】,选择【MRP 运算】,可以看到 MRP 运算界面,见图 5-8-5。

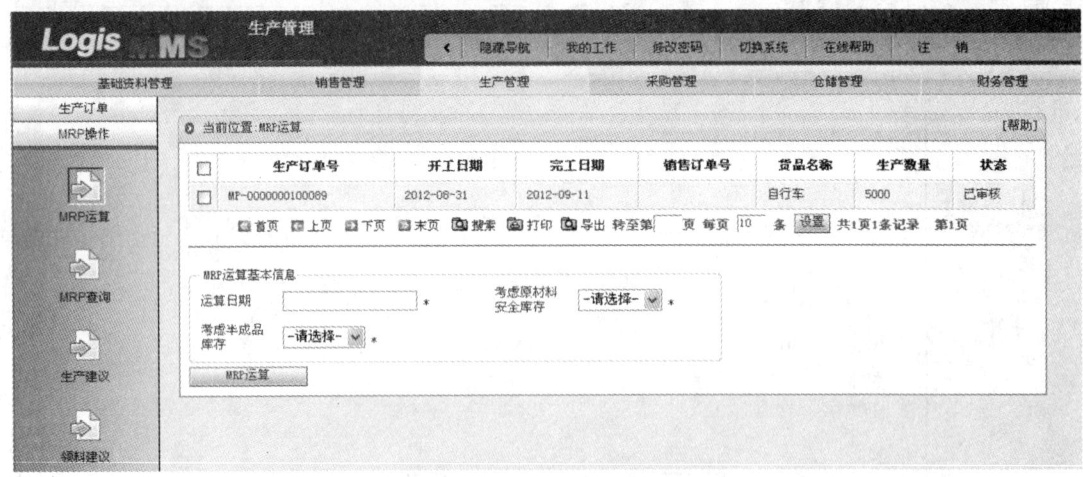

图 5-8-5　MRP 运算界面

勾选图 5-8-5 中的生产订单，选择录入运算日期、是否考虑原材料安全库存、半成品库存等信息，见图 5-8-6。

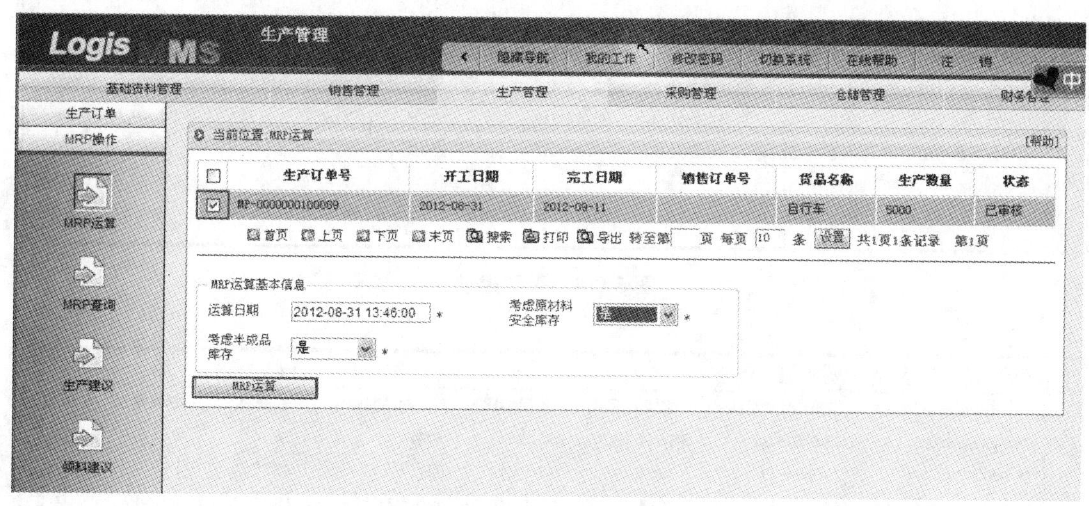

图 5-8-6　MRP 运算

点击【MRP 运算】，系统会根据订单信息和库存信息，给出计算结果。

(2) MRP 查询

进入【MRP 查询】界面，点击 MRP 运算单，即可了解到该订单的生产建议、采购建议和出库建议。

生产建议信息，见图 5-8-7；采购建议信息，见图 5-8-8；出库建议信息，见图 5-8-9。

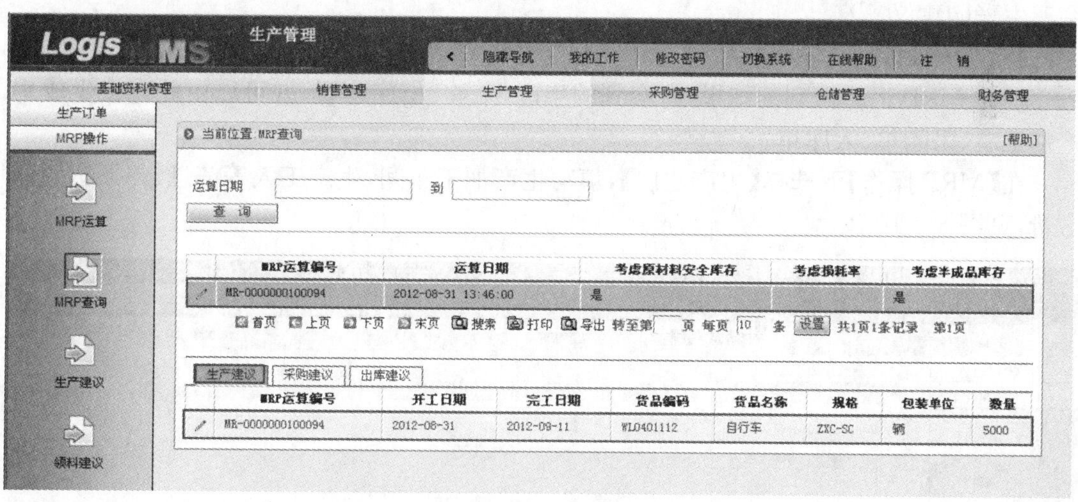

图 5-8-7　生产建议

生产建议	采购建议	出库建议							
	MRP运算编号	建议下单日期	需求日期	货品编码	货品名称	规格	包装单位	数量	金额
✎	MR-0000000100094	2012-08-31	2012-08-31	WL0101112	脚架	JJ-SC	个	5000	225000
✎	MR-0000000100094	2012-08-31	2012-08-31	WL0201112	自行车车轮	ZXCCL-SC	个	10000	300000
✎	MR-0000000100094	2012-08-31	2012-08-31	WL0301112	自行车车架	ZXCCJ-SC	个	5000	200000
✎	MR-0000000100094	2012-08-31	2012-08-31	WL0501112	车座	CZ-SC	个	5000	95000
✎	MR-0000000100094	2012-08-31	2012-08-31	WL0601112	自行车齿盘组	XCCPZ-SC	个	5000	170000
✎	MR-0000000100094	2012-08-31	2012-08-31	WL0701112	自行车链条	ZXCLT-SC	个	5000	115000
✎	MR-0000000100094	2012-08-31	2012-08-31	WL0801112	握把	WB-SC	个	5000	250000

图 5-8-8　采购建议

生产建议	采购建议	出库建议						
	MRP运算编号	建议出库日期	需求日期	货品编码	货品名称	规格	包装单位	数量
✎	MR-0000000100094	2012-08-31	2012-08-31	WL0101112	脚架	JJ-SC	个	5000
✎	MR-0000000100094	2012-08-31	2012-08-31	WL0201112	自行车车轮	ZXCCL-SC	个	10000
✎	MR-0000000100094	2012-08-31	2012-08-31	WL0301112	自行车车架	ZXCCJ-SC	个	5000
✎	MR-0000000100094	2012-08-31	2012-08-31	WL0501112	车座	CZ-SC	个	5000
✎	MR-0000000100094	2012-08-31	2012-08-31	WL0601112	自行车齿盘组	XCCPZ-SC	个	5000
✎	MR-0000000100094	2012-08-31	2012-08-31	WL0701112	自行车链条	ZXCLT-SC	个	5000
✎	MR-0000000100094	2012-08-31	2012-08-31	WL0801112	握把	WB-SC	个	5000

图 5-8-9　出库建议

【注】:如果成品库存满足需求,则不会产生生产建议;如果原材料库存满足需求,则不会产生采购建议。

(3) 生产建议

根据 MRP 运算得到的结果,将会到的生产、采购、出库建议,并可以由此直接生成生产加工单、采购单、入库单。

在【MRP 操作】下选择【生产建议】,填写生产加工车间、生产工人等信息,并下达生产数量,见图 5-8-10。

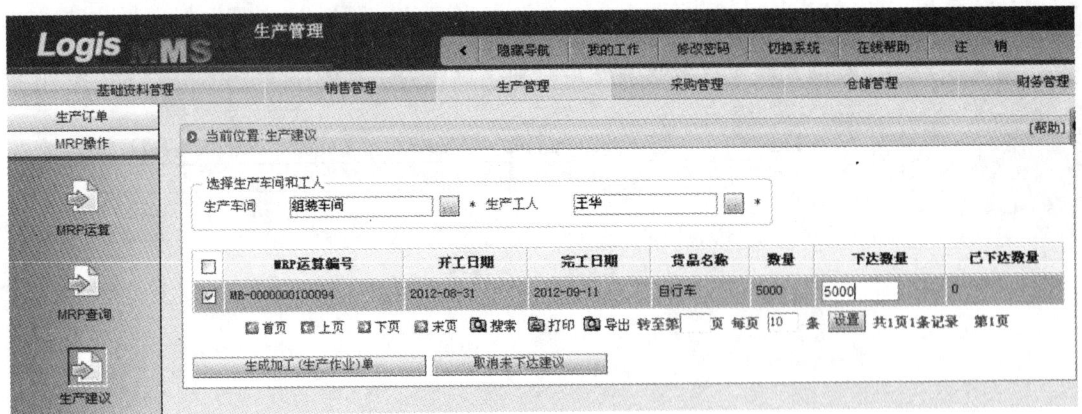

图 5-8-10　生产建议下达界面

点击【生成加工单】，即可生成加工单，并传递到生产部门。

（4）生成领料单

点击【领料建议】，填写领料数量，下单数量可根据实际情况填写。再勾选领料建议，点击【生成领料单】即可，见图 5-8-11。生成的领料单将直接传递给仓储部门。

☑	MRP运算编号	建议出库日期	需求日期	货品名称	数量	下达数量	已下达数量
☑	MR-0000000100094	2012-08-31	2012-08-31	脚架	5000	5000	
☑	MR-0000000100094	2012-08-31	2012-08-31	自行车车轮	10000	10000	
☑	MR-0000000100094	2012-08-31	2012-08-31	自行车车架	5000	5000	
☑	MR-0000000100094	2012-08-31	2012-08-31	握把	5000	5000	
☑	MR-0000000100094	2012-08-31	2012-08-31	自行车齿盘组	5000	5000	
☑	MR-0000000100094	2012-08-31	2012-08-31	自行车链条	5000	5000	
☑	MR-0000000100094	2012-08-31	2012-08-31	车座	5000	5000	

图 5-8-11　领料建议列表

点击【采购建议】，填写采购的数量，下单数量可以根据实际情况填写。勾选采购建议，点击【生成采购计划】即可，见图 5-8-12。生成的采购计划单将传递给采购部门，采购部门将据此生成采购计划。

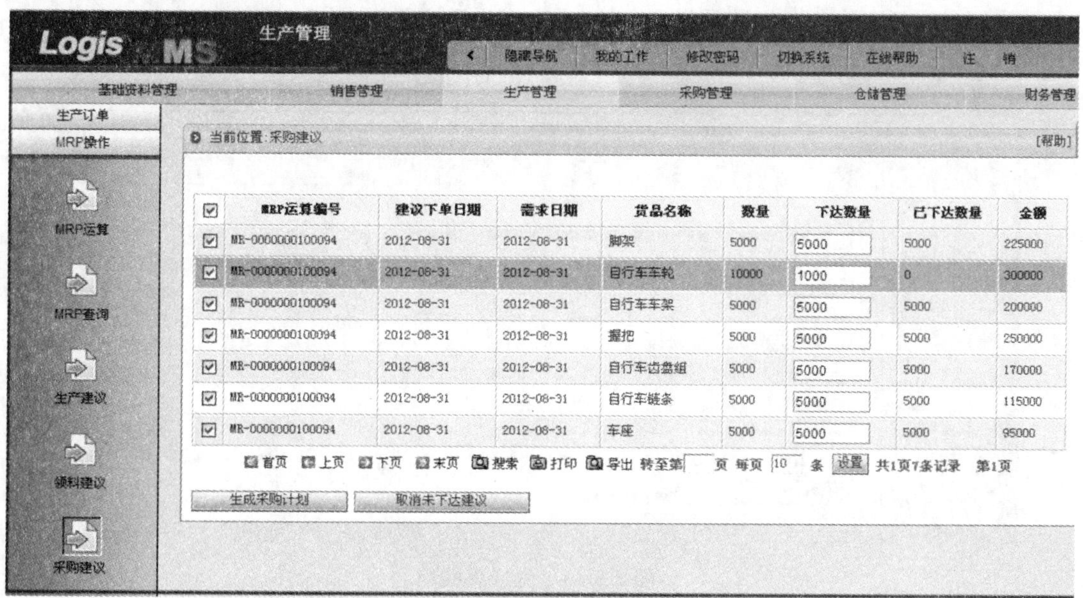

☑	MRP运算编号	建议下单日期	需求日期	货品名称	数量	下达数量	已下达数量	金额
☑	MR-0000000100094	2012-08-31	2012-08-31	脚架	5000	5000	5000	225000
☑	MR-0000000100094	2012-08-31	2012-08-31	自行车车轮	10000	1000	0	300000
☑	MR-0000000100094	2012-08-31	2012-08-31	自行车车架	5000	5000	5000	200000
☑	MR-0000000100094	2012-08-31	2012-08-31	握把	5000	5000	5000	250000
☑	MR-0000000100094	2012-08-31	2012-08-31	自行车齿盘组	5000	5000	5000	170000
☑	MR-0000000100094	2012-08-31	2012-08-31	自行车链条	5000	5000	5000	115000
☑	MR-0000000100094	2012-08-31	2012-08-31	车座	5000	5000	5000	95000

图 5-8-12　采购建议列表

步骤三:采购订单录入处理

(1) 生成采购计划单

进入【采购管理】模块,点击左侧任务栏中的【采购计划单】,可以看到上一个环节生成的采购计划。在此,需对货品供应商、供货比例和采购单价进行维护,并下达实际的数量,勾选需采购的原材料信息,点击【维护采购比例】进入到采购比例维护界面,见图 5-8-20。

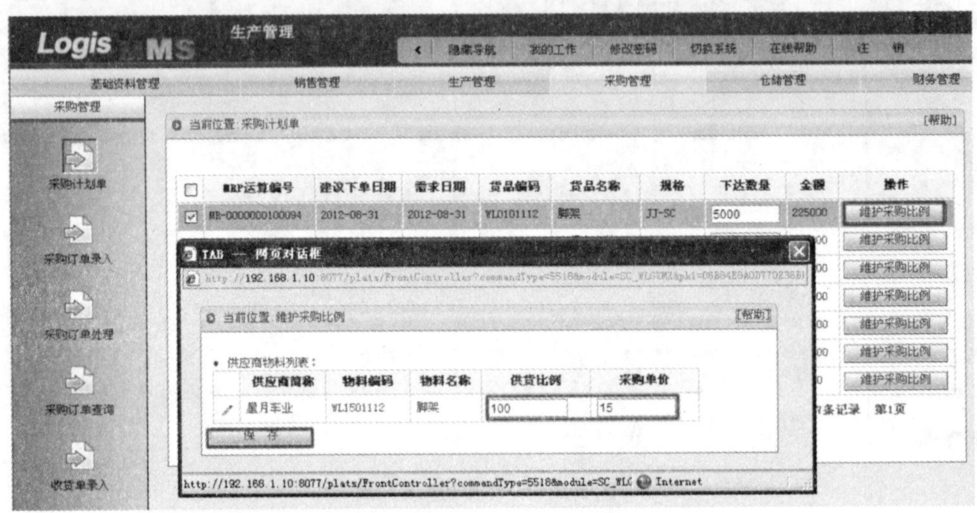

图 5-8-13 供应商供货比例维护

修改完毕点击【保存】。需采购的物料都需要进行【维护采购比例】的操作,才可以提交生成采购单,否则系统会弹出提示信息,提醒用户操作。

待维护采购比例后,勾选采购单,点击【生成采购单】,见图 5-8-14。

MRP运算编号	建议下单日期	需求日期	货品编码	货品名称	规格	下达数量	金额	操作
MR-0000000100094	2012-08-31	2012-08-31	WL0101112	脚架	JJ-SC	5000	225000	维护采购比例
MR-0000000100094	2012-08-31	2012-08-31	WL0201112	自行车车轮	ZXCCL-SC	1000	300000	维护采购比例
MR-0000000100094	2012-08-31	2012-08-31	WL0301112	自行车车架	ZXCCJ-SC	5000	200000	维护采购比例
MR-0000000100094	2012-08-31	2012-08-31	WL0801112	握把	WB-SC	5000	250000	维护采购比例
MR-0000000100094	2012-08-31	2012-08-31	WL0601112	自行车齿盘组	XCCPZ-SC	5000	170000	维护采购比例
MR-0000000100094	2012-08-31	2012-08-31	WL0701112	自行车链条	ZXCLT-SC	5000	115000	维护采购比例
MR-0000000100094	2012-08-31	2012-08-31	WL0501112	车座	CZ-SC	5000	95000	维护采购比例

首页 上页 下页 末页 搜索 打印 导出 转至第 页 每页 10 条 设置 共1页7条记录 第1页

生成采购单 取消未下达计划

图 5-8-14 生成采购单

【注】:如果制造商的供应商数量比较多的话,供应商维护可以帮助供应商将某一项采购任务分配给多个供应商,由供应商共同供货。现实中,企业多采用多供应商供货的方

式，一来可以有效降低采购风险，二来可以通过供应商之间的竞争得到更好的服务。

（2）采购订单录入

点击【采购订单录入】，即可看到生成的采购订单，勾选该采购订单，点击订单下方的【提交】，系统将弹出提示信息，见图 5-8-15。点击【确定】，即可完成操作。

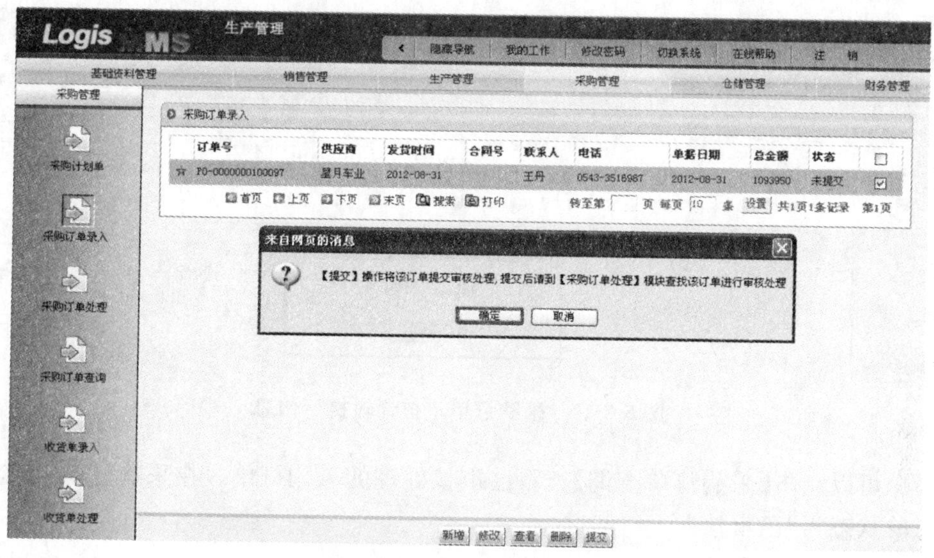

图 5-8-15　采购订单提交

（3）采购订单处理

提交的订单需进行订单审核处理，方可传递给供应商，进行采购作业。点击【采购订单处理】，勾选待审核的采购订单，点击【审核】，系统会弹出该订单的详细信息，见图 5-8-16。

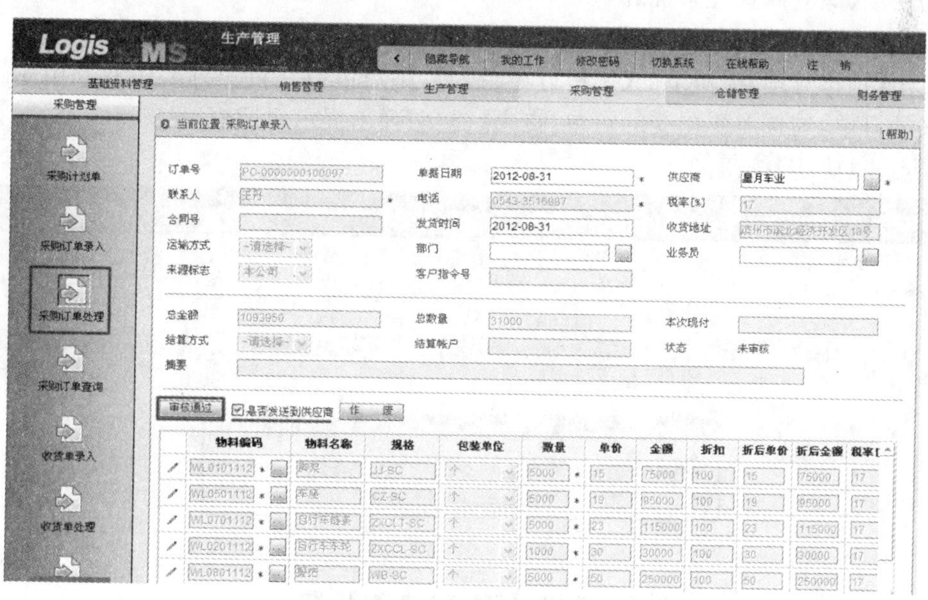

图 5-8-16　采购订单审核

勾选“是否发送到供应商”前面的复选框(注意:此选项如果勾选,则在将该订单信息传递给供应商,并在供应商系统中产生一个销售订单;如果没有勾选,则该采购订单的信息并不会传递给供应商,由此将会产生供应链中信息传递的断裂),并点击【审核通过】。审核通过后系统会有提示信息,见图 5-8-17。点击【确定】即可。

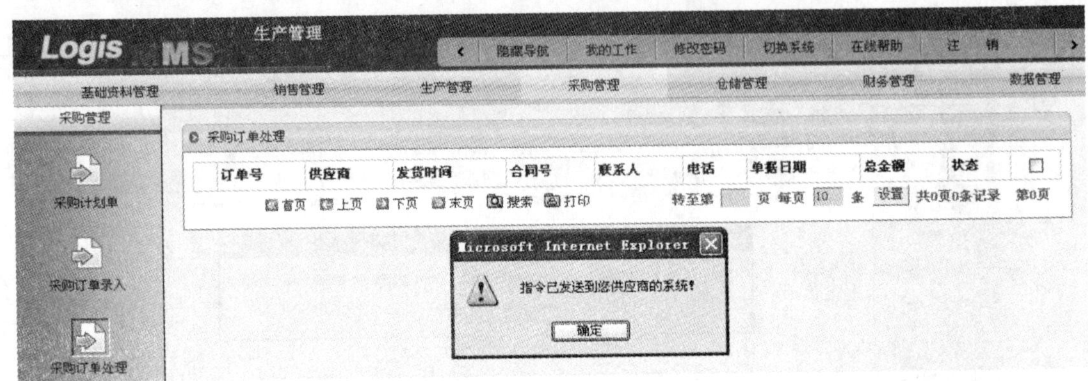

图 5-8-17　采购订单审核通过提示信息

用户可以点击【采购订单查询】查看已审核处理的采购订单。在采购订单【状态】可以看到订单状态为“已审核”。

3. 供应商作业流程

制造商将采购订单发送给供应商后,供应商会组织供货,按照制造商的订单将所需数量和规格的货品出库,并由第三方物流公司将货品配送至制造商手中。

【角色:供应商】

步骤四:销售发货处理

切换至【供应商管理系统】。

(1) 销售订单录入

点击【销售管理】模块下的【销售订单录入】,用户可以在订单列表中看到由制造商提交过来的订单,勾选需要提交的订单,点击【提交】弹出提示对话框,见图 5-8-18,对订单操作无误点击【确定】按钮。

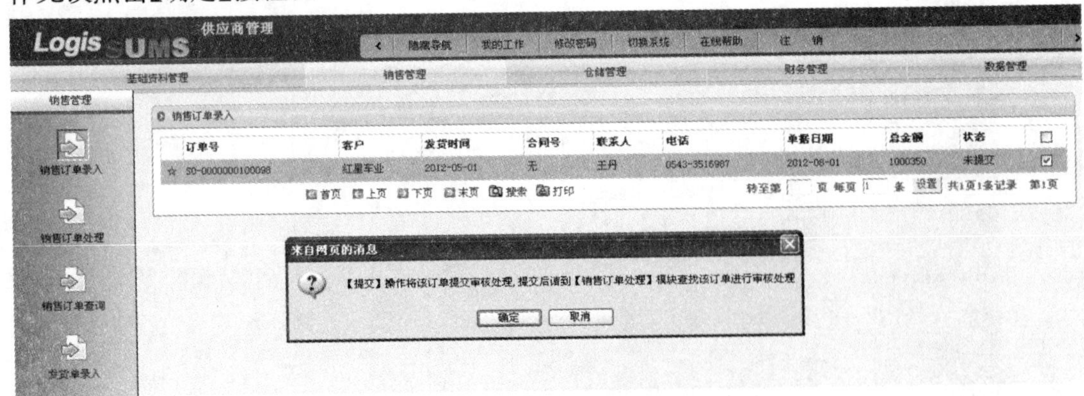

图 5-8-18　销售订单提交提示信息

(2) 销售订单处理

对提交后的订单需要进行审核处理。

进入【销售订单处理】界面,可以看到提交过来的销售订单,勾选该订单,点击【审核】进入到销售订单审核界面,见图 5-8-19。

图 5-8-19 销售订单审核

注意:此处审核中“是否发送到客户”前面的复选框项目栏前不要选中,防止订单来回无意义传递。如果选择是,则会提示“不能逆向操作”。

确认无误,点击【审核通过】按钮。

(3) 销售订单查询

进入【销售订单查询】界面,可以查询刚刚审核通过的订单内容。

(4) 发货单录入

销售订单接单处理完毕后,供应商会开始组织供货,并有销售部门根据销售订单制定“发货单”进行发货预处理。

在【销售管理】模块,点击【发货单录入】,新增一个发货单。此时,用户无需自行填写一个发货单,只需要点击【订单转入】方式,将销售订单直接转换为发货单,如图 5-8-20 所示。

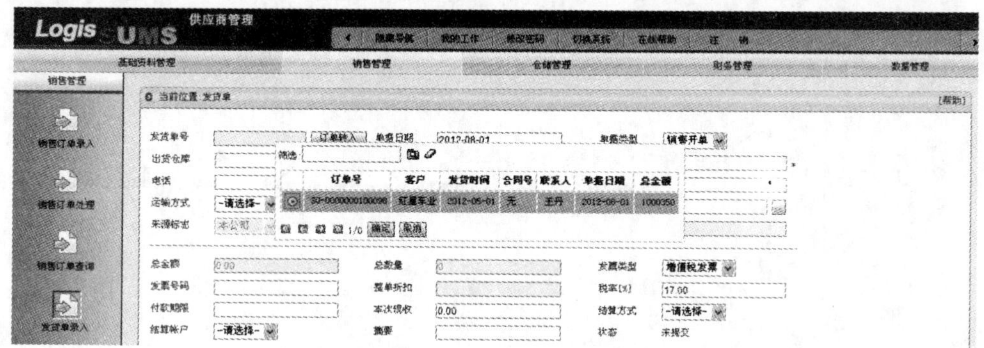

图 5-8-20 销售订单转入发货单

点选“销售订单”后点击【确定】。可以直接将销售货品的信息从销售订单那转录入发货订单中，并填写“出货仓库”信息，“运输方式”等信息，如图 5-8-21 所示。

图 5-8-21　发货单录入

点击【保存发货单】，系统返回【发货订单录入】界面，勾选该订单，点击【提交】按钮，点击【确定】，即可完成发货单的录入操作。

（5）发货单处理

点击【发货单处理】，进入到发货单处理列表界面，勾选待处理的发货单，点击【审核/下达】，进入发货单审核界面，见图 5-8-22。

图 5-8-22　发货单审核

核对发货单信息，确认无误后，点击【审核通过】完成审核，返回到待审核订单列表，系统弹出提示信息证明发货信息已传递给客户，见图 5-8-23。

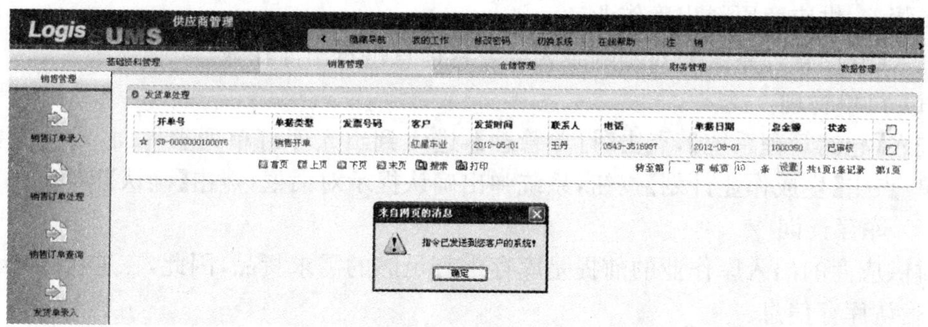

图 5-8-23　发货单审核通过提示信息

完成审核后，再勾选订单，点击【审核/下达】下达发货指令。进入信息下达界面，选择【物流公司】点击【下达发货指令】即可，见图 5-8-24。

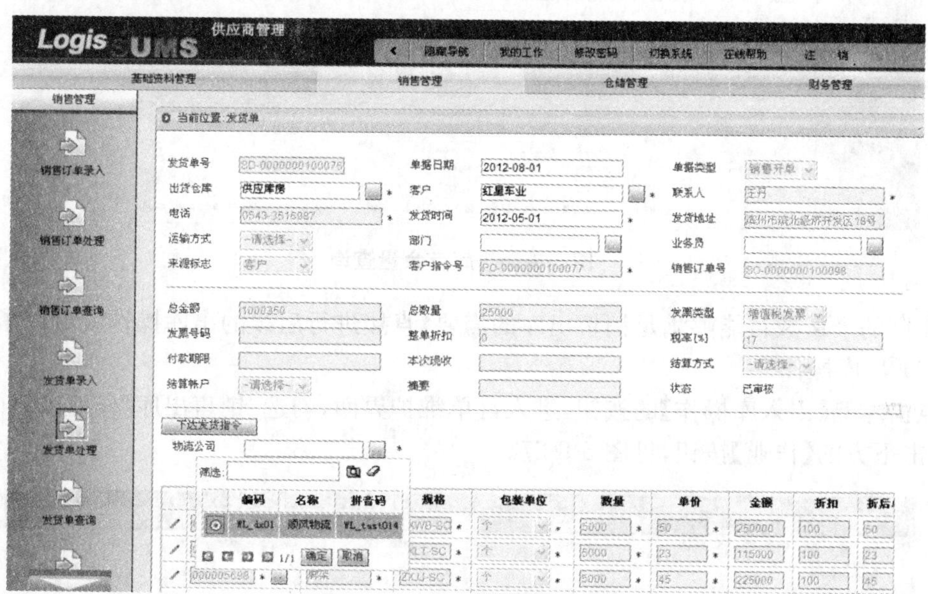

图 5-8-24　发货指令下达界面

系统会提示操作成功，将信息发送至物流公司，见图 5-8-25。

图 5-8-25　发货单下达成功提示界面

(6) 发货单查询

用户可以通过点击【发货单查询】查看发货订单信息。

步骤五:供应商原料出库作业

进入【仓储管理系统】,对刚刚录入的发货信息进行出库作业。

(1) 订单管理

进入【仓储管理系统】,点击【订单管理】,进入到出入库订单列表界面,勾选需要处理的订单,点击【生成作业计划】按钮,系统弹出确认提示对话框,点击【确认】即可。

(2) 库存查询

对供应商的出入库作业的前提是库存内有足够的需求货品,因此,在进行订单处理之前,要确认库存信息。

点击【库存查询】,如果仓库内有存储的物料,则见图 5-8-26。

库房编码	库房简称	物料编码	物料名称	数量
KF0200842	供应库房	WL0900842	自行车车架	100000
KF0200842	供应库房	WL1000842	车座	100000
KF0200842	供应库房	WL1100842	自行车链条	100000
KF0200842	供应库房	WL1200842	自行车车轮	100000
KF0200842	供应库房	WL1300842	握把	100000
KF0200842	供应库房	WL1400842	自行车齿盘组	100000
KF0200842	供应库房	WL1500842	脚架	100000

图 5-8-26 库存余量查询

库存的余量数目能够满足销售出库的需要,直接进行后续的出库操作就可以了。

(3) 出库操作

点击左侧【出入库操作】的按钮,进入订单维护界面,勾选"销售出库"作业单后的复选框,点击下方的【作业】按钮,见图 5-8-27。

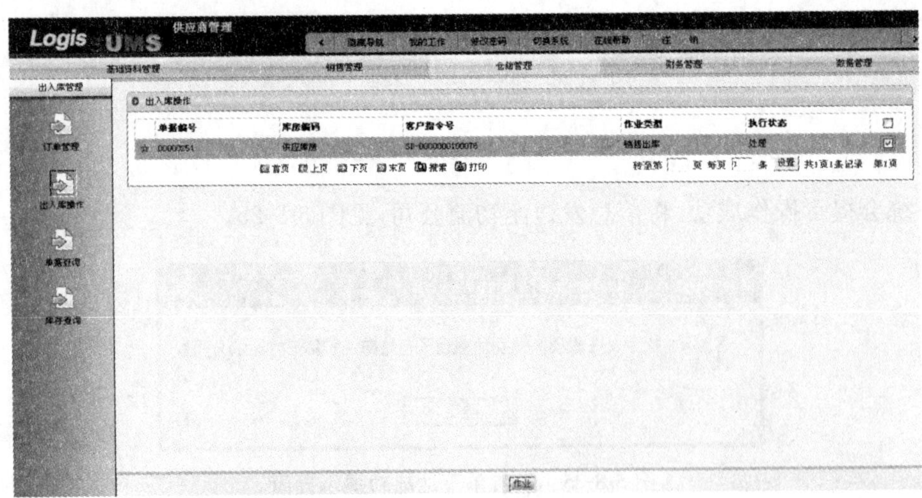

图 5-8-27 出入库作业界面

进入出库作业订单界面，核对出库信息，确认无误，点击【确认出库】，即可完成操作，见图5-8-28。

图 5-8-28　出库确认界面

(4) 单据查询

完成上述出库作业后，点击【单据查询】输入单据编号既可以查询订单作业状态。

【角色：物流公司管理】

步骤六：物流公司送货作业

"切换系统"至【物流公司管理】系统。

(1) 订单管理

进入【配送管理】模块，点击【配送作业】—【订单管理】模块将看到由供应商发送过来的配送单据，勾选该配送订单，点击下方的【生成作业计划】，弹出配送订单管理界面，可对该订单进行修改，输入运杂费用：4 500，见图5-8-29，选择目标配送单据，点击【生成作业计划】即可。

图 5-8-29　物流公司配送订单详情

(2) 配送调度

进入【配送调度】界面。在配送调度列表中,可以看到有空闲的运力可以承担配送任务,点击一个现有的调度单,再点击“出于调度状态的配送单”,将配送任务分配到该调度单上,点击【加入调度】将待调度订单加入到当前配送调度作业任务中,等待车辆装车发运,见图 5-8-30,同时点选配送调度单和当前调度单,点击【发运出站】即可。

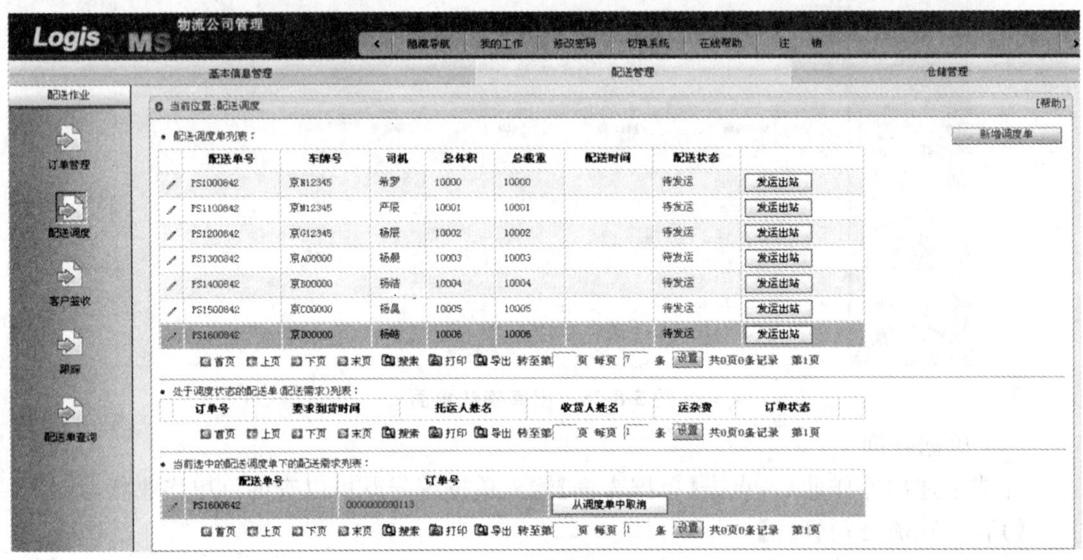

图 5-8-30 当前配送调度列表

用户也可通过点击右上角的【新增调度单】(相当于新增运力),自行添加新的调度运力信息,填写车牌、司机、时间等信息,如图 5-8-31 所示。

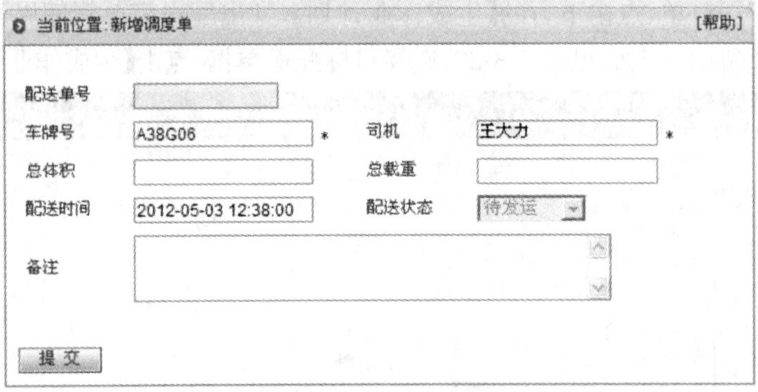

当前位置:新增调度单 [帮助]

配送单号

车牌号 A38G06 * 司机 王大力 *

总体积 总载重

配送时间 2012-05-03 12:38:00 配送状态 待发运

备注

提 交

图 5-8-31 新增调度单

点击【提交】就可以将调度单增加到调度单列表中,用户可以选择新增加的运力作为配送调度运力,并完成配送调度作业,具体的操作与上文所述的调度作业操作一致。

待货物配送出站后,用户可以查询到该配送订单的信息。进入【配送单查询】,可以看到运单处于在途状态。

步骤七:配送订单签收

待物流公司将货物送达制造商手中后，需要进行客户签收的操作。

在【配送管理】模块下，点击左侧的【客户签收】，进行签收信息的录入，填写收货人签字和签字时间，点击订单后的“操作”图标，即可完成操作。系统会弹出确认界面，见图 5-8-32，点击确认信息上的【确定】按钮，可以完成客户签收的操作。

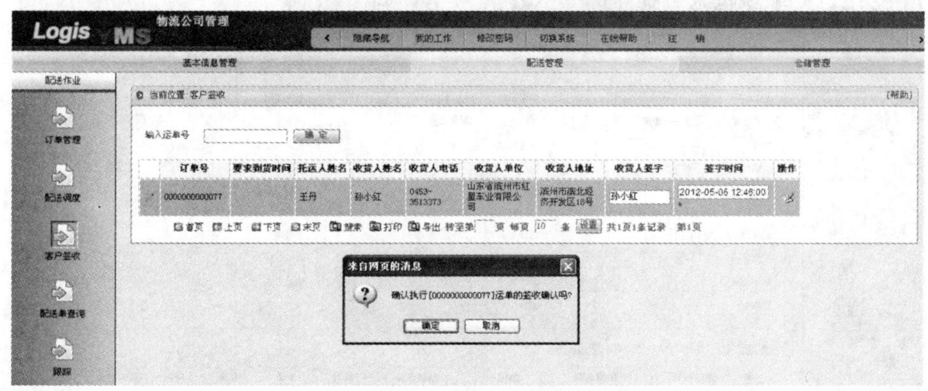

图 5-8-32　物流公司货物签收

用户可以点击【配送单查询】，查看该订单的配送信息，配送状态见图 5-8-33。在图 5-8-33中，可以看到配送订单的状态为：签收。证明配送作业操作完成。

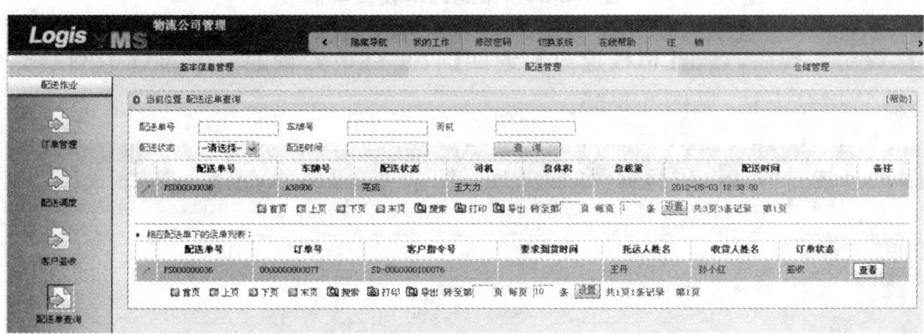

图 5-8-33　物流配送单查询

4. 制造商收货、生产作业流程

【角色：制造商】

步骤八：制造商收货录入

切换系统至【制造商管理系统】。

(1) 收货录入

进入【采购管理】模块，点击【收货单录入】，可以看到由供应商传过来的发货信息，已经转化成为“制造商”的收货单，勾选收货单点击【提交】，待系统弹出确认信息后，点击【确认】即完成了收货单录入的操作。

(2) 收货信息审核/下达

收货单录入完毕后，需要对收货信息进行审核和传达。

进入【收货单处理】，勾选待处理的订单，查看订单内容，添加【收货仓库】，修改完毕后，点击【保存收货单】。

返回到待处理收货单列表，勾选订单，点击【审核/下达】，查看录入相关信息，见图 5-8-34。

图 5-8-34　采购订单收货审核

信息核对无误后，点击【审核通过】，返回【收货订单处理】界面，再选中刚刚提交的单据，进行收货指令下达，见图 5-8-35。

图 5-8-35　采购收货指令下达

用户点击【下达收货指令】后，系统会将收货信息传递给【仓储管理】模块，提示仓储部门进行采购入库作业。

步骤九：采购入库作业

进入【仓储管理】模块，点击【订单管理】，选择刚刚提交的“采购入库”订单，点击【生成作业计划】，系统弹出入库操作确认对话框，见图 5-8-36。

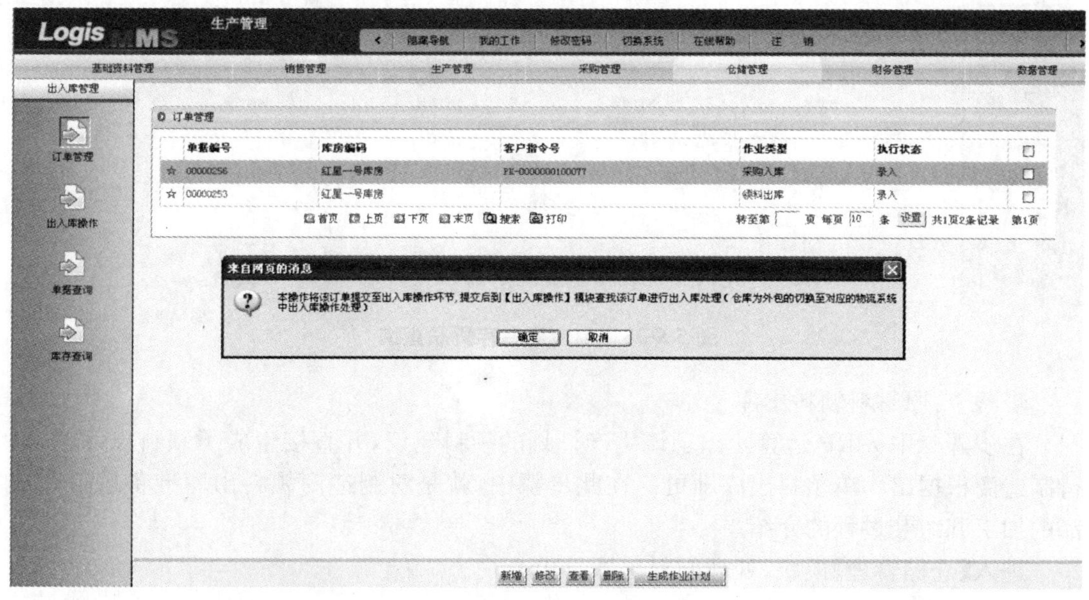

图 5-8-36　入库确认

点击【确定】仓储部门接收入库作业指令，准备进行入库操作。

点击【出入库操作】，选中对刚产生的采购入库单，点击【作业】，进入到出入库作业处理界面，见图 5-8-37。

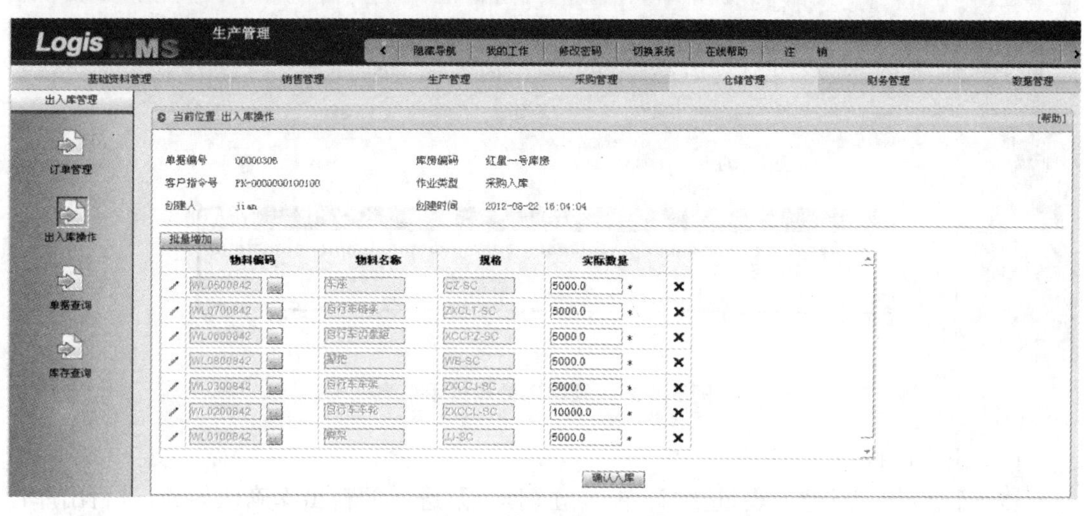

图 5-8-37　入库操作界面

点击【确认入库】，即可以完成采购入库操作。进入【单据查询】，我们可以看到，采购入库单已经完成操作。也可以通过直接查询库存数量来确定原材料是否已经正常入库，点击【库存查询】，进入到货品库存信息列表中，见图 5-8-38。

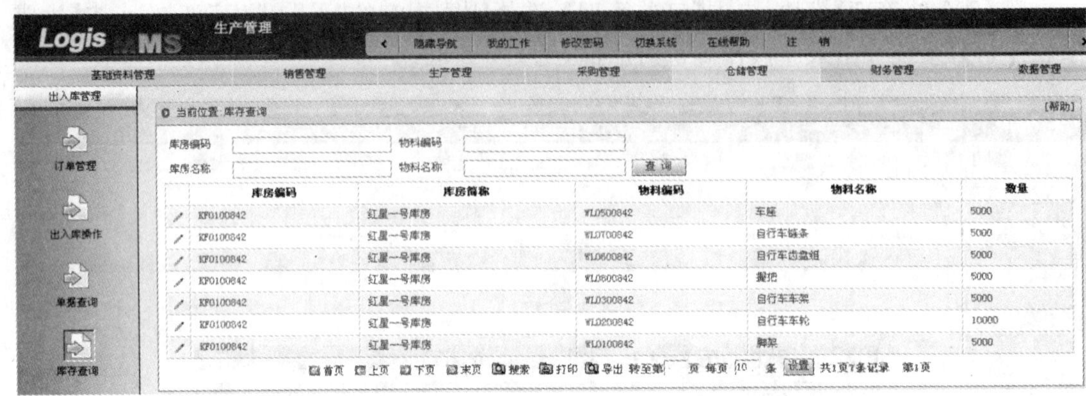

图 5-8-38 制造商库存货品查询

步骤十：原材料领料出库

在步骤二中 MRP 运算给出了该生产计划的领料建议，并直接生成了领料出库单，只待制造商根据出库单领料出库即可。在此步骤中，就是对制造商领料出库准备进行产成品的加工和组装过程的介绍。

进入【仓储管理】模块，处理领料出库订单。

(1) 订单管理

点击【订单管理】，可以查看到由领料建议生成的领料出库单，选中该领料出库单，点击【生成作业计划】，选中该领料出库单，点击【生成作业计划】，系统会弹出领料单的处理提示，如图 5-8-39 所示，点击【确定】按钮确认出库订单信息。

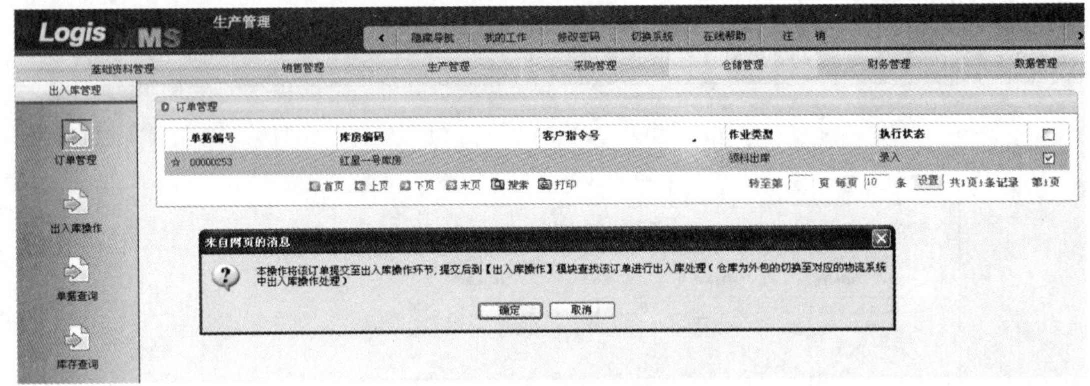

图 5-8-39 领料单处理提示信息

(2) 出入库操作

进入【出入库操作】模块，选中订单，点击【作业】，进入领料出库确认界面，进行出库作业，见图 5-8-40，点击【确认出库】即可。

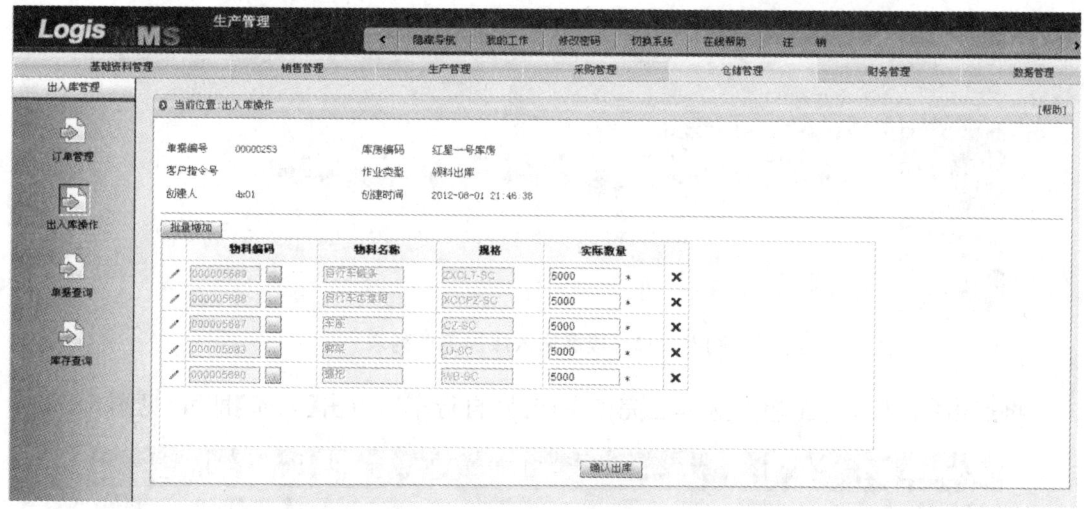

图 5-8-40 领料出库作业界面

步骤十一:产成品制造、入库

(1) 产成品制造

产成品的制造过程在【生产管理】模块下进行。

根据 MRP 计算得到的生产建议已经传送到左侧任务栏中【生产管理】作业中,点击【生产作业录入】,可以查看到该条生产作业信息,用户可以【查看】、【修改】该生产订单。确认生产订单无误后,勾选该订单,提交【审核】,系统会弹出提示信息,见图 5-8-41,点击【确定】,完成生产订单审核提交的工作。

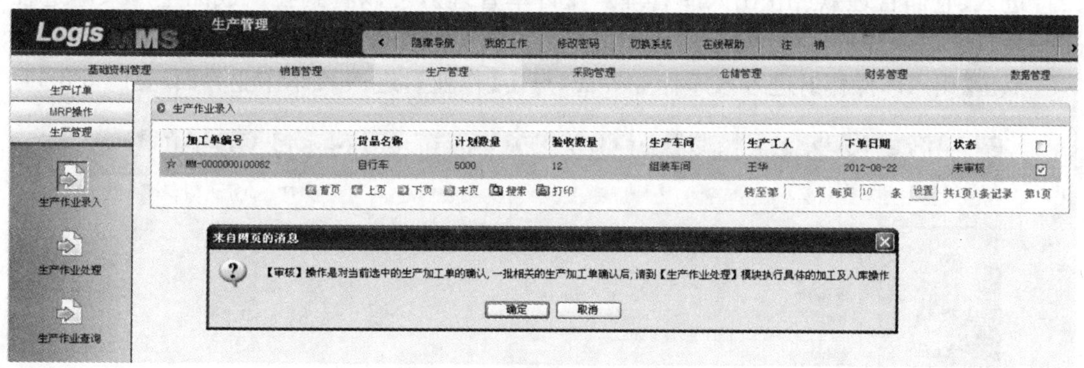

图 5-8-41 生产订单审核确认

进入到【生产作业处理】操作,进行生成加工处理,进入到加工作业列表中,勾选主产品“自行车”的加工单,点击【完工】生产主产品,如图 5-8-42 所示。

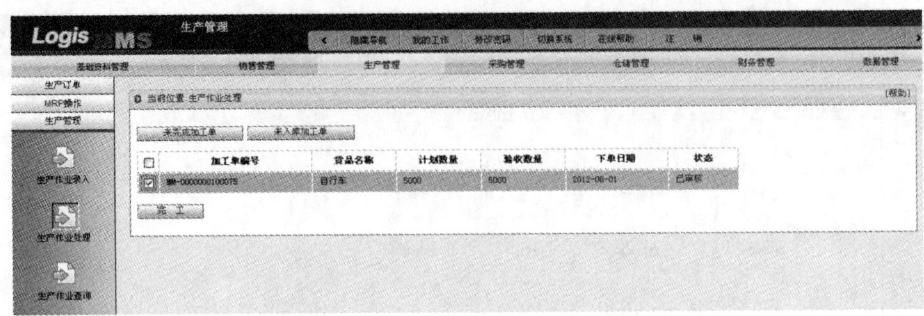

图 5-8-42　成品未入库加工单列表

再点击【未入库加工单】，选择已完工主产品“自行车”，点击【入库】即可，见图 5-8-43。

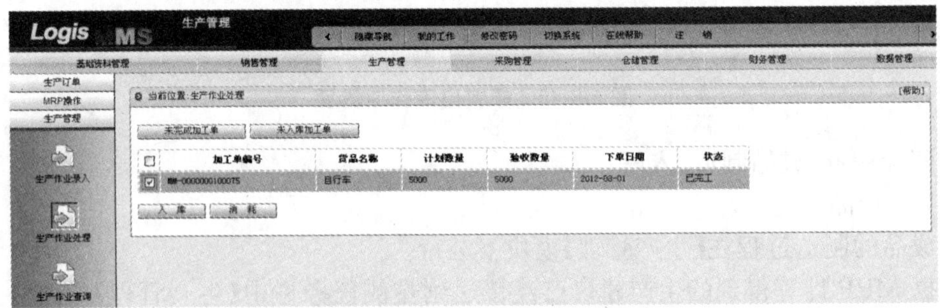

图 5-8-43　主产品出库通知

(2) 产成品入库

进入【仓储管理】点击【出入库管理】—【订单管理】，可以看到在产成品生产入库过程中传递过来的入库的信息，勾选该入库订单，点击【生成作业计划】。

点击【出入库操作】，进入入库作业界面，点击【作业】，进入入库作业界面，见图 5-8-44，

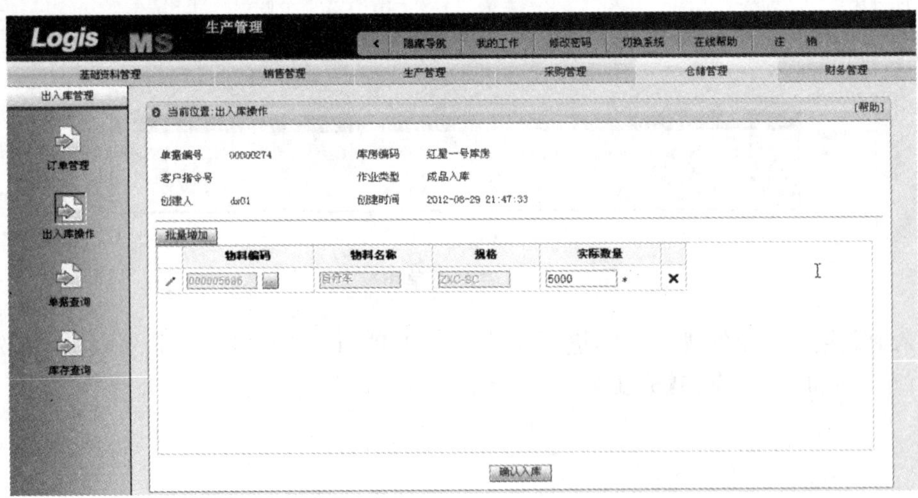

图 5-8-44　入库作业界面

核对入库产品信息后，点击【确认入库】就可以将成品自行车存放入仓库中。用户可以通过【库存查询】查看自行车的库存数量。当自行车的库存余量从 0 辆上升至 5 000 辆。证明生产完成的 5 000 辆自行车已经正常入库。

5. 零售商采购作业流程

步骤十二：采购订单管理

【角色：零售商】

切换系统至【零售商管理系统】，进入【采购管理】操作界面。

（1）订单录入

点击左侧任务栏中的【采购管理】，进入【订单录入】界面，点击【新增】创建一个新的采购订单。

在采购订单中，零售商需要填选供应商信息；选择运输方式为汽车；添加物料为：自行车 4 500 辆，见图 5-8-45，采购订单录入完毕后【保存订单】。返回到采购单订单列表界面，勾选新填写的采购订单，点击【提交】按钮进行审核订单。

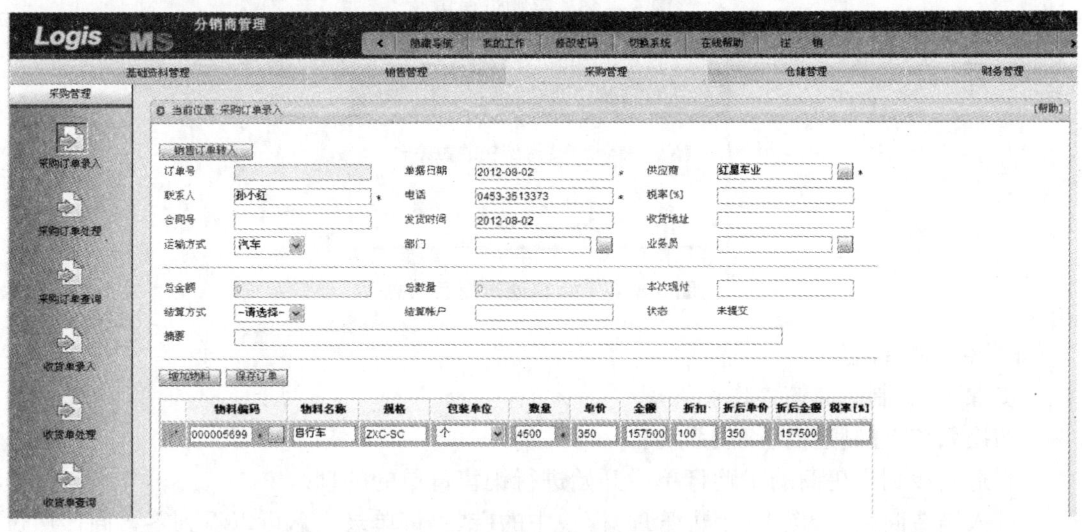

图 5-8-45 销售订单转成采购订单

（2）订单处理

进入【采购订单处理】界面，勾选刚提交的订单，点击【审核】。进入审核界面，如图 5-8-46 所示。

审核时注意在【是否发送到供应商】栏目前选中，此时该采购订单即会发送到供应商。该采购订单符合要求即可点击【审核通过】，反之，作废处理。在点击【审核通过】后，系统发送提示，表明信息已传至供应商系统，见图 5-8-47。

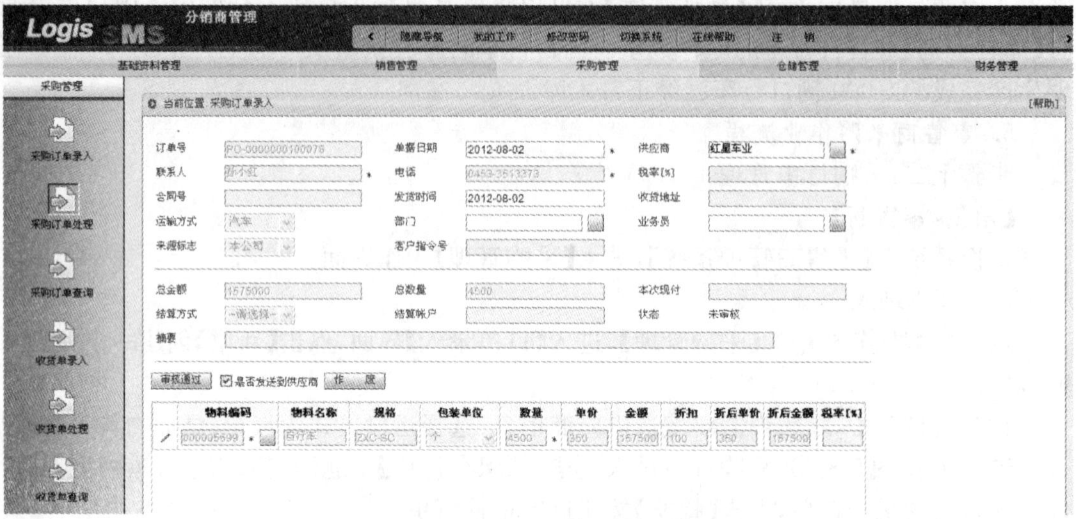

图 5-8-46 采购订单审核

图 5-8-47 审核通过提示信息

【角色:制造商】

步骤十三:制造商销售作业处理

切换系统至【制造商管理】系统。

制造商接到零售商的采购订单后开始进行销售订单的处理。

进入制造商系统,点击【销售管理】模块中的【销售订单录入】,可以看到零售商传递过来的未提交订单。选中该订单,进行提交。

提交完毕后进入【销售订单处理】界面,勾选待审核销售订单,点击【审核】进入到订单内容审核界面,见图 5-8-48,核对销售订单那信息,点击【审核通过】,即可。

步骤十四:发货单录入处理

制造商根据零售商的订单要求,组织发货,并向仓储部门下达出库指令。

点击【销售管理】模块中的【发货单录入】,【新增】一个发货单。

在填写发货单信息的时候可以选择【订单转入】,以降低单据填写过程中出现的错误率。另外注意填选出货仓库为“红星一号库”,发货单据填写完毕后【保存发货单】,并提交审核,见图 5-8-49:

图 5-8-48　销售订单审核

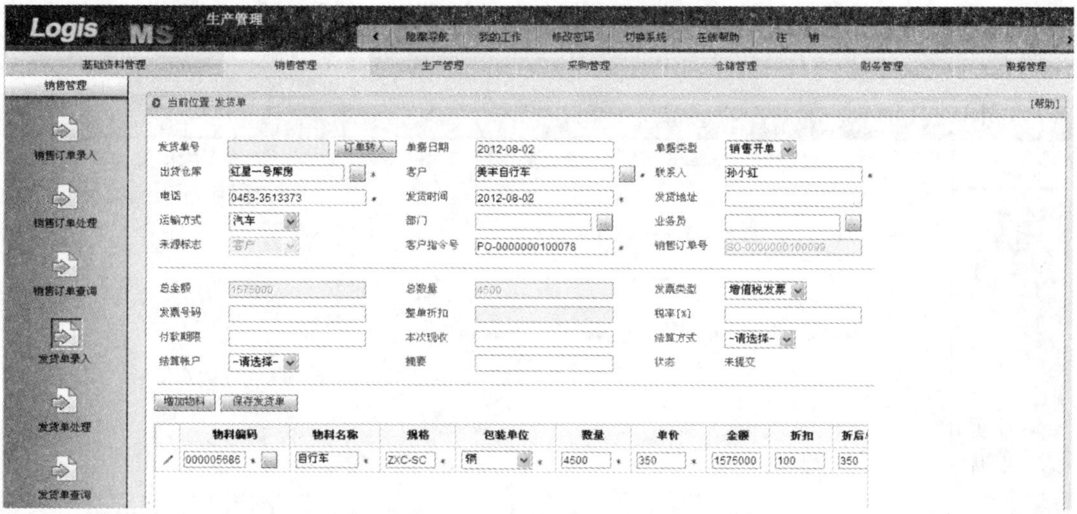

图 5-8-49　发货订单保存

接下来对发货单进行审核，并下达发货指令给仓储部门和物流公司，见图 5-8-50。选择物流公司为：顺风物流，点击【下达发货指令】后系统会提示该信息已发送至仓储部门和物流公司，点击【确认】即可。

步骤十五：销售出库作业

在接到销售部门传递过来的发货单后，仓储部门会根据该发货指令进行备货出库的操作。

进入【仓储管理】模块，点击【订单管理】即可看到刚刚由发货单转化过来的出库单，勾选该出库订单，点击【生成作业计划】。对弹出的入库作业提示信息进行【确认】后，该出库订单处理完毕。

接下来要对销售出库订单进行出入库作业，点击【出入库作业】，勾选订单，点击【作业】进入到作业处理界面，见图 5-8-51，点击【确认出库】，即可完成操作。

图 5-8-50　发货订单发送给物流公司

图 5-8-51　销售出库作业界面

【角色:物流公司】

步骤十六:成品配送

制造商备货出库后,就等待第三方物流公司将货物配送到零售商手中。

切换系统至【物流公司管理】系统。

(1) 订单管理

进入【配送管理】模块,点击【订单管理】模块,可以看到由供应商发送过来的配送单据,选择目标配送单据,点击【生成作业计划】,填写运输费用等信息,见图 5-8-52,配送订单填写完毕后,点击【生成作业计划】。

图 5-8-52　配送订单详情

(2) 配送调度

进入【调度管理】界面。可以看到在配送调度列表中，有若干空闲的调度单，点选一个调度订单，再点选处于调度的配送订单，点击【加入调度】，将该配送单的任务分配给空闲的车辆进行配送作业。系统将弹出调度提示信息，见图 5-8-53，点击【确定】。系统自动刷新页面，进入到配送调度发运界面，见图 5-8-54。

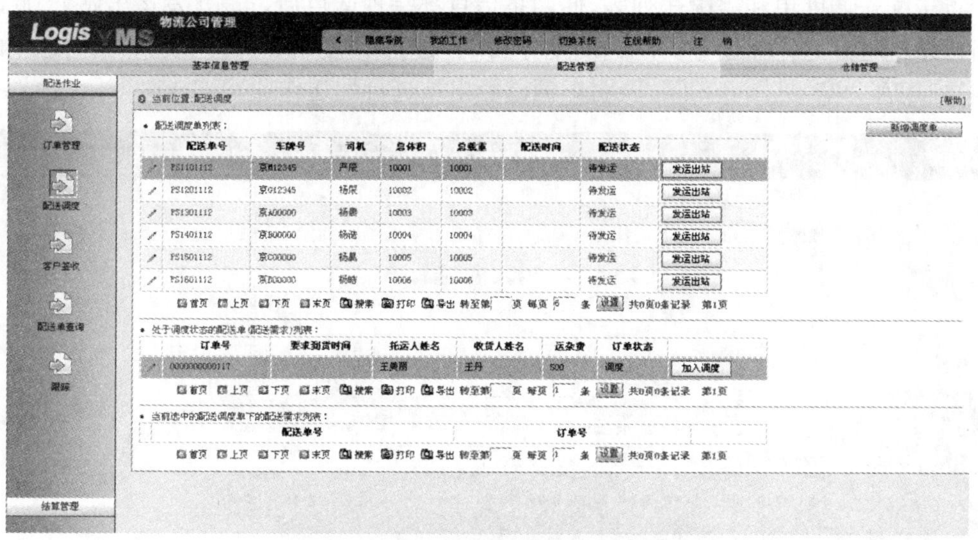

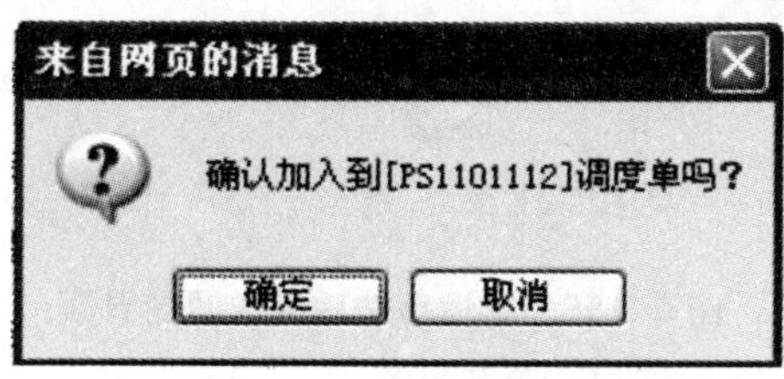

图 5-8-53　加入调度单确认信息

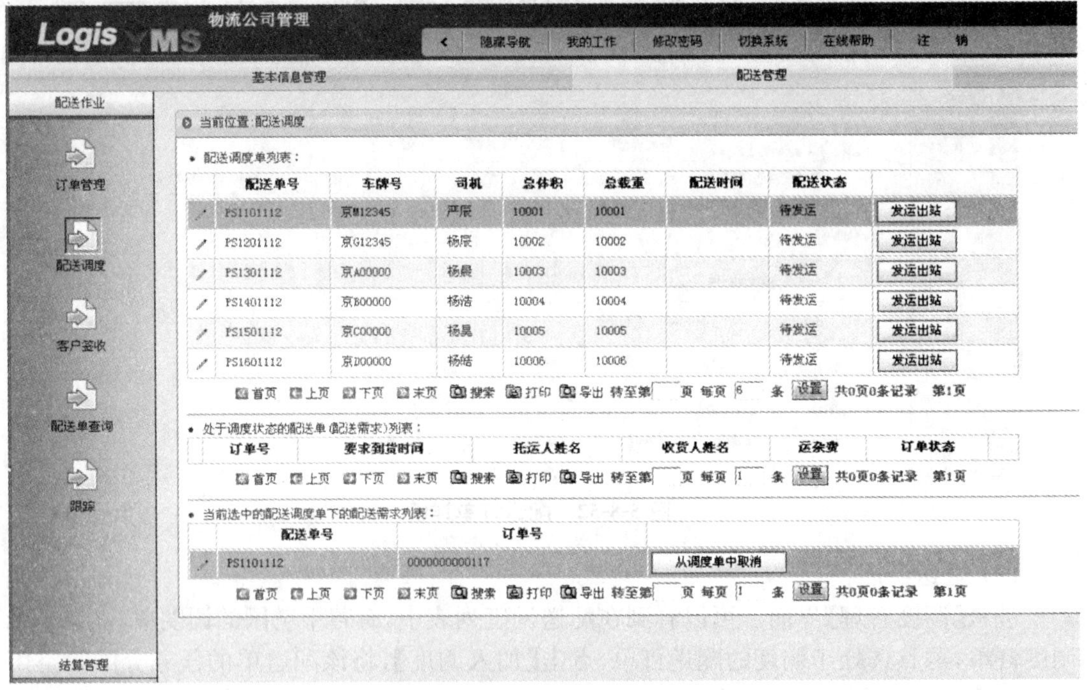

图 5-8-54　发运出站

点选配送调度单和需配送列表，使两条信息都呈现蓝色后，点击【发运出站】。此时车辆将出站进行配送作业任务。配送调度界面中，处于“调度”状态的列表和“当前选中的调度单”列表都为空，见图 5-8-55，表明车辆已经出站进行配送作业。

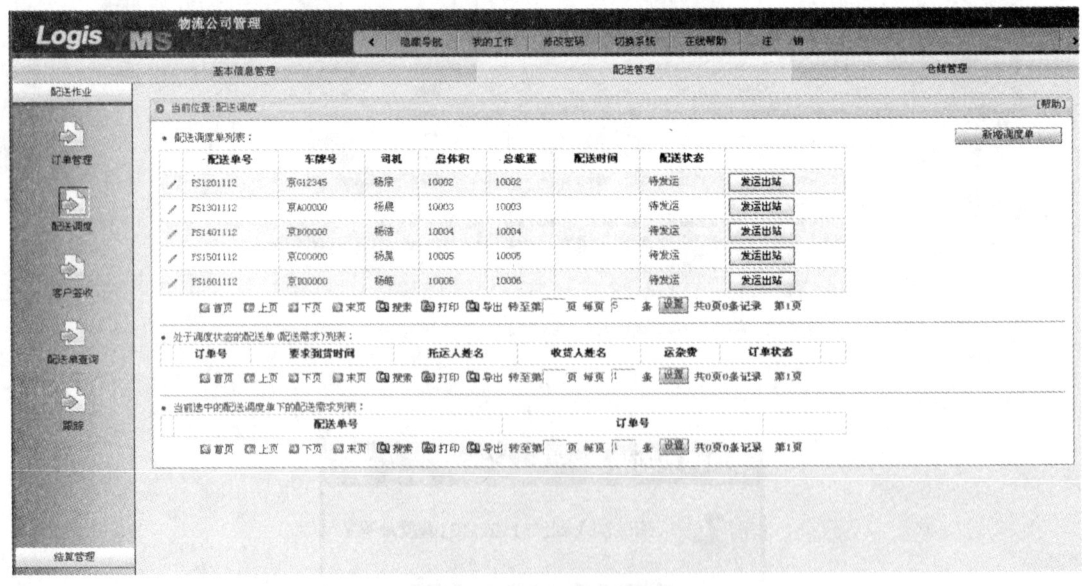

图 5-8-55　发运出站后配送调度界面

步骤十七：配送签收

待物流公司将货物送达零售商手中后，需要零售进行签收确认，证明货物已到达。

在【物流公司管理】系统中进入【配送管理】模块下，点击【客户签收】，进行签收信息的录入：填写收货人签字和签字时间，点击订单后的图标，见图 5-8-56，即可完成操作。

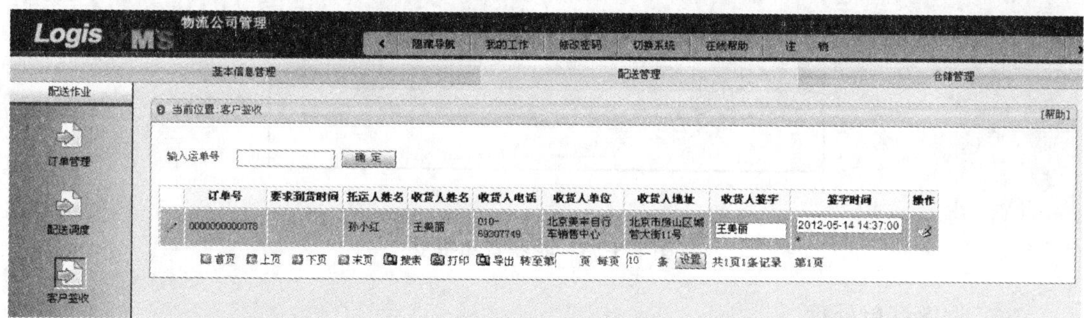

图 5-8-56 客户签收界面

进入【配送单查询】，我们可以看到，该配送单已经完成了签收录入，见图 5-8-57。

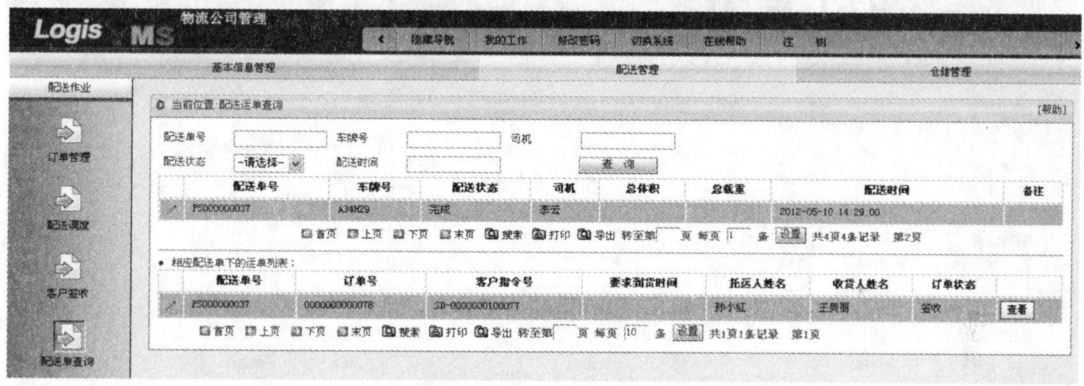

图 5-8-57 配送订单查询

【角色】零售商

步骤十八：零售商收货作业

零售商接到第三方物流公司配送过来的自行车后，要进行收货作业处理。

切换系统至【零售管理系统】，进入【采购管理】模块。

(1) 收货订单录入

点击【收货单录入】，可以看到由制造商传过来的未提交的收货信息，选中收货单点击【提交】，弹出确认提示框后，点击【确认】，见图 5-8-58：

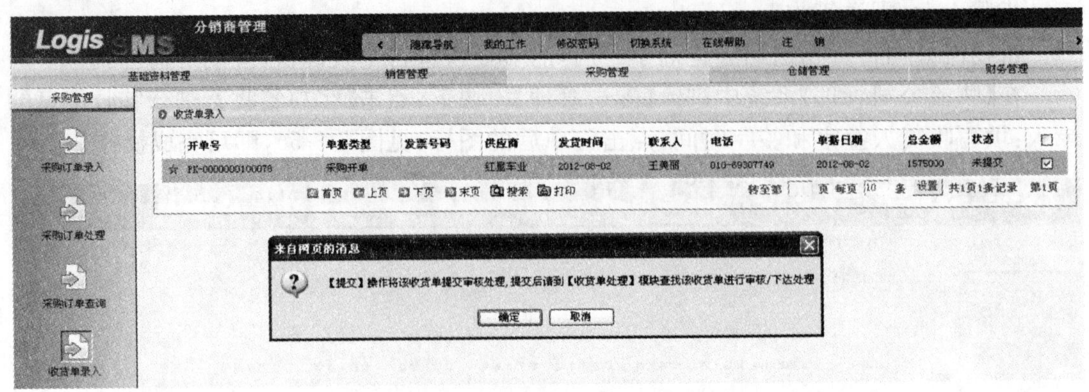

图 5-8-58　收获订单提交

(2) 收货订单处理

进入【收货单处理】,点击【修改】录入相关信息,选择收货仓库,点击【保存收货单】,见图 5-8-59。

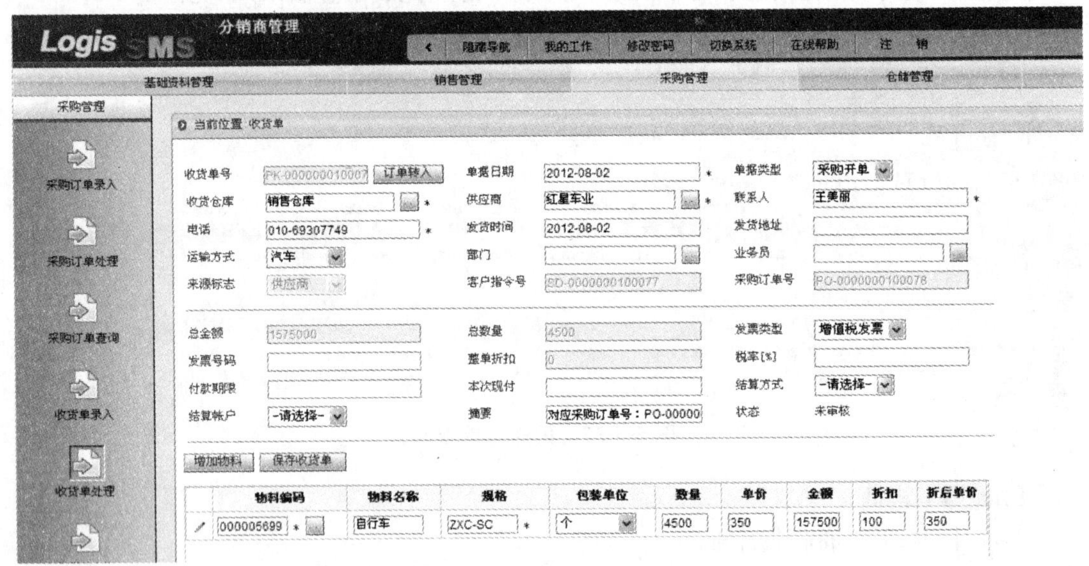

图 5-8-59　收货订单修改、保存

返回到收货单列表中,选中刚刚提交的单据,点击【审核/下达】进入审核处理界面,见图 5-8-60,点击【审核通过】即可。

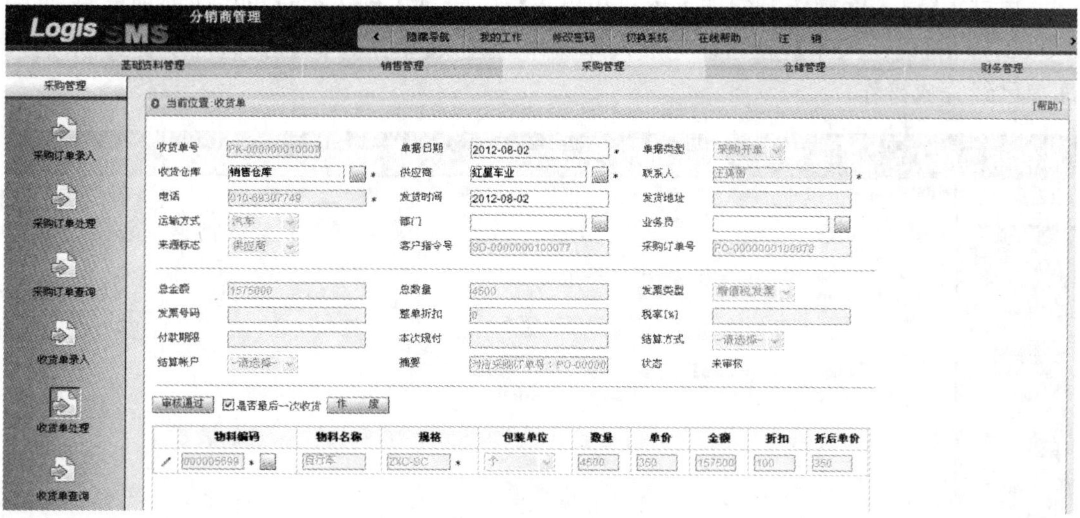

图 5-8-60　收货订单审核

返回到收货单处理列表中，勾选审核过的订单，再点击【审核/下达】，点击【下达收货指令】即可。此时收货的指令信息会传递给仓储管理部门。

步骤十九：零售商采购入库

零售商收到制造商发送过来的自行车后，要将自行车存放到仓库中，待接到终端客户的销售订单时再销售出库。

进入【仓储管理】模块，进行收货入库，基本程序跟以往各个节点入库一致。点击【订单管理】进入出入库订单管理界面，勾选入库订单，点击【生成作业计划】，系统弹出提示信息，图 5-8-61，点击【确定】确认该出库订单信息。

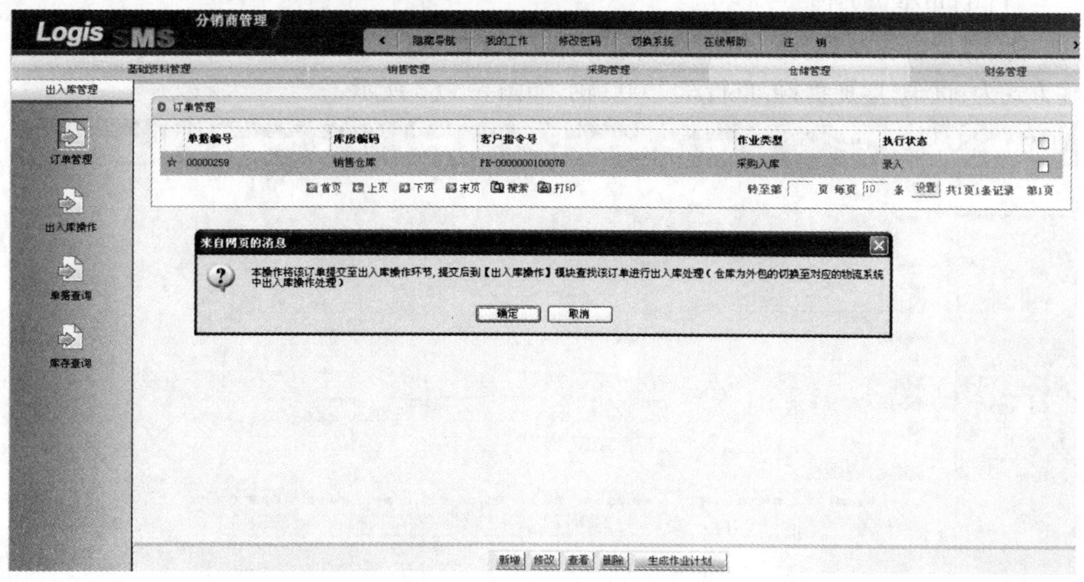

图 5-8-61　零售商采购入库列表

再进入【出入库操作】，勾选入库订单点击【作业】进入到入库订单作业处理界面，见图5-8-62，点击【确认入库】，就可以完成入库操作。进入【单据查询】，我们可以看到，采购入库单已经完成操作。

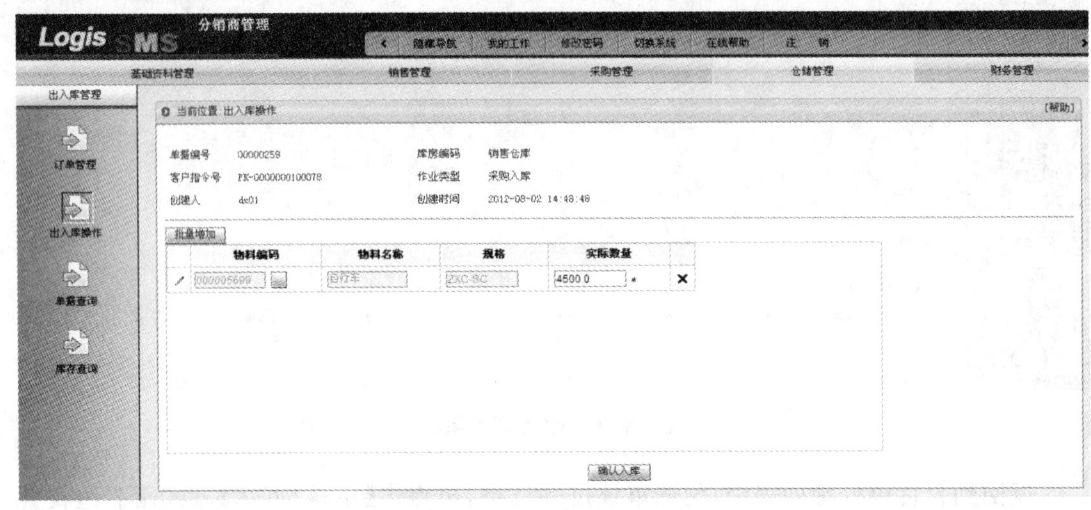

图 5-8-62　采购入库界面

6. 零售商作业环节

【角色：零售商】

步骤二十：零售商销售管理

最终客户的订单，由老师下达给学生。

切换系统至【零售商系统】，进行销售订单的录入和处理；

(1) 订单录入处理

进入【销售管理】模块，点击【销售订单录入】，【新增】一个销售订单：客户可自定义；运输方式为：汽车；增加物料：自行车 1 000 辆，如图 5-8-63 所示：

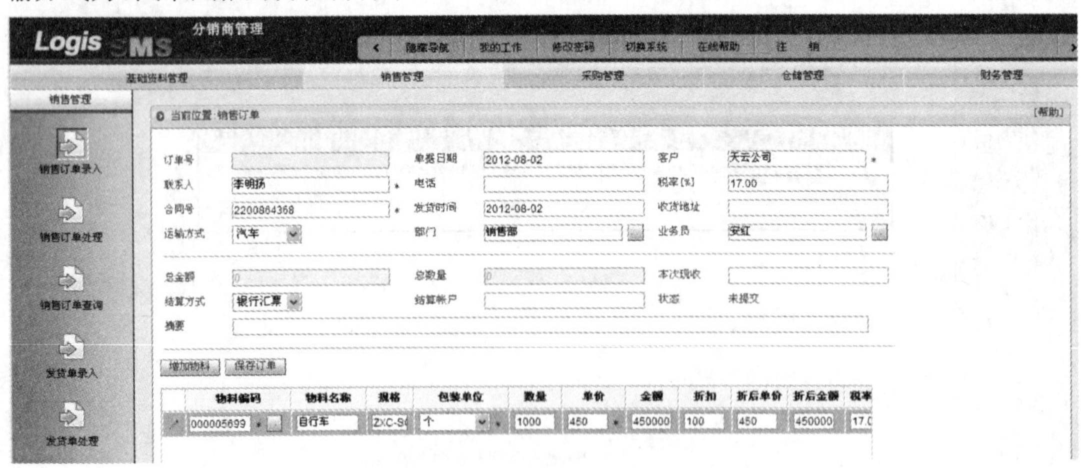

图 5-8-63　零售商销售订单

点击【保存订单】，返回到销售订单列表，点击【提交】订单，提交该销售订单进行审核处理。

进入【销售订单处理】作业界面，点击【审核】按钮进行审核订单，见图 5-8-64：

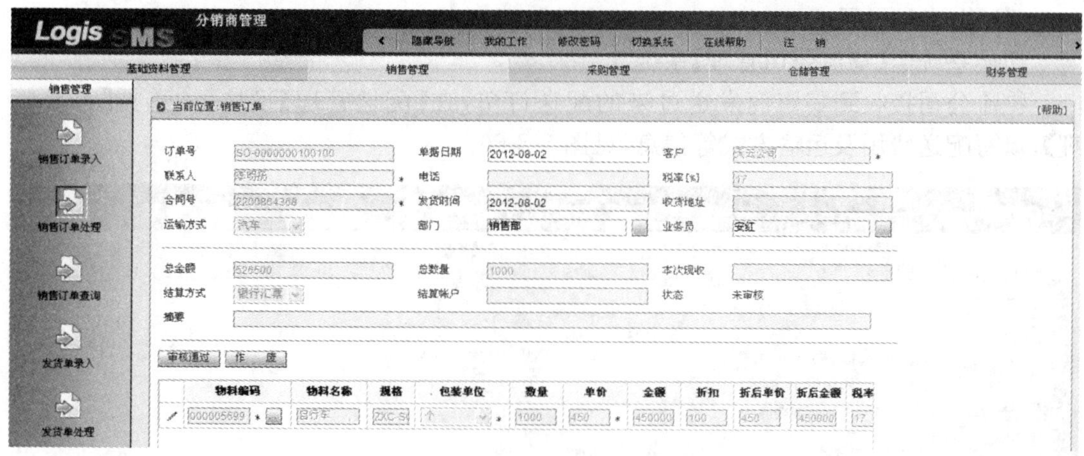

图 5-8-64　零售商销售订单审核

核对销售订单信息，确认无误后，点击【审核通过】，否则【作废】处理。

（2）销售发货

发货单录入与处理同制造商的发货单录入与处理流程一致。点击【发货单录入】，【新增】一个发货单，填入相关信息后，点击【保存发货单】，见图 5-8-65：

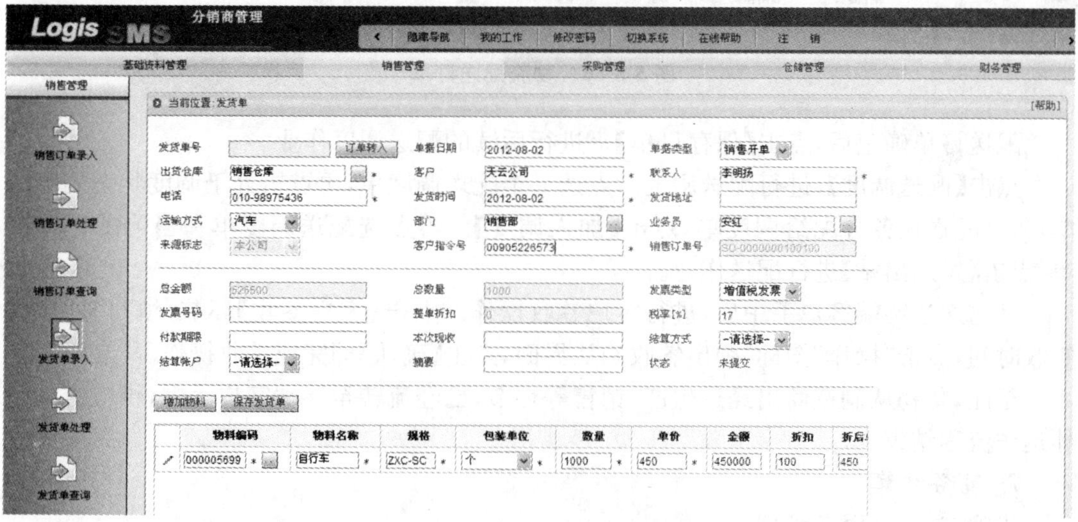

图 5-8-65　发货单信息录入

返回到发货单列表中，【提交】该发货单。

进入【发货单处理】，点击【审核】，对刚提交的发货单进行审核，并将订单信息发送给物流公司。

（3）订单出库

进入【仓储管理】界面，点击【订单管理】勾选出库订单，点击【生成作业计划】。

进行入库作业处理，点击【出入库操作】，勾选该作业订单，点击【作业】进入到作业处理界面，点击【确认出库】，完成销售出库作业。

(4) 物流公司配送

切换系统至【物流公司管理】系统。

物流公司接收到零售商发送过来的配送订单，在【配送管理】模块下，选择【订单管理】，填写配送费用及运输方式等信息，见图 5-8-66：

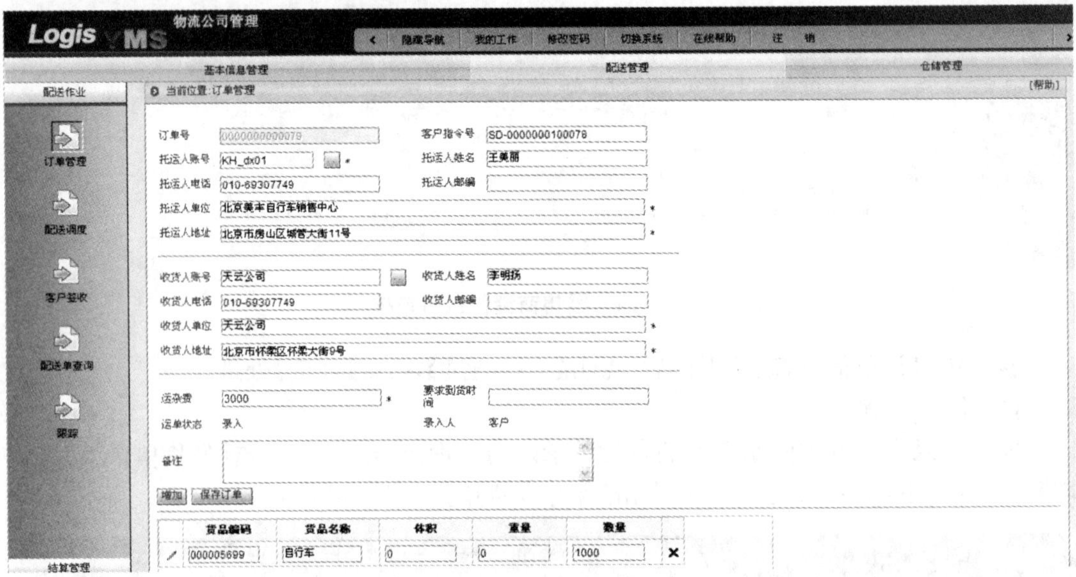

图 5-8-66　物流配送订单

配送订单确定后，点击【保存订单】。进行后续的配送调度作业。

点击【配送调度】，进行配送调度。点选一个配送调度单，再点击处于调度状态的配送单，将该配送任务分配给调度单，点击【加入调度】。再点选配送调度单和当前配送调度单，点击【发运出站】进行配送作业。

货物送达终端客户手中后，进行客户签收操作。点击【客户签收】环节，填写签收人、签收时间，点击“操作”图标，弹出签收确认界面，点击【确认】即完成签收操作。

至此，货物从制造商出经过生产、销售等环节，已经流转至终端客户手中，供应链的整体运作流程结束。

7. 商务结算

步骤二十一：财务管理

在红星车业完成整个采购、生产、销售的作业后，需要对整个作业任务中的账务进行统计和管理，这就需要进行财务管理。在财务管理中可以根据业务关系，分为应收管理、应付管理。

(1) 应付款管理(采购支出)

进入【财务管理】模块，点击【应付款】，应付款列表中可以直接查看到单据，勾选该应付款单，点击【生成付款单】，付款单信息见图 5-8-67：

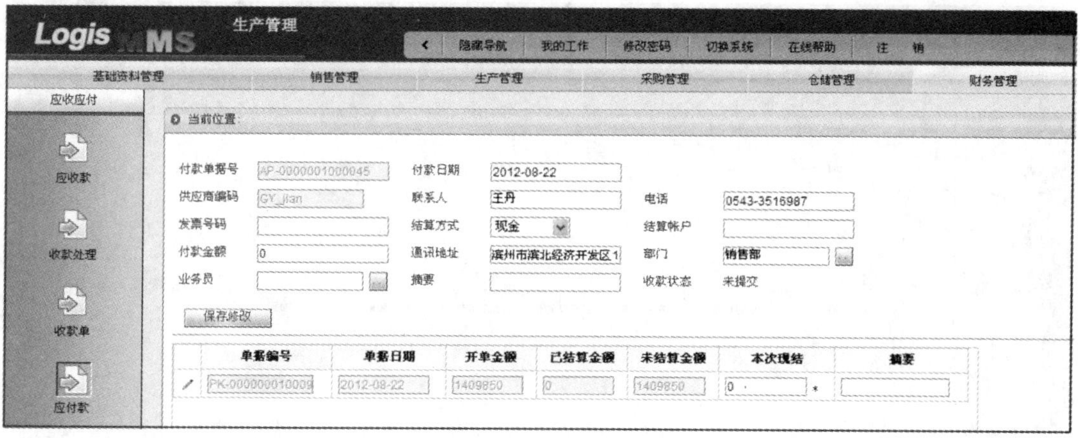

图 5-8-67　付款单

填写付款单中的相关信息，如结算方式、部门、业务员等信息，填写好后，点击【保存修改】。

点击【付款处理】，勾选付款单，点击【修改】，添加本次现结款数额，见图 5-8-68，点击【付款确认】按钮即可。

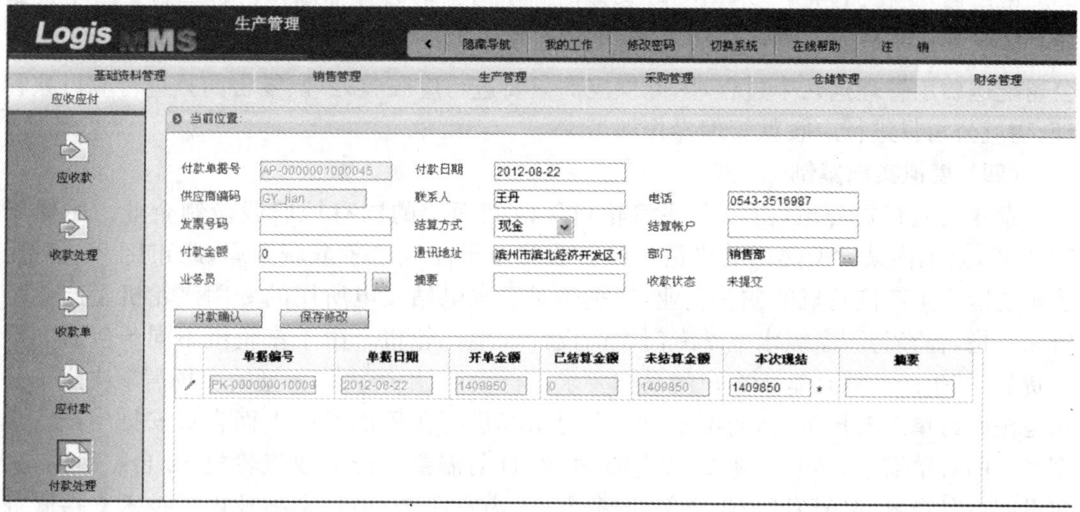

图 5-8-68　确认付款单

在【付款单】中可以查看到已经审核处理完成的付款单。

(2) 应收款管理(销售收入)

在【财务管理】模块，点击【应收款】，应收款列表中可以直接查看到单据，勾选该应收款单，点击【生成收款单】，见图 5-8-69，填写收款单中的相关信息，如结算方式、部门、业务员等信息，填写好后，点击【保存修改】。

点击【收款处理】，勾选收款单，点击【修改】，添加本次现结款数额，点击【收款确认】

即可。

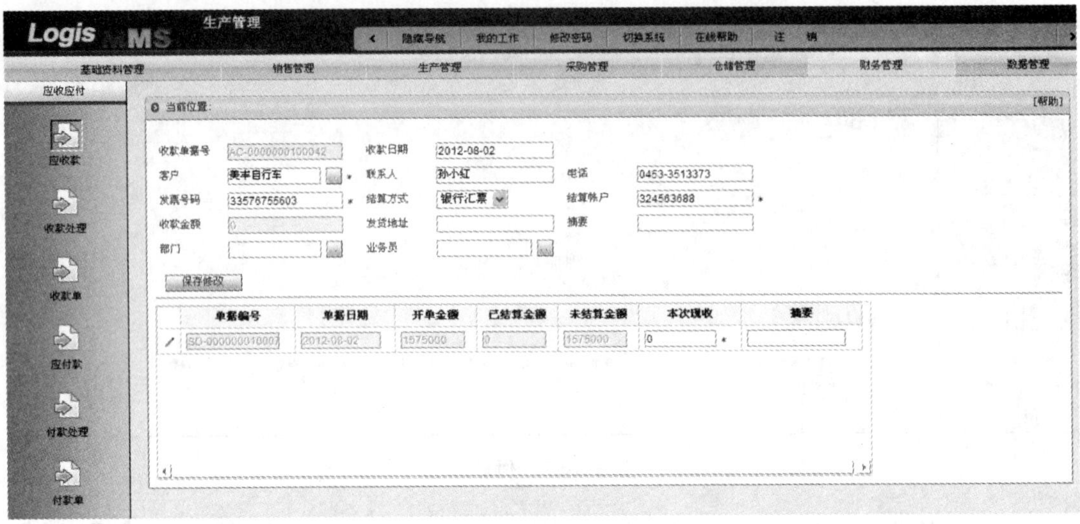

图 5-8-69　收款单

在【收款单】中可以查看到已经审核处理完成的收款单。

至此财务管理中的应收应付的操作结束。

供应商、零售商和物流公司的财务管理操作与制造商管理操作过程一致。由于本系统是以制造商为核心企业构建的供应链系统，因此只考虑供应商销售、零售商采购、物流公司配送费用管理这几个过程，因此供应商只要进行应收款处理、零售商只进行应付款管理、物流公司只进行应收款管理操作即可。

（四）模拟实训案例

泰斗实业有限公司，由原泰斗汽轮机厂改制而成的国有控股股份制企业。始建于1973年，是国内某大型集团的成员企业。公司位于冰城哈尔滨城南岸，距市区27公里。公司是国内生产汽轮机的龙头企业，特别是对于水电站发电所用的专用汽轮机生产更是首屈一指，曾经为国家级水电站专门生产设计大型汽轮机。由于汽轮机不同于普通大众消费品，其生产一般是基于客户的具体要求进行设计、生产。订货型的市场需求决定了公司是按照订单来安排生产，而不是公司在对市场进行预测的基础上而自行安排生产。根据客户的订单需求，泰斗实业2012年6月30日前需要生产完成汽轮机12台。目前，公司设有商务市场部、研发部、生产部、财务部、人力资源部、项目实施及售后技术支持服务部等管理部门。生产部又分为若干生产车间和组装车间。

泰斗实业生产的汽轮机的本体结构是由静止和转动两个部分所组成的。静止各部分包括汽缸、隔板、轴承等；转动部分包括转子、叶轮、联轴器等，具体结构见下图：

4人一组模拟一条推动模式的供应链，核心企业为生产企业，首先根据预测制订生产计划并安排生产，然后以成品库存满足销售订单。要求各个角色配合在系统中完成最终客户（教师）的订单。

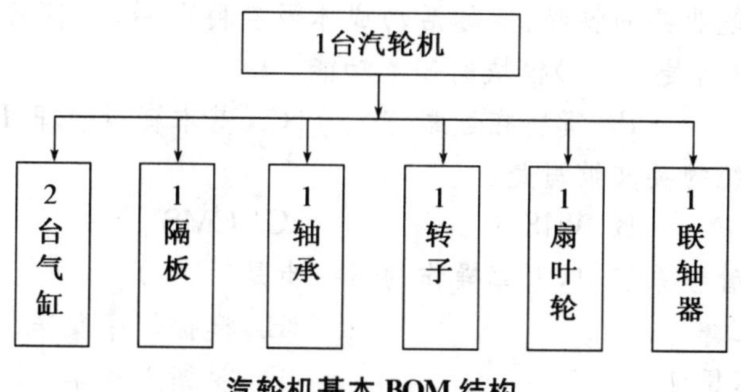

汽轮机基本BOM结构

【课后练习】

一、单选题

1.（　　）是用来管理仓库内部的人员、库存、工作时间、订单和设备的软件实施工具。

A. 仓储管理信息系统　　B. 运输管理系统

C. 配送中心信息管理系统　　D. 供应链管理信息系统

2.（　　）主要指利用计算机网络等现代信息技术，对运输计划、运输工具、运送人员及运输过程的跟踪、调度指挥管理业务进行有效管理的人机系统。

A. 仓储管理信息系统　　B. 运输管理系统

C. 配送中心信息管理系统　　D. 供应链管理信息系统

3. 货到站台，收货员将到货数据由射频终端传到WMS，WMS随即生成相应条码标签，粘贴在收货托盘上，经扫描，这批货物即被确认收到。这个过程称为（　　）。

A. 储存　　B. 订单处理　　C. 收货　　D. 发货

4. 下图反映的是哪种运输活动的信息流程（　　）。

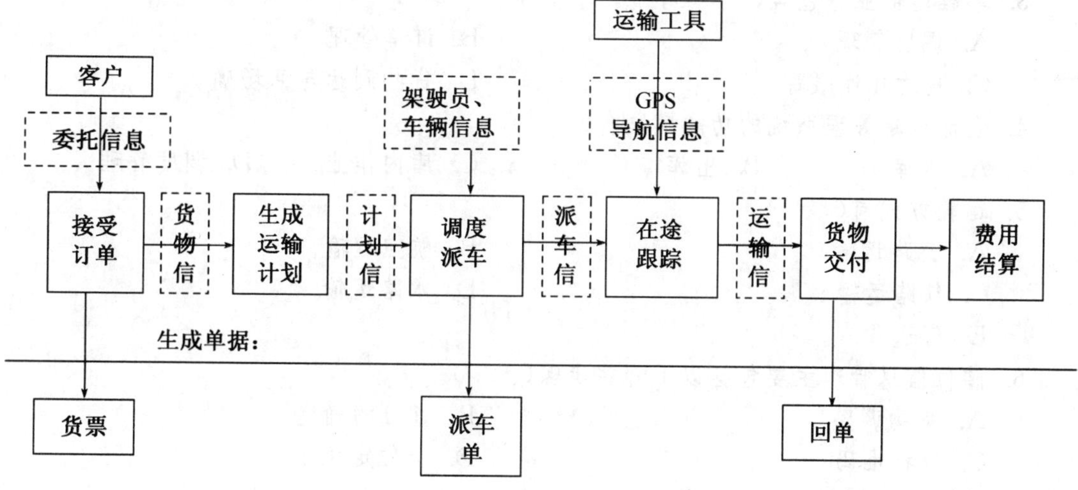

A. 公路运输　　B. 铁路运输　　C. 海洋运输　　D. 航空运输

5. 析核算每一笔业务的收费、实际活动成本及实际收益，以便管理人员分析利润来源及进一步的业务方向是(　　)模块的基本功能。

A. 费用管理　B. 货物在途跟踪　C. 基本资料管理　D. 运输计划管理

6. 仓储管理系统的英文缩写是(　　)。

A. WMS　B. WIS　C. CMS　D. SMS

7. 在仓储信息管理系统中，入库操作的第一步是(　　)

A. 生成派工单　B. 模拟入库操作

C. 录入入库凭证　D. 反馈入库单

8. 下列不是仓储功能的有(　　)。

A. 加工功能　B. 整合功能

C. 分类和转运功能　D. 财务功能

9. 供应链是围绕(　　)运行的。

A. 生产企业　B. 流通企业　C. 核心企业　D. 生产车间

10. 供应商对下游客户的库存进行管理与控制的供应链物流管理方法为(　　)。

A. 联合库存管理　B. 供应链运输管理

C. 供应商掌握库存　D. 连续补充货物

二、多选题

1. 以下属于典型的物流信息系统的是(　　)。

A. 仓储管理信息系统　B. 运输管理系统

C. 配送中心信息管理系统　D. 财务管理系统

E. 供应链管理信息系统

2. 运输管理系统基本资料管理模块包括(　　)功能。

A. 系统基础设置　B. 员工基本信息管理

C. 车辆基本信息管理　D. 客户基本信息管理

3. 单程运输业务包含(　　)环节。

A. 调度管理　B. 订单管理

C. 货物在途跟踪　D. 货物到达与回场确认

4. 仓储信息管理系统的功能模块有(　　)。

A. 入库　B. 出库　C. 库内作业　D. 调度管理

5. 运输方式有(　　)。

A. 公路运输　B. 航空运输

C. 铁路运输　D. 水路运输

E. 管道

6. 储位信息管理主要包括以下哪些步骤(　　)。

A. 货物调整　B. 货位的确定

C. 货物堆码　D. 货位定位

7. 供应链可以包括的环节为(　　)。

A. 供应商　B. 制造商

C. 分销商　　　　D. 第三方物流公司

8. 供应链管理主要涉及的领域为(　　)。

A. 销售　　　　B. 供应

C. 生产计划　　　　D. 物流

E. 需求

9. 常见的仓储信息收集方法有(　　)。

A. 原始凭证信息收集法　　　　B. 定点信息收集法

C. 定期盘点信息收集法　　　　D. 不定期盘点信息收集法

10. 供应链管理以最终客户为中心,将(　　)作为管理的出发点。

A. 客户服务　　　　B. 客户满意

C. 客户成功　　　　D. 客户价值

三、判断题

1. 供应链的特点之一是以第三方物流为中心。(　　)
2. 供应链将企业的生产活动进行了前伸和后延。(　　)
3. 快递信息传输网络可以促使企业提高工作效率,规范操作程序。(　　)
4. 在没有自动识别设备时,可以手工键盘输入条形码。(　　)
5. 若每人每小时处理进出货量低,但进出货时间率高,说明每位人员进出负担很重。(　　)

四、简答题

简述快递的特点及作用。

项目六　物流信息系统开发与实施

任务一　物流信息系统的开发管理

☺ 任务目标

【知识目标】

1. 掌握物流信息系统开发的一般方法及其特点；
2. 掌握物流信息系统开发的基本流程；
3. 掌握物流信息系统开发的相关文档资料。

【技能目标】

1. 能够根据企业实际选择系统开发方式；
2. 能够根据企业实际选择合适的外包服务商；
3. 能够读懂系统开发中产生的系统分析报告等文档；
4. 能够对系统开发的过程进行有效的监控。

☺ 任务发布

目前××家电配送中心在管理中的问题主要表现为：现行手工信息处理方式很难适应物资设备管理中对信息收集快速、准确、全面的要求，信息汇总分析能力弱；进货管理、销售管理、库存管理等环节上管理混乱，缺乏科学性造成仓储效率低，配送成本高的问题；原始数据查询困难，难以作出具体的订单与市场分析。××家电配送中心是小型第三方物流企业，企业资金有限，管理落后，企业中信息数据复杂，且难以完全收集。

以小组为单位进行分析，若该配送中心想要开发一个物流信息系统，你对此有何建议，该如何开发物流信息系统呢？

☺ 知识准备

一、物流信息系统

1. 物流信息系统的定义

物流信息系统（Logistics Information System，LIS）是指通过物流信息的收集、加工、处理、储存和传递来达到对物流活动的有效控制和管理，并为企业提供信息分析和决策支持的人机系统。物流信息系统是整个物流系统的心脏，是现代物流企业的灵魂。图 6-1-1 是物流系统信息传递模型。

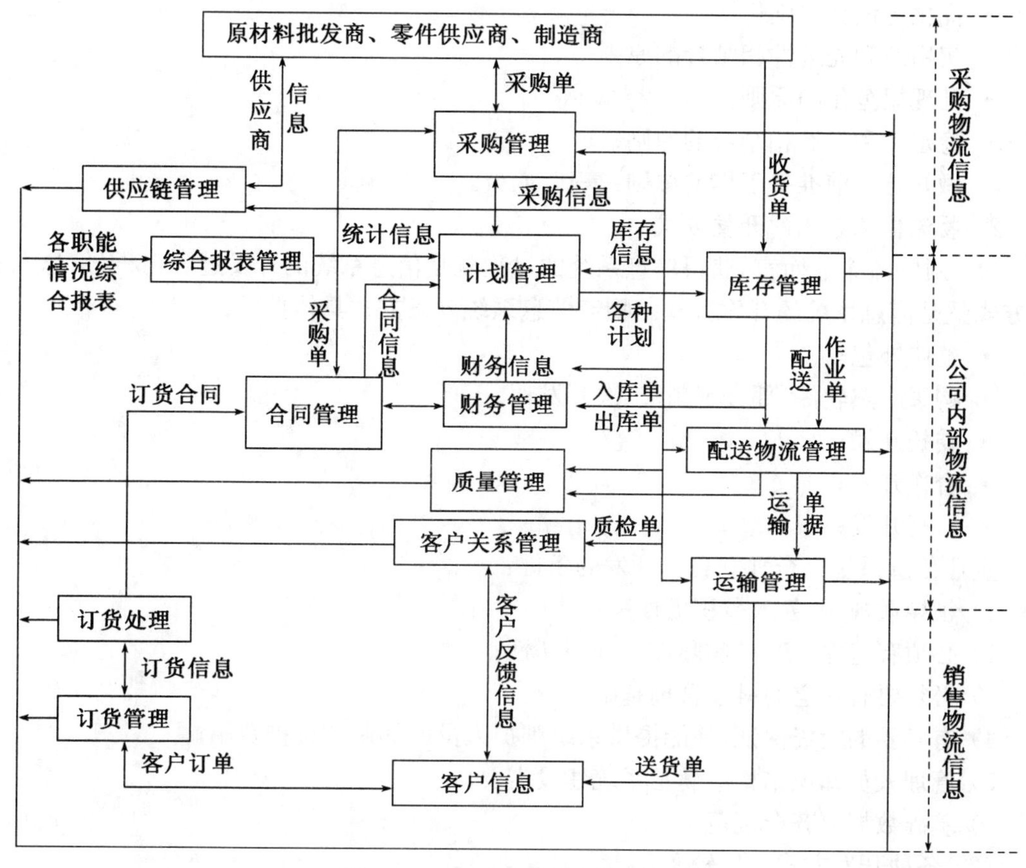

图 6-1-1　物流系统信息传递模型

2. 物流信息系统的分类

(1) 按物流环节分为:运输管理信息系统、仓储管理信息系统、配送管理信息系统、采购管理信息系统。

(2) 按管理决策层次分为:物流作业管理系统(包括订单处理、出入库管理、货物库存管理、货物运输管理、货物加工管理、车辆管理等)、物流协调控制系统(包括仓储调度、车辆调度、成本控制、线路选择、设备管理、资产管理等)和物流决策支持系统。

(3) 按系统应用对象分为:面向制造企业的物流信息系统、面向零售商/中间商/供应商的物流信息系统和面向物流企业的物流信息系统。

二、物流信息系统的开发原则、开发方式及开发前准备

1. 物流信息系统的开发原则

为了使开发工作顺利进行,开发出来的系统达到实用、易于改变、安全可靠、高效先进的目的,物流信息系统开发一般应该遵循以下几条原则:

- 领导参与的原则;
- 整体性原则;
- 充分利用信息资源的原则;

- 优化与创新原则；
- 实用性和先进性相结合的原则；
- 处理规范化的原则；
- 稳定性和发展相结合的原则；
- 做好开发前准备工作的原则：基础、人员。

2. 物流信息系统的开发方式

（1）对物流企业而言，获得信息系统的过程就是信息系统的开发过程，获得信息系统的方式就是信息系统的开发方式。物流信息系统开发方式具体如下：

- 整体外包；
- 购买成熟软件/部分定制/二次开发；
- 委托开发；
- 合作开发；
- 自行开发；

企业信息系统完全独立自行开发的条件：

1）领导重视，业务人员积极性高；

2）必须有建立 LIS 的实际需求和迫切性；

3）必须要有一定的科学管理基础；

4）有必要的投资保证，并能提供系统维护人员的编制和维护费用；

5）管理人员知识结构应满足系统建设需要；

6）基础数据要齐全规范。

（2）各种开发方式的比较

表 6-1-1　各种开发方式的比较

比较点＼方式	整体外包	购买成熟软件/部分定制/二次开发	委托开发	合作开发	自行开发
见效时间	快	快	较慢	较慢	较慢
费用	高	较低	高	较高	较低
企业自身开发能力	不需要	需要一点	需要一点	需要	非常需要
可维护性	好	不好	不太好	好	很好
风险	低	较低	大	大	大

3. 开发物流信息系统的准备工作

（1）组织准备

- 系统开发领导小组
- 系统开发工作小组

（2）资金准备

（3）技术准备

- 相关技术调研
- 开发人员的技术培训

三、物流信息系统开发方法及其选择

【1】物流信息系统的开发方法

（一）结构化系统开发方法

结构化系统开发方法（Structure System Development Methodology），是自顶向下结构化方法、工程化的系统开发方法和生命周期方法的结合，它是迄今为止开发方法中应用最普遍、最成熟的一种。

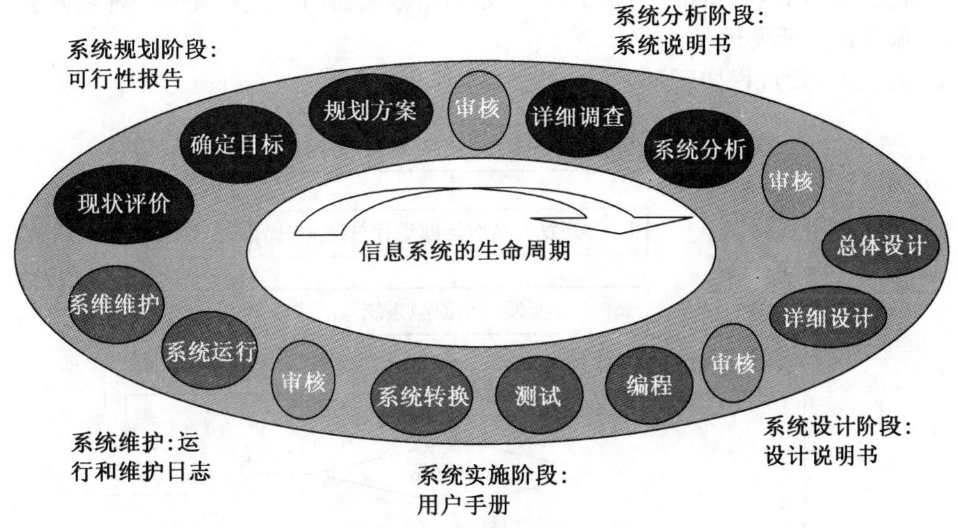

图 6-1-2　生命周期各阶段

1. 结构化系统开发方法的基本思想

结构化系统的开发思想是：用系统工程的思想和工程化的方法，按用户至上的原则，结构化、模块化，自顶向下的对系统进行分析与设计。

2. 结构化系统开发方法的特点

（1）自顶向下整体性的分析与设计和自底向上逐步实施的系统开发过程。

（2）用户至上。

（3）深入调查研究。

（4）严格区分工作阶段，即把整个系统开发过程划分为若干个工作阶段，每个阶段都有其明确的任务和目标。

（5）充分预料可能发生的变化。

（6）开发过程工程化。

3. 结构化系统开发方法的优缺点

优点：这种方法的突出优点就是它强调系统开发过程的整体性和全局性，强调在整体优化的前提下来考虑具体的分析设计问题，即自顶向下的观点。它强调的另一个观点是严格地去区分开发阶段，强调一步一步地严格地进行系统分析和设计，每一步工作都及时地总结，发现问题及时地反馈和纠正，从而避免了开发过程的混乱状态。

缺点：最突出的表现是它的起点太低，所使用的工具落后，致使系统的开发周期过长，带来了一系列的问题。另外，这种方法要求系统开发者在调查中充分地掌握用户需求、管理状况以及预见可能发生的变化，这不大符合人们循序渐进地认识事物的规律性。

（二）原型法

1. 原型法的开发思想

“原型”指的是其结构、大小和功能都与某个物体相类似的模拟该物体的原始模型。在管理信息系统的开发中用“原型”来形象地表示系统一个早期可运行版本，它能反映新系统的部分重要功能和特征。“原型法”则是利用原型辅助开发系统的一种新方法。

2. 原型法的开发过程

原型法的开发过程如所示

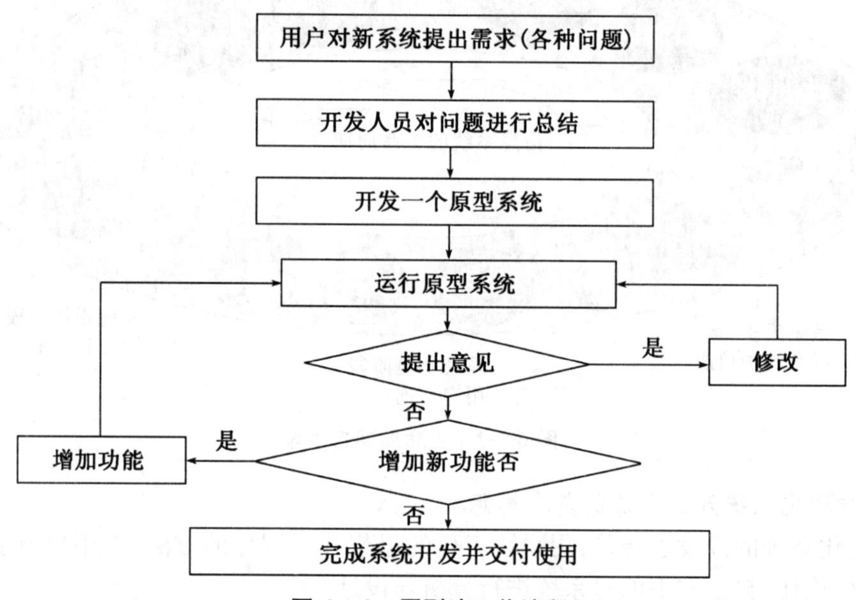

图 6-1-3　原型法工作流程

3. 原型法的优缺点

原型法的优点如下：

（1）原型法是以用户为中心来开发系统的，提供了一个验证用户需求的环境。允许在系统开发生命周期的早期进行人机交互测试，提高了人们对最终系统的安全感，便于应用实例来建立新系统。

（2）原型法加强了开发过程中的用户参与程度，可以接受需求变动和风险。

（3）原型法对用户具有强大的吸引力，它可以缓和通信和交流的困难，提供很好的系统说明和示范，简化开发过程的项目管理和文档编制。

原型法的局限性：

（1）对于大型的系统，如果不经过系统分析来进行整体划分，要想直接用屏幕一个一个进行模拟是很困难的。

(2) 对于大量的运算、逻辑性较强的程序模块,原型法很难构造一个适合的模型来供人评价。

(3) 对与原基础管理不善、信息混乱的问题,使用有一定的困难。

(4) 对于批处理系统,因其大部分是内部处理,用原型法有一定的困难。

(三) 面向对象的开发方法(Object-Oriented Method)

面向对象方法学的出发点和基本原则是尽可能模拟人类习惯的思维方式,使开发软件的方法与过程尽可能接近人类认识世界、解决问题的方法与过程。由于客观世界的问题都是由客观世界中的实体及实体相互间的关系构成的,因此我们把客观世界中的实体抽象为对象(Object)。

1. 面向对象开发特

(1) 认为客观世界是由各种对象组成的,任何事物都是对象,复杂的对象可以由比较简单的对象以某种方式组合而成。

(2) 把所有对象都划分成各种对象类(简称类(Class)),每个对象类都定义了一组数据和一组方法,数据用于表示对象的静态属性,是对象的状态信息。

(3) 按照子类(或称为派生类)与父类(或称为基类)的关系,把若干个对象类组成一个层次结构的系统(也称为类等级)。

(4) 对象彼此之间仅能通过传递信息互相联系。

2. 面向对象开发方法的优缺点

优点:

(1) 是一种全新的系统分析设计方法(对象、类、结构属性、方法)。

(2) 适用于各类信息系统的开发。

(3) 实现了对客观世界描述到软件结构的直接转换,大大减少后续软件开发量。

(4) 开发工作的重用性、继承性高,降低重复工作量。

(5) 缩短了开发周期。

缺点:

(1) 需要一定的软件支持环境。

(2) 不太适宜大型的MIS开发,若缺乏整体系统设计划分,易造成系统结构不合理、各部分关系失调等问题。

(3) 只能在现有业务基础上进行分类整理,不能从科学管理角度进行理顺和优化。

(4) 初学者不易接受、难学。

3. 面向对象开发方法的开发过程

OOA:

1) 构造和分解相结合的原则:构造是指由基本对象组装成复杂活动对象的过程,分解是对大粒度对象进行细化,从而完成系统模型的过程。

2) 抽象和具体相结合的原则:数据抽象把一组数据及其有关操作封装起来,过程抽象则定义了对象间的相互作用。

3) 封装的原则:有助于提高程序的可重用性。

4）继承性的原则：在系统开发中只须一次性说明各对象的共有属性和服务，对子类的对象只须定义其特有的属性和方法。

OOD：

与OOA采用相同的方法，是一个积累性的模型扩充过程，是由"问题空间"到"实现空间"的过程，主要是从增加属性、服务开始的一种增量递进式的扩充。这一过程与结构化开发方法那种从数据流程图到结构图所发生的剧变截然不同。

OOP：

选择程序设计语言、调试、试运行等。

（四）计算机辅助开发方法（Computer Aided Software Engineering，CASE）

1. CASE方法的基本思路

CASE方法解决问题的基本思路是：在前面所介绍的任何一种系统开发方法中，如果子对象系统调查后，系统开发过程中的每一步都可以在一定程度上形成对应关系的话，那么完全可以借助专门研制的软件工具来实现上述一个个系统开发过程。这些系统开发过程中的对应关系包括：结构化方法中的业务流程分析——数据流程分析——功能模块设计——程序实现；业务功能一览表——数据分析、指标体系——数据/过程分析——数据分布和数据库设计——数据库系统等等；OO方法中的问题抽象——属性、结构和方法定义——对象分类——确定范式——程序实现等等。

2. CASE的特点

（1）解决了从客观世界对象到软件的直接映射。强有力的支持软件/信息系统开发的全过程。

（2）使结构化方法更加实用。

（3）自动检测的方法大大地提高了软件的质量。

（4）使原型法方法和OO方法付诸实施。

（5）简化了软件的管理和维护。

（6）加速了系统的开发过程。

（7）使开发者从繁杂的分析设计图表和程序编写工作中解放出来了。

（8）使软件的各部分能重复使用。

（9）产生出统一的标准化的系统文档。

（10）使软件开发的速度加快而且功能进一步完善。

3. CASE方法优缺点

优点：

（1）CASE方法可以用于辅助结构化、原型法和OO方法的开发。

（2）高度自动化的系统开发方法。

（3）只要在分析和设计阶段严格按照CASE方法规定的处理过程，则能够将分析、设计的结果让计算机软件程序自动完成。

（4）CASE方法的开发方法、过程的规范性、可靠性和开发效率均较好。

缺点：

目前缺乏全面完善的CASE工具。

【2】开发方法的选择

理论是灰色的，目前还没有一种方法是完全有效的唯一方法，应根据自己知识和需要选择一种方法或多种方法组合，完成系统开发的全部任务，以下几点可作参考：

(1) 选择方法首先要根据项目的规模大小，简单的是单个小项目，如工资、人事管理、设备管理，复杂的是面向整个企业的大型项目。

(2) 当系统规模较大时，往往采用结构化开发方法与原型法两者结合的思路。

(3) 如果开发人员吃透和掌握了一种面向对象的开发软件，如C++、Delphi、Power builder或Java，对于大型系统开发项目，可以考虑结构化系统开发方法与面向对象的开发组合的方法。

四、系统开发工作的内容

物流管理信息系统开发工作的内容一般认为包括5大方面，分别为系统规划、系统分析、系统设计、系统实施、系统的运行与评价。

1. 系统规划

系统规划是企业战略规划的组成部分，是关于管理信息系统的长远发展规划。系统规划工作一般包括以下3个方面：

(1) 确定管理系统的目标与总体功能结构。其中管理信息系统的目标决定了管理信息系统的关键功能及关键信息需求。管理信息系统的总体功能结构给出了系统的总体功能划分，即系统的子系统组成。

(2) 了解企业计算机应用现状，包括计算机等设备资源等人员情况，从而进一步规划管理信息系统开发的费用及进度。

(3) 从整体上研究企业管理(或业务)流程的现状及存在的问题，以便在管理信息系统的整个开发过程中解决这些问题。

2. 系统分析

系统分析的任务是在对现有信息系统进行详细调研的基础上，通过各种可能的方式充分描述现有系统的业务流程及所需处理的数据，并分析这些处理过程及数据结构的逻辑合理性，最后给出系统的逻辑方案。

新系统逻辑方案主要描述目标系统的功能结构。系统分析的本质是通过分析现有系统业务和数据处理要求而达到确定新系统的逻辑功能及信息需求的目的。

3. 系统设计

系统设计的任务是依据系统分析工作得到的系统功能和信息需求设计新系统的处理流程及相关数据类，确定新系统的应用软件结构。依据新系统的功能需求及信息需求设计系统的硬件结构及系统软件结构。对构成新系统应用软件结构的每一功能模块给出实现的输入、输出机处理过程的设计。

4. 系统实施

系统实施的主要任务包括硬件设备的购置、安装，依据系统设计的要求完成每一应用模块的程序设计、组装调试、系统测试、系统切换等工作。

5. 系统运行与评价

系统运行与评价的主要工作包括新系统运行后的系统维护、运行管理和对新系统从目标、功能、性能及经济效益方面的评价。

任务实施

步骤一：明确研究目标

本次所开发的某家电配送中心物流信息系统，主要是针对进货管理、发货销售管理、库存管理等问题，用信息化的方式进行合理规划和科学管理，最终达到以下标准：

(1) 检查电器城的运营情况，掌握库存和销售动态，及时解决运营中出现的问题；

(2) 为系统使用者营造一个轻松、简捷的工作环境；

(3) 检查、督促和协调各部门，及时做好各项作业准备工作；

(4) 检查在库商品储备情况，使各销售保持平稳，防止过量与不足；

(5) 保存有关数据信息，并及时查询有关内容；

(6) 加强企业财务的监督和跟踪，了解企业资金流动情况；

(7) 加强企业库存的管理，使库存做到合理化，让企业领导及时掌握库存情况，对低于库存预警线的物料进行报警。

步骤二：明确研究内容

根据上述工作目标，该管理信息系统主要包含以下内容：

(1) 基本档案模块，包括员工信息、供应商信息、商品信息、客户等；

(2) 进货管理模块，包括商品进货管理、商品退货管理和进货查询等；

(3) 销售管理模块，包括商品销售管理、销售退货和销售查询管理等；

(4) 库存管理模块，包括商品入库管理和产品报损管理等；

(5) 系统管理模块，包括对系统安全和系统数据等进行维护等。

步骤三：系统需求概述

1. 系统设计目标

所开发的系统是一个基于C/S结构的家电配送中心物流信息系统，系统需求分析如所示：

表 6-1-2　系统需求分析

需求	对××家电配送中心进销存信息化管理
用户	管理员(授权员工)，普通用户(一般员工)
用户所做的事	对进销存信息进行管理操作
用户需求	及时有效管理配送中心的进销存信息
解决方案	采用 Microsoft Visual studio 2008 开发环境，用 C＃语言＋SQL Server 2005 技术来实现系统

（续表）

选取该方案的理由	Microsoft Visual studio 2008 开发环境技术为当前主流的开发平台；C#语言提高效率和安全性，能消除大量程序错误，代码可读性高；SQL Server 2005 简单易用，安全性高，处理能力强，而且使用普遍。

2. 用户需求

系统的开发的目标是实现管理的系统化、规范化和自动化。这是在用户要求的基础上提出来的用户的具体要求如下：

(1) 该管理系统将对商品、供应商、客户、员工信息进行管理操作，包括添加、修改、删除和查询信息；

(2) 该管理系统将对进货、出货记录信息进行管理操作，包括添加、删除、提交和查询信息；

(3) 该管理系统将对销售记录信息进行管理操作，包括添加、删除、提交和查询信息；

(4) 该管理系统将对库存信息进行管理操作，包括商品库存信息报警、调拨、查询；

(5) 该管理系统将根据用户职位分配系统权限，根据用户需要进行数据备份还原。

步骤四：选择开发方式

根据前面提供的信息，你认为该家电配送中心应选择什么样的开发方式？为什么选择这种开发方式？结合案例写出你的看法。

____

____

____

步骤五：选择开发方法

根据前面提供的信息，你认为这个物流信息系统应采用什么样的开发方法进行开发？为什么采用这种开发方法？采用这种方法会产生哪些文档？结合案例写出你的看法。

____

____

____

步骤六：开发过程的监控

根据前面的信息，请你提出几条有效监控该系统在开发过程的方法建议。

____

____

____

☺ 任务拓展

北京唯真纯水饮料公司成立于 1995 年，公司总部位于中关村，在北京市拥有长期客户近万家,有送水站 40 多个,日销水量 3 000 多桶。但是近年来北京地区的纯净水企业发展很快,目前,在管理部门登记注册的企业已有 260 多家,激烈的竞争使这个行业迅速进入买方市场,利润很低。唯真公司在经营中感到有以下问题急需解决:

首先,企业直接与近万家客户开展业务,工作量很大,由于目前客户服务中心的工作流程全部是手工操作,工作人员的劳动量大、工作效率低,客户满意度低,同时管理者也无法及时掌握企业的生产和销售状况。

其次,纯净水的配送成本太高,由于不能充分掌握客户的需求信息,经常有为了某个客户的两三桶水而单独运送的情况。所以需要科学的安排运力资源,以降低企业运营成本。

最后,一些竞争对手已经开始进行配送商品多元化。以唯真目前的管理水平,实现配送商品多元化的管理成本太高了。唯真的管理层希望通过计算机管理系统提高工作效率,降低运营成本,增强企业的竞争力,唯真公司在选择方案时提出了以下四点主要要求:

第一,该系统要能够明显改善客户服务中心的工作质量与效率;

第二,能够有效解决运力资源管理问题;

第三,能解决进销存等管理问题;

第四,操作简便、易学易用。

请你根据唯真的情况分析,唯真公司适合采用什么样的系统开发方式,分析唯真公司需要建设的系统的功能模块,采用什么样的开发方法比较好?

☺ 任务评价

考核项目	考核内容及要求	分值	学生自评(10%)	小组评分(20%)	教师评分(50%)	专家评价(20%)	实际得分
职业素养	具有团队合作精神	10					
	学习态度认真、尊重导师	10					
知识掌握情况	掌握物流信息系统开发的一般方法及其特点	10					
	掌握物流信息系统开发的基本流程	10					
	掌握物流信息系统开发的相关文档资料	10					
技能掌握情况	能够根据企业实际选择系统开发方式	10					
	能够根据企业实际选择合适的外包服务商	10					
	能够读懂系统开发中产生的系统分析报告等文档	20					
	能够对系统开发的过程进行有效的监控	10					
总分							

任务二　物流信息系统的实施

任务目标

【知识目标】

1. 掌握系统实施报告的内容；
2. 掌握系统切换的一般方式及特点；
3. 掌握系统评价的主要内容。

【技能目标】

1. 能够读懂系统实施报告，按照系统实施报告实施方案；
2. 能够对实施过程进行有效的监控；
3. 能够合理的评价系统实施的效果。

任务发布

某家电物流配送中心在通过物流管理信息系统设计方案之后，开始着手具体信息系统的实施，对于物流信息系统的实施该怎么展开呢？在后续的系统实施的维护和评价上，作为资深物流信息系统开发和实施的专家宋路平，他会提出什么建议呢？

知识准备

一、系统实施概述

系统实施是新系统开发工作的最后一个阶段，指的是将系统设计阶段的结果付诸实践，建立计算机硬件环境和系统软件环境，编写和调试计算机程序，组织系统测试和各类人员的培训，完成系统的切换并最终交付使用。

系统实施报告主要内容：

系统实施是按计划阶段完成的，每一个阶段应写出实施进度报告，系统测试之后写出系统测试报告，系统实施报告是系统实施阶段的主要任务的呈现报告，即主要内容包括硬件和软件准备，数据准备、系统调试和测试、人员培训、系统切换并交付使用五个内容，如下图 6-2-1 所示：

1. 硬件、软件准备

系统实施的该项工作是依据系统设计中给出的管理信息系统的硬件结构和软件结构购置相应的硬件设备和系统软件，建立系统的软、硬件平台。硬件准备包括计算机主机、输入输出设备、存储设备、辅助设备（稳压电源、空调设备）、通信设备等。软件准备包括系统软件、数据库管理系统以及一些应用软件。

2. 人员培训

对系统使用人员和系统维护人员的培训是系统投入应用的重要前提，需要进行培训

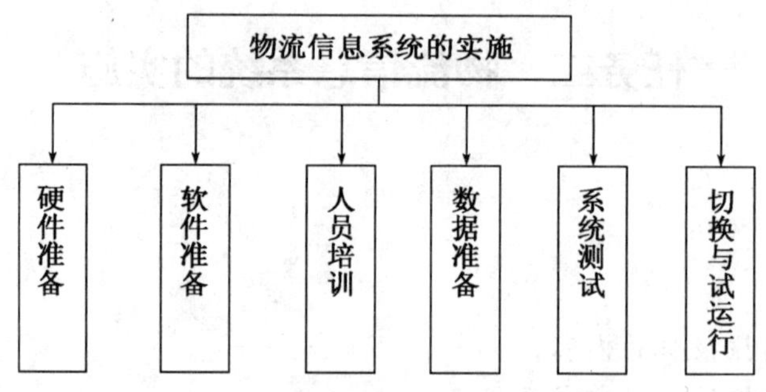

图 6-2-1　物流信息系统实施的主要内容

的系统使用人员包括系统操作员、硬件及软件系统维护人员、管理决策人员、档案管理人员等。需要对不同工作岗位人员，可以参考表中建议培训内容的选择。

表 6-2-1　人员及岗位培训内容参考

培训内容	操作人员	维护人员	管理决策人员	归档人员
系统的总体方案	√	√	√	√
系统网络的操作与使用		√		
系统的功能结构		√	√	
计算机的基本操作与使用	√		√	
数据库、开发工具等系统软件		√		
系统事务型业务功能的操作和使用	√	√		
系统维护型功能的操作和使用		√		
系统统计分析型功能的操作和使用		√	√	
系统的参数设置		√		
系统初始数据输入功能的操作和使用	√	√		
可能出现的问题及解决方法		√		
汉字的输入方法	√			
汉字的使用权限与责任	√	√	√	
系统的文档管理规范		√		√

3. 数据准备

数据准备主要是提供存储量和内存要求、提供程序准备所需数据、提供培训所需实验数据、提供测试的数据、提供真实运行数据。没有一定的基础数据的准备，系统调试就不能很好地进行。

4. 系统测试

系统测试是利用测试数据及测试问题对已开发完成的系统进行检验。系统测试的内容包括数据处理正确性测试、功能完整性测试和系统性能测试。

(1) 数据处理正确性测试。检查输入和输出数据的正确性，包括明确输入数据是否正确的存入数据库系统,数据库系统中的数据能够正确地输出,数据间的计算关系正确,数据统计的方法和口径与需求一致,不出现任何汉字字符或其他字符乱码等。

(2) 功能完整性测试。检查开发完成的系统是否具备系统设计中所提出的全部功能,不仅要测试主要的业务功能,而且要检查所有的辅助功能和所有的细节性功能。

(3) 系统性能测试。性能测试是比较容易被忽略的一项测试内容,包括系统运行的速度、操作的灵活性和用户界面的友好性、对错误的检测能力等方面测试。对于业务操作型管理系统而言,要求速度快、操作灵活,尽可能减少汉字的直接输入,不允许有错误数据的提交。

5. 系统切换

系统切换指的是系统开发完成之后新旧系统之间的转换,即终止旧系统的使用,将新系统交付使用,把新系统的控制权交给最终用户。

系统切换工作主要包括以下三部分内容:完成新系统基础数据的准备,完成必要的旧系统文件到新系统文件的转换;将系统有关资料转交用户,移交系统的控制权;协助用户实际使用新系统。

系统进行切换、交付使用通常有三种方式,即直接切换方式、并行切换方式和逐步切换方式,如下图 6-2-2 所示:直接切换方式:

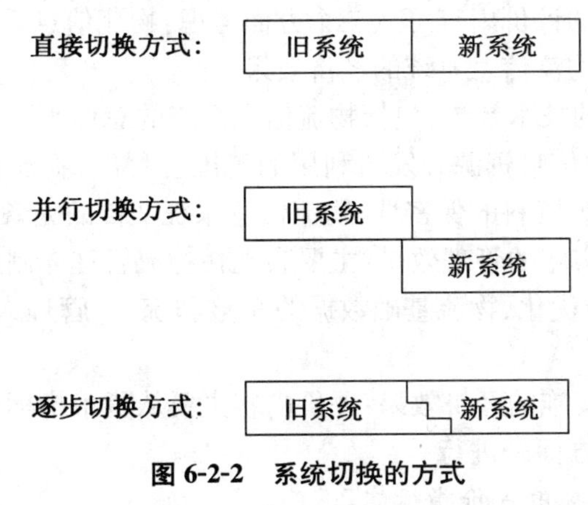

图 6-2-2 系统切换的方式

(1) 直接切换。新老系统的分界线清晰,在转换点新系统完全代替老系统。该方式简单,费用低,但是风险很大,一般不采用。

(2) 并行切换。新系统投入一段时间后老系统继续运行一段时间,新老系统有一段并行运行的时间,经考验后新系统才可以完全代替旧系统。该方式风险较小,但费用高。

(3) 分阶段切换。在新系统全面实施前,按照子系统划分的功能,一部分一部分地逐步代替老系统,直到全部代替。该方式转化平稳、可靠、容易管理,同时费用也不过高,多为采用。

二、物流信息系统的维护

新的物流信息系统运行后,其日常管理工作是必要的。合适的运行管理的功能:一方面使新系统运行得更好,发挥到最佳状态;另一方面,可以发现问题,以便修改。信息系统的日常运行管理不仅仅是机房和实施的管理，更重要的是对系统每天运行状况、数据输入和输出情况以及系统的安全性及完备性及时地记录和处理。

1. 系统运行维护

这部分工作主要包括硬件维护和软件维护。

硬件维护主要就是保证设备运行状态最佳，硬件系统的维护应该由专门的硬件维护人员负责，而且一般要求同硬件厂商合作来共同完成系统维护工作，硬件系统的维护主要有两种类型：一种是进行硬件系统的更新；另一种是进行硬件系统的故障维修。

软件维护是维护最重要的部分，它包括软件改正性维护、适应性维护、完善性维护和防御性维护，以保证软件运行状态的最佳。

2. 系统运行情况的记录

它能反映出系统在大多数情况下的运行状态和工作效率，这是评价信息系统优劣以及如何进一步改进系统的关键。其中的运行情况的记录包括：系统运行正常情况的记录、例外情况的记录以及问题的原因和处理结果。

三、物流信息系统实施的评价

1. 物流信息系统实施的评价内容

物流信息系统实施的评价内容可从三个方面考虑：物流信息系统的技术效果、物流信息系统的管理效果以及物流信息系统的经济效果。

(1) 物流信息系统的技术效果：包括物流信息系统的总体水平、物流信息系统的范围与层次、物流信息系统中信息资源开发与利用的范围与程度、物流信息系统的质量、物流信息系统的安全以及其中资料的保密性、物流信息系统文档的完备性。

(2) 物流信息系统实施的管理效果：主要表现在物流管理体制合理化、物流管理方法有效化、物流管理效果最优化、物流基础数据的完整和统一、管理人员主要精力从事信息的分析和决策。

(3) 物流信息系统实施的经济效果：评价内容主要从货币指标、非货币指标以及对系统实施风险的估量三个方面来进行。

2. 物流信息系统实施的评价指标体系

物流信息系统的评价指标包括：定量指标和定性指标

(1) 定量指标

按传统的模式对物流信息系统的评价进行定量分析，其投资回报可以简单地用下述公式表示：ROP=(成本降低+收入增加)/总成本

总成本=物流信息系统的设计费用+实施费用+人力成本+流程成本+系统运行成本+系统维护成本+持续改进成本+机会成本

产出指标=收入增加+成本降低

(2) 定性指标

定性指标包括宏观指标和微观指标。宏观指标主要指企业的经济效益和竞争力的提高程度、管理模式、组织结构和业务流程的创新。微观指标指物流信息系统对资源的开发率和利用率、员工工作满意度和提高程度、系统数据的质量以及完整程度、物流信息系统

实施的安全程度等等。

☺ 任务实施

1. 明确系统实施方面的要点

一个新的物流信息系统的实施一般要经过以下几个步骤，如下图 6-2-3 所示：

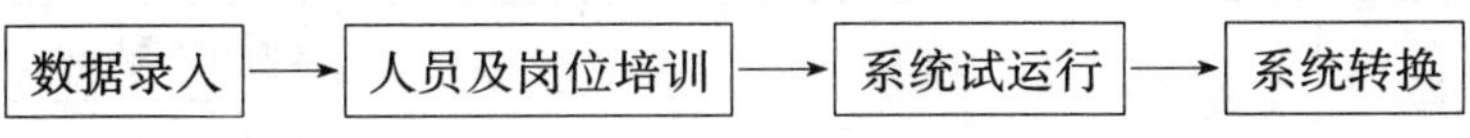

图 6-2-3　新系统实施的步骤

新系统成功的关键因素主要把握以下几个因素：

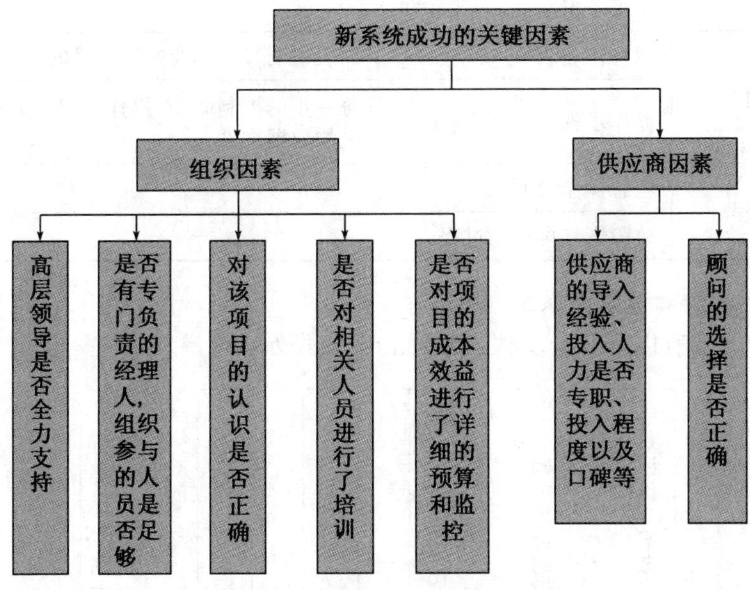

图 6-2-4　新系统成功的关键因素

2. 记录系统运行情况

新系统运行管理中，完整而准确的系统运行记录，是进行系统评价、系统改进和系统审核的基础，也是保证系统安全性的重要措施。一般应记录每天系统运行的时间，完成了哪些输入输出，输出报告被送往哪些部门，系统资源占用情况如何，数据文件或数据内容是否被更新，运行中出现了哪些问题与故障，发生故障时现场条件如何，采取了哪些排除故障的措施，效果怎样等。

为了更方便系统的实施，系统使用与维护说明书主要是面向用户的，也是系统运行中必不可少的环节，其主要内容如下表 6-2-2 所示：

表 6-2-2　系统使用与维护说明书参考

<table>
<tr><td>概述</td><td colspan="2">系统使用与维护说明书的用途及有关专业术语、注意事项</td></tr>
<tr><td rowspan="3">系统简介</td><td colspan="2">系统功能概要</td></tr>
<tr><td colspan="2">运行环境</td></tr>
<tr><td colspan="2">系统性能</td></tr>
<tr><td rowspan="5">系统安装与初始化</td><td rowspan="2">系统安装</td><td>硬件装配</td></tr>
<tr><td>软件装配</td></tr>
<tr><td colspan="2">系统启动与自检</td></tr>
<tr><td colspan="2">初始数据库的建立</td></tr>
<tr><td colspan="2">系统备份</td></tr>
<tr><td rowspan="2">运行说明</td><td>运行作业表</td><td>列表说明每个作业的运行目的</td></tr>
<tr><td>操作步骤</td><td>每一步的控制命令、操作信息、输入输出数据，有关的数据文件</td></tr>
<tr><td rowspan="2">非常规过程</td><td colspan="2">应急操作说明</td></tr>
<tr><td colspan="2">故障恢复再启动过程</td></tr>
</table>

3. 有效的评价物流信息系统

系统评价主要有以下几个步骤，如下图 6-2-5 所示：

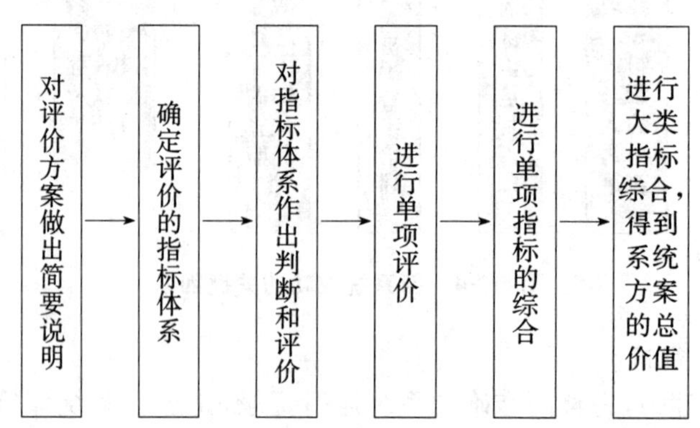

图 6-2-5　系统评价的步骤

根据系统评价的步骤评价完，要做一个系统评价报告，系统评价的报告既是对新系统开发工作的评定与总结，也是进一步进行维护工作的依据，其主要内容如下表 6-2-3 所示：

表 6-2-3　系统评价报告

一	列出系统分析时提出的系统目标、结构与功能，并与实现的新系统逐一进行比较，说明满意程度
二	有关的文件、任务书、参考资料
三	经济指标的评价
四	性能指标的评价
五	管理指标的评价
六	综合性评价

☺ 任务拓展

某家电物流公司在实施物流信息系统之后，常常出现数据的毁坏、错误和滥用，对于此类物流信息系统的安全威胁，该采取什么措施呢？供应商顾问刘瑞会给出怎样的答复呢？

☺ 任务评价

考核项目	考核内容及要求	分值	学生自评（10%）	小组评分（20%）	教师评分（50%）	专家评价（20%）	实际得分
职业素养	具有团队合作精神	10					
	学习态度认真、尊重导师	10					
知识掌握情况	掌握系统实施报告的内容	15					
	掌握系统切换的一般方式及特点	10					
	掌握系统评价的主要内容	10					
技能掌握情况	能够读懂系统实施报告，按照系统实施报告实施方案	10					
	能够对实施过程进行有效的监控	10					
	能够合理的评价系统实施的效果	15					
总分							

【课后练习】

一、单选题

1. 物流系统有物流作业系统和（　　）两部分组成。
   A. 物流信息系统　　B. 运输信息管理系统
   C. 库存信息管理系统　　D. 电子商务物流信息管理系统

2. 一个完整的物流信息系统的结构是(　　)。

A. 信息采集—简单处理—传输—处理—决策—传输

B. 信息采集—传输—简单处理—处理—传输—决策

C. 信息采集—简单处理—处理—传输—决策—传输

D. 信息采集—简单处理—传输—决策—处理—传输

3. 物流信息系统必须具有容易而又始终如一(　　),当企业希望获得物流活动的重要数据时,应该很容易从计算机系统中获取所需数据。

A. 精确性　　B. 可得性　　C. 及时性　　D. 可扩展性

4. 建设新的物流信息系统的第一阶段的工作是(　　)。

A. 系统实施　　B. 系统维护　　C. 系统设计　　D. 系统分析

5. 物流信息系统的功能不包含(　　)。

A. 仓库管理系统　B. 运输管理系统　C. 生产计划系统　D. 采购管理系统

6. 对于结构化生命周期法而言,下面的哪种顺序是合理的?(　　)

A. 系统分析→系统设计→系统规划→系统实施

B. 系统规划→系统分析→系统设计→系统实施

C. 系统设计→系统分析→系统实施→实施运行与维护

D. 系统实施→系统分析→系统设计→系统运行与维护

7. 在物流信息系统的开发策略中,试验式开发策略主要是针对下面的哪几种开发方法的?(　　)

A. 结构化　　B. 原型法　　C. 面向对象法　　D. 外购法

8. 用原型法开发信息系统,评价原型阶段的主要任务是(　　)。

A. 修改、完善系统原型

B. 征求用户对原型的评价和改进意见

C. 扩展系统功能

D. 研制者分析、评价已建原型

9. 企业信息系统的开发有几种方式可供选择,以下关于这些方式的正确叙述是(　　)。

A. 自主开发方式在需求明确、用户适应性方面较优,但风险较大

B. 委托开发方式在用户适应性方面较优,需求满足较好,但不利于推动变革

C. 购置商品软件方式在项目控制方面较好,有利于推动变革,但用户适应性一般

D. 委托开发和购置商品软件方式有利于本企业信息人才的培养

10. 对于大型信息系统的开发或系统开发缺乏经验的情况,通常采用的开发方法是(　　)。

A. 结构化系统开发方法　　B. 原型法

C. 面向对象开发方法　　D. CASE 方法

二、多选题

1. 物流信息系统建设的基本原则包括(　　)。

A. 实效　　B. 规范化　　C. 自动化　　D. 更新

2. 企业在进行物流信息系统维护工作之前要考虑的因素有(　　)。
A. 物流信息系统维护的背景　　B. 维护工作的影响
C. 维护资格师的要求　　D. 评价维护的有效性
3. 物流信息系统开发的策略包括(　　)。
A. 接收式的开发策略　　B. 直接式的开发策略
C. 间接式的开发策略　　D. 迭代式的开发策略
E. 实验式的开发策略
4. 物流信息系统开发可行性研究包括如下几方面(　　)。
A. 目标和方案的可行性　　B. 技术方面的可行性
C. 经济方面的可行性　　D. 社会方面的可行性
E. 行政方面的可行性
5. 物流信息系统的开发步骤是(　　)。
A. 系统规划与分析阶段　　B. 系统设计阶段
C. 系统调整阶段　　D. 系统实施运行阶段
6. 物流信息系统的基本功能包括(　　)。
A. 数据的收集和录入　　B. 信息的存储与传播
C. 信息的核对与校正　　D. 信息的处理与输出
7. 系统分析阶段的主要活动有:(　　)。
A. 系统初步调查　　B. 可行性研究
C. 系统详细调查　　D. 新系统逻辑方案的提出
E. 系统设计
8. 物流信息系统的基本作用(　　)。
A. 收集物流信息　　B. 商业文件处理
C. 办公文件传递　　D. 物流信息利用
E. 库存信息的处理
9. 按照维护对象的不同,系统维护的内容可分为(　　)。
A. 界面维护　　B. 数据维护
C. 代码维护　　D. 硬件设备维护
E. 人员培训
10. 物流信息信息系统实施的评价内容可从(　　)三个方面考虑。
A. 物流信息系统的运行效果
B. 物流信息系统的技术效果
C. 物流信息系统的管理效果
D. 物流信息系统的客户反馈效果
E. 物流信息系统的经济效果

三、判断题

1. 物流信息系统的建设评价主要应该从人、财、管理功能这三个方面来进行。(　　)

2. 结构化系统开发方法的缺点之一是工作繁琐、工作量大。 ( )
3. 系统设计阶段要解决系统“干什么”,同时也要解决系统“如何干”问题。 ( )
4. 如果一个企业信息系统没有漏洞,就可以省却系统维护工作。 ( )
5. 管理信息系统的用户关心系统的功能结构,开发者还要关心系统的物理结构。 ( )

四、简答题

1. 简述物流信息系统的开发原则。
2. 简述系统实施报告的内容。

参考文献

[1] 邵举平，董绍华. 物流管理信息系统. 清华大学出版社 2009.
[2] 赵林度，李严峰. 物流信息管理. 重庆大学出版社 2008.
[3] 贺东风. 物流系统规划与设计. 中国物资出版社 2005.
[4] 李於洪，郑立梅. 物流信息管理. 人民交通出版社 2007.
[5] 保罗·麦尔森(Paul Myerson)，梁峥，郑诚俭，郭颖妍. 精益供应链与物流管理. 人民邮电出版社 2014.
[6] 黄均勇，蒋云. 物流信息管理. 北京理工大学出版社 2007.
[7] 张树山. 物流管理信息系统. 国防工业出版社 2014.
[8] 黄有方. 物流信息系统. 高等教育出版社 2010.
[9] 别文群，缪兴锋，张梅. 物流管理信息系统. 华南理工大学出版社 2009.
[10] 刘小卉. 物流管理信息系统. 复旦大学出版社 2006.